电子政务

王丽荣　编著

电子工业出版社
Publishing House of Electronics Industry
北京·BEIJING

内 容 简 介

本书对电子政务的理论研究和实践过程进行了较为全面的梳理和总结，并融入了电子政务最新研究和实践成果。全书按照基础篇、信息篇、应用篇的逻辑分三篇共十章，上篇即基础篇，包括电子政务背景、电子政务概述、电子政务与政府治理；中篇即信息篇，包括电子政务技术基础、电子政务信息资源、电子政务系统建设；下篇即应用篇，包括电子政务服务、电子参与、电子政务评估、电子政务发展等内容。

本书可作为行政管理、电子政务等相关专业和 MPA 的教学用书，也可作为政府各级公务员学习和培训教材。

未经许可，不得以任何方式复制或抄袭本书之部分或全部内容。
版权所有，侵权必究。

图书在版编目（CIP）数据

电子政务 / 王丽荣编著. -- 北京 : 电子工业出版社, 2024. 9. -- ISBN 978-7-121-48990-7

Ⅰ. D035.1-39

中国国家版本馆 CIP 数据核字第 2024H69E01 号

责任编辑：孟　宇
印　　刷：大厂回族自治县聚鑫印刷有限责任公司
装　　订：大厂回族自治县聚鑫印刷有限责任公司
出版发行：电子工业出版社
　　　　　北京市海淀区万寿路 173 信箱　　邮编：100036
开　　本：787×1092　1/16　印张：16　字数：358 千字
版　　次：2024 年 9 月第 1 版
印　　次：2024 年 9 月第 1 次印刷
定　　价：59.80 元

凡所购买电子工业出版社图书有缺损问题，请向购买书店调换。若书店售缺，请与本社发行部联系，联系及邮购电话：(010) 88254888，88258888。

质量投诉请发邮件至 zlts@phei.com.cn，盗版侵权举报请发邮件至 dbqq@phei.com.cn。
本书咨询联系方式：mengyu@phei.com.cn。

前　　言

电子政务已发展成为全球政府服务的重要方式。当前，我国正在全面推进数字政府建设，电子政务作为数字政府建设的重要突破口，迎来了数字技术驱动下的新一轮发展。本书力图通过分析电子政务理论与实践发展，为推动我国电子政务发展及研究提供参考，助力我国数字政府建设，加快推动我国治理能力现代化。

本书的特点在于：

（1）结构逻辑清晰。本书分为上、中、下三篇，分别为基础篇、信息篇、应用篇。

（2）前沿性较强。本书包含数据开放、数字政府、新技术（大数据、云计算、人工智能）在政务中的应用、互联网+政务、政务微博、政务微信、政务视频号、网络舆情、政府首席数据官等前沿性内容。

（3）内容丰富。本书包含理论（DIKW 模型、网络化治理理论、整体性治理理论、数字治理理论等）、实践（数字广东、英国 Gov.uk、美国数字政府建设等）、案例（浙江"最多跑一次"，联合国 2016 年、2018 年、2020 年、2022 年电子政务调查报告，政府网站评估，数字政府评估等内容）。

本书获山东师范大学规划教材建设立项出版资助。另外，本书借鉴和参考了大量研究论文和实践材料，吸收了许多专家学者的观点，在此，特向有关专家和学者表示感谢。

电子政务是不断发展变化的，且编者水平有限，错误在所难免，恳请广大读者批评指正。

编者

2024 年 6 月

目 录

上篇 基础篇

第一章 电子政务背景 ·· 2
第一节 大数据、智能化时代来临 ··· 2
一、网络化影响深入 ··· 2
二、大数据时代来临 ··· 3
三、智能化时代来临 ··· 3
第二节 对政府治理产生的影响 ·· 4
一、网络化对政府治理影响 ··· 4
二、大数据化和智能化的影响 ·· 5
第三节 数字鸿沟 ··· 6
一、数字鸿沟的定义 ··· 6
二、数字鸿沟形成原因及解决办法 ·· 8
三、数字鸿沟在电子政务中的表现及解决途径 ·································· 9
四、数字包容 ·· 10
【思考】 ··· 13

第二章 电子政务概述 ·· 14
第一节 电子政务内涵 ·· 14
一、电子政务的含义 ··· 14
二、电子政务的相关概念 ··· 15
第二节 国内外电子政务的发展历程 ··· 18
一、国外电子政务发展 ·· 18
二、中国电子政务发展脉络 ·· 23
第三节 电子政务的发展阶段 ··· 26
第四节 电子政务的业务模式 ··· 29
一、GtoG 模式 ··· 29
二、GtoB 模式 ··· 31
三、GtoC 模式 ··· 32
四、GtoE、GtoN 模式 ··· 33
【思考】 ··· 34

第三章 电子政务与政府治理 35
第一节 政府治理理论 35
- 一、主要治理理论 35
- 二、治理理论比较分析 44

第二节 电子政务与政府治理 44
- 一、政府治理 44
- 二、电子政务对政府治理的影响 45

第三节 电子政务与政府流程再造 46
- 一、业务流程再造 46
- 二、政府流程再造 46
- 三、电子政务与政府流程再造 47
- 四、电子政务与政府流程再造实践 49

第四节 数字政府 51
- 一、数字政府概述 52
- 二、数字政府实践 54

【思考】 61

中篇 信息篇

第四章 电子政务技术基础 63
第一节 电子政务体系结构 63
- 一、电子政务总体结构 63
- 二、电子政务网络体系结构 65

第二节 软硬件基础知识 66
- 一、计算机系统 67
- 二、计算机硬件技术 69
- 三、计算机软件技术 70

第三节 网络基础知识 72
- 一、网络软件 72
- 二、网络硬件 74
- 三、网络安全技术 76

第四节 数据库基础知识 79
- 一、数据库概述 80
- 二、数据库管理系统 81
- 三、数据库系统 82
- 四、常见数据库产品 83
- 五、数据库系统设计的基本步骤 83

【思考】 84

第五章 电子政务信息资源 85
第一节 政府信息资源 85
一、政府信息资源内涵 85
二、政府信息资源管理 88
三、政府信息资源整合 90
四、政府知识资源管理 91
五、DIKW 模型 93
第二节 政府信息资源共享 94
一、政府信息资源共享内涵 94
二、政务信息资源目录体系和交换体系 97
第三节 政府信息公开 103
一、政府信息公开概述 103
二、政府信息公开分类 104
三、政府信息公开实践 107
第四节 政府数据开放 110
一、政府数据开放概述 110
二、政府数据开放与政府信息公开的联系与区别 112
三、政府数据开放原则 113
四、国内外政府数据开放实践及评估 114
【思考】 122

第六章 电子政务系统建设 123
第一节 电子政务系统建设过程和模式 123
一、电子政务系统建设过程 123
二、电子政务系统的建设模式 126
第二节 政府 CIO 128
一、政府 CIO 的含义及职责 128
二、对我国政府电子政务建设的启示 130
三、政府首席数据官 132
第三节 顶层设计 133
一、电子政务的顶层设计 133
二、顶层设计模型 134
三、我国电子政务顶层设计 135
第四节 法律保障 137
一、国外电子政务立法 137
二、我国电子政务立法 138
【思考】 139

下篇　应用篇

第七章　电子政务服务 ... 141
第一节　电子政务服务概述 ... 141
　　一、电子政务服务含义、特征及理念 ... 141
　　二、电子政务服务模式 ... 145
第二节　电子政务服务途径 ... 147
　　一、政府门户网站 ... 148
　　二、政务服务网 ... 158
　　三、政务微博 ... 161
　　四、政务微信 ... 165
　　五、政务App、政务小程序 ... 169
　　六、其他途径 ... 173
　　七、小结 ... 176
第三节　"互联网+政务服务" ... 177
　　一、"互联网+政务服务"概念 ... 178
　　二、"互联网+政务服务"内容 ... 178
　　三、"互联网+政务服务"价值 ... 180
　　四、"互联网+政务服务"发展 ... 181
第四节　电子政务服务O2O ... 182
　　一、政务服务中心 ... 183
　　二、政务服务O2O ... 184

【思考】 ... 185

第八章　电子参与 ... 186
第一节　电子参与概述 ... 186
　　一、电子参与的内涵 ... 186
　　二、电子参与的阶段 ... 187
第二节　电子参与途径 ... 187
　　一、政府网站 ... 188
　　二、政务微博 ... 189
　　三、政务微信 ... 191
　　四、其他途径 ... 192
第三节　网络问政 ... 193
　　一、网络问政内涵 ... 193
　　二、网络问政意义 ... 194
　　三、网络问政特点 ... 194

　　　　四、网络问政平台 ··· 195
　第四节　网络舆情 ··· 195
　　　　一、网络舆情内涵与特点 ·· 196
　　　　二、网络舆情传播 ··· 197
　　　　三、网络舆情治理 ··· 198
　【思考】 ·· 199

第九章　电子政务评估 ·· 200
　第一节　电子政务评估内容 ··· 200
　　　　一、电子政务评估内涵 ·· 200
　　　　二、电子政务评估意义 ·· 200
　　　　三、电子政务评估流程 ·· 201
　　　　四、电子政务评估指标体系 ·· 201
　第二节　国外电子政务评估 ··· 202
　　　　一、联合国电子政务评估 ··· 202
　　　　二、美国电子政务评估 ·· 208
　第三节　中国电子政务评估 ··· 209
　　　　一、第三方评估 ·· 209
　　　　二、政府自身评估 ··· 213
　第四节　数字政府评估 ·· 216
　　　　一、国际数字政府评估 ·· 216
　　　　二、国内数字政府评估 ·· 218
　【思考】 ·· 219

第十章　电子政务发展 ·· 220
　第一节　电子政务发展趋势 ··· 220
　　　　一、全球电子政务发展趋势 ·· 220
　　　　二、我国电子政务发展趋势 ·· 221
　第二节　新技术在电子政务中的应用 ··· 222
　　　　一、云计算 ··· 222
　　　　二、大数据 ··· 227
　　　　三、人工智能 ·· 229
　　　　四、区块链 ··· 232
　　　　五、综合应用 ·· 236
　【思考】 ·· 238

参考文献 ·· 239

上篇 基础篇

第一章 电子政务背景

第二章 电子政务概述

第三章 电子政务与政府治理

第一章
电子政务背景

随着互联网、大数据、云计算、人工智能等信息通信技术、智能技术的发展，人类社会进入了信息社会的更高阶段，也就是所谓的"大数据时代""数据社会""智能化时代"，即网络时代、大数据时代与人工智能时代三位一体的新时代。新时代的到来催生了继"新公共管理"运动之后的新一轮政府治理变革浪潮——"数字政府""智慧政府""开放政府""互联网+政务"等。从全球范围来看，以数据化、智能化为核心的技术，推动经济社会发展和政府治理模式创新是大势所趋。

第一节 大数据、智能化时代来临

一、网络化影响深入

网络的出现不但完全改变了人类生产、存储、加工、处理、传递信息的方式，让人类传播活动产生了质的飞跃，而且还使人类社会真正步入信息文明阶段，实现了人类生存和发展上的"千年未有之大变局"。网络概念日渐深入人心，以此为支撑，形成了一种全新的社会形态——网络社会，人与人之间、组织与组织之间以及个人与组织之间形成了一种"点对点"的网状结构。

网络信息技术的迅猛发展给各行各业带来了良好的发展机遇，为传统行业的迅猛发展和升级换代等提供了新的动力与空间，特别是近些年来移动网络技术的爆炸式发展，使得网络广泛应用并深度融合到人类社会生活的各个领域。不断涌现出的各种新产品、新业务、新模式、新业态，对人类的生产方式、生活方式、思维方式、行为方式、交往方式、价值观念等方面都产生深远的影响。互联网技术的每一次革新，都推动了网络社会的深入发展，使技术与社会的结合不断紧密。

互联网对经济发展、社会进步和政府治理产生的影响日渐显现，对经济、政治、文化和社会的影响更加深刻，在经济、政治、文化、社会等领域发挥着越来越重要的作用，加速了当今世界经济、政治、文化的"全球化""一体化"趋势。当前，全球已有 100 多个国家和地区把建设信息化、网络化作为国家层面的发展战略。

二、大数据时代来临

人类社会发展到新的转折点，从信息化社会发展到更高阶段——数据化和智能化的新时代，即从"信息 IT（Information Technology）时代"走向"数据 DT（Data Technology）时代"。维克托在 2012 年指出，现在的世界正处在一个数据驱动的转折点上，人们在生产、生活中所产生的数据，正以一种前所未有的速度增长和累积，基于数据应用的创新实践和业态不断涌现，大数据的时代已经到来。互联网的普及和发展使得社会的数据量激增，且数据已成为国家基础性战略资源。据统计，截至 2021 年 1 月，全球总计有 52.2 亿手机用户、46.6 亿互联网用户和 42 亿社交媒体用户，且这些数据仍处于"井喷式"增长阶段。

数据本身就是客观世界存在的表现方式。伴随着信息数据爆炸式增长和网络计算技术迅速发展而兴起的大数据，彻底变革了人类以往通过模糊经验驱动发展的思维模式。大数据表示大量、多元、高速、复杂、多变的数据，需要用先进的计算方法和技术实现信息的采集、存储、分析和应用。利用大数据发现规律、预测未来，已经成为驱动经济社会发展的新模式。大数据通过对海量信息的收集、处理和展示，使人们第一次可以无限接近真实地了解现实情况，从而指导下一步的发展。

随着现代信息技术在经济社会各领域的广泛应用，数据作为最具时代特征的新生产要素，其重要作用日益凸显。信息技术与经济社会的交汇融合引发了数据迅猛增长，且数据已成为国家基础性战略资源。大数据时代的到来为政府治理提供了一个全新的时代背景，成为推动世界各国政府治理变革的重要基础和推动力。

随着电子政务的快速发展，电子政务中将产生海量数据，主要包括：在教育、健康、金融、社会福利、劳动力、环境及其他部门的在线服务中所产生的数据；通过社交媒体、网络论坛等多种渠道收集的关于公共政策咨询、制定等方面的公众反馈信息；随着智慧城市的推进，物联网技术深入生活，各种传感数据也将剧增。如何收集、储存、分析、处理这些数据并将其应用于电子政务中，从而提高服务质量、辅助决策、创新服务模式正是目前我国电子政务迫切需要解决的问题。

三、智能化时代来临

1997 年 Deep Blue 战胜国际象棋冠军，2011 年 Siri 问世，2016 年 Alpha Go 以 5 局 4 胜的好成绩将围棋冠军李世石击败；2017 年，Alpha Go 再次击败著名围棋选手柯洁。这些都是人工智能发展史上的重要里程碑，意味着人工智能应用技术的突破和被广泛认知。人工智能顺势被广泛应用到经济、社会和政府管理等领域。

随着科技的进步，人类开始走进智能化新时代阶段，智能化时代以人工智能的发展为视角，以机器人为代表的智能产业蓬勃兴起。人类社会当前处在历史重大变革的关键节点上，智能化时代的到来，不仅仅是技术上的升级换代，还可能是一个新的文明的诞生点，会催生一个崭新的社会形态。智能交通、智慧医疗、智慧教育、智慧金融等能给人们带来更加主动、贴心、便利的生活体验，智能化将会给人类生活各个方面带来天翻地覆的变化。

依托人工智能技术实现数据的联动分析，将其转化为特定的信息和情报，为社会发展提供科学决策支持。人工智能技术以其全新的技术与认知方式，将单一技术领域影响扩展至全社会各角落，深刻改变着社会生产生活方式、人们价值取向等。人工智能是属于未来的，尽管现在还不成熟，但是在人类摸索中，人工智能将会不断进步，不断突破，从而实现智能社会。

第二节 对政府治理产生的影响

一、网络化对政府治理影响

随着社会的进步和社会环境的变化，互联网重构了个人、组织、社会和国家之间的关系，颠覆了传统的治理模式和方法，给政府治理带来了无法回避的挑战。公民对于参政议政的愿望越来越强烈，公众对政府提出了更高的要求，针对政府职能和执政方式转变的目标更高，要求更严，在此情形下政府只有不断进行改革，才能适应发展变化的社会要求。互联网扩大了政府治理的边界，要求政府对公众的需求做出及时或瞬时的回应，公众通过互联网行使知情权、参与权、表达权和监督权，越来越多的政府部门意识到需要运用政务网站、微博、微信、政务APP等新的网络渠道与公众直接进行沟通，广泛听取各方面的意见建议。

网络化及网络技术突出了社会本位、人本位，将其付诸社会治理实践，即由"技术应用"上升至"治理理念"，演化为以人为中心、以为民服务为导向的社会治理方式。在当今网络时代，通过技术和理念的双重升级，网络化为电子政务发展注入时代活力，推动政府职能转变，政府在行政职能与提供公共产品和公共管理服务时必须做出相应的调整。在网络化的框架下，政府借助信息技术平台整合政府职能，促进政府与社会的良性互动。

互联网思维、模式和应用有助于政府在社会治理中谨慎、周全地考虑经济社会中的各方面因素以及综合权衡社会各方利益，同时，在"互联网+"时代的社会生活多元化、社会需求多样化和社会事务动态化的趋势下，政府需要以互联网思维方式去发现问题、认识问题、分析问题和解决问题，将自身所掌握的碎片化的数据和知识转变为整体性、结构化的信息和知识。在"互联网+"背景下，政府要借助信息技术和互联网思维向公众主动推送服务，以用户体验为核心，通过部门间的资源协同，努力追求一体化、精准化、智能化地提供定制化的公共服务。"互联网+政务"是互联网时代的公共服务模式，该模式的应用是构建服务型政府的重要举措。通过部门联网信息共享和数据交换实现行政事项跨部门、跨地区、跨层级办理，让数据多跑路，群众少跑腿。"互联网+政务"通过推进互联网与政府部门公共服务的深度融合，创新政府部门的公共服务模式，达成通过互联网提供在线公共服务，提高公共服务效率，降低公共服务成本的目标。

二、大数据化和智能化的影响

大数据与人工智能关系密切，"大数据是使机器获得智能的'钥匙'，而大数据的分析工作只能依靠人工智能"。若无大数据，人工智能只是空想中的科幻巨作；若无人工智能，大数据只是海量信息的巨型载体。二者相继而生，却相辅相成，为人类文明发展创造出更多可能性。

大数据与人工智能拉开了新时代的帷幕，一场新技术革命在全球范围内发酵。大数据和人工智能的创新驱动发展和深化应用，成为推动政府治理能力现代化的内在需要和必然选择。

首先，大数据化与智能化改变人们的思维方式、认知方式及思想观念。这构成了政府治理变革的认识论和方法论的基础，为改变公共组织机构及政府与公民关系提供了新的方法。数据时代的思维及认知方式创新的要点可以归纳为：一切皆可量化，数据自己发声，总体高于样本，庞杂优于精确，相关重于因果，协作胜于竞争，共享创造价值。

其次，大数据化与智能化增强人类行为可预测性。这有助于揭示人类管理及决策行为的规律性，提高了管理及决策的科学性。大数据的核心就是预测。大数据时代产生如此多的电子踪迹，提供关于人类行为的海量化数据，这使得研究每个人、每个群体，甚至整个人类的习惯成为可能。

再次，大数据化与智能化改变政府体制模式，使政府管理的体制、结构、职能、流程和方式发生革命性的变化。从电子政务到互联网政务、云政务等，信息通信技术及智能化平台进一步推动组织管理体制的变革，使组织逐步显示出网络化、扁平化、分布式、小型化、开放性以及自下而上等方面的特征。大数据化与智能化改变了我们发现、分析和解决问题以及将政策方案付诸执行的方式，催生数据化决策及智能化决策，推动政府决策的民主化和科学化。大数据致力于利用海量数据改善政府与公众、企业以及社会组织之间的关系，使政府更了解真实情况，成为更为开放、透明和负责的政府。大数据可以从数据共享、内部竞争、细分服务、智能决策、创新驱动等方面改进政府绩效。数据在线转化为服务在线，应用智能转化为决策智能。

最后，大数据化与智能化技术被普遍应用于政府管理或公共服务的各个领域以及社会生活的各个方面。大数据化与智能化技术在公共服务领域中所引发的革命性变化随处可见——在公共安全、公共交通、社会保障、科技教育、医疗卫生、环境保护和文化建设等都有着广泛的应用。

总之，网络化、大数据化、智能化时代的政府治理与改革充满机遇、挑战与风险。

可通过大数据化和智能化打造数字政府、智能政府，创新政府治理模式，推进国家治理现代化。

第三节 数字鸿沟

一、数字鸿沟的定义

数字鸿沟的内涵具有历史阶段性，是一个动态的、发展的概念。

1. 早期定义

数字鸿沟，指 Digital Divide（或 Digital Gap，Digital Division），最早在 20 世纪 90 年代提出，当时用来解释使用与不使用计算机和互联网之间的区别。

美国国家远程通信和信息管理局（NTIA）于 1999 年在 *Falling Through the Net: A Survey of the 'Have Nots' in Rural and Urban America* 报告中提出了数字鸿沟定义，报告详细揭示了当时美国社会不同阶层接入和使用互联网的差别。随后，数字鸿沟正式出现在 1999 年 7 月美国官方发布的《填平数字鸿沟》报告中。2000 年 7 月，世界经济论坛组织（WEF）向八国集团首脑会议提交专题报告《从全球数字鸿沟到全球数字机遇》。2008 年，联合国发展计划署在其上交的《全球信息社会》中将填补数字鸿沟问题视作未来十年最为关键的工作目标。数字鸿沟从此逐渐成为各个国家政府、国际机构和社会各界高度重视的焦点问题。

美国国家远程通信和信息管理局关于数字鸿沟的定义（1999）为：由于信息技术的资源分配不均及其所造成的对于信息技术运用的不平等，导致国与国之间，族群与族群之间，甚至个人与个人之间产生拥有与未拥有信息技术资源的情形逐渐增加。

经济合作与发展组织 OECD（2001）认为数字鸿沟是指处于不同社会经济水平的个人、家庭、企业和地区之间，在接触信息通信技术和利用互联网进行各种活动的机会及其使用方面的差距。这个定义具有一定的代表性。

联合国对于数字鸿沟的定义是，由于信息和通信技术的全球发展和应用造成或拉大国与国之间以及国家内部群体之间的差距。此定义更为关注其宏观意义及地区、群体之间的差距。

2001 年，著名网络社会学家曼纽·卡斯特尔将数字鸿沟定义为人们接入和获取信息通信技术方面的差异。2002 年，胡鞍钢提出数字鸿沟本质是以国际互联网为代表的技术在普及和应用方面的不平衡现象，不仅体现在不同地理区域、不同人类发展水平的国家之间，以及不同经济发展水平的国家之间，同时还体现在一个国家内部不同地区、不同人群之间。

2. 数字鸿沟内涵的变化

国际电信联盟《2013 年衡量信息社会报告》指出，数字鸿沟是指个人、家庭与企业之间在不同社会经济层面上有关信息通信技术的使用机会、通过互联网参与各种活动的使用差异。数字鸿沟既包括人们接触技术的不平衡，也包括有效使用这类技术所需的资源与技能掌握的不平衡，反映了信息与知识获取及使用在不同群体间的差异。

随着时间的推移和互联网相关技术的普及，数字鸿沟概念的内涵得到了扩展，关注的焦点也转移到了信息主体的能力和技能上。数字鸿沟问题已不是"接入/未接入"的硬件技术层面的"第一道数字鸿沟"，而是涉及更为复杂的社会文化因素的互联网技能、使用层面的问题，即"第二道数字鸿沟"，第一道数字鸿沟指获取信息通信技术的差异，而第二道数字鸿沟指的是信息通信技术使用的不同方式间存在的差异，第二道数字鸿沟逐渐变得比第一道数字鸿沟更重要。最近，出现了一种新的数字鸿沟形式，即"第三道数字鸿沟"，这种新形式重点指由互联网使用的有益结果及其使用后引起的不平等，主要体现的是信息资源和知识方面的鸿沟。

对"数字鸿沟"的认识，经历了"有没有机会使用""会不会使用""如何使用"的转向。关于数字鸿沟更广泛的定义已经超越了基础设施的部署，从物的差异转移到了人的差异，即从"单一"数字鸿沟转向"多重"数字鸿沟。

综上所述，数字鸿沟指的是因地理区隔、族群、经济状况、性别以及技术知识和能力不同，在使用互联网等信息资源上形成的差距。本质上，数字鸿沟至少存在接入、技能和应用三个层面，因此，数字鸿沟是一个由技术、经济、知识等层面共同构成的综合性的差距，表现为不同主体在接入新兴信息技术方面存在的技术差距，在信息时代国际国内经济不平等和贫富差距的延续下不同群体使用新兴信息技术获取和利用信息资源方面的知识差距。《2018联合国电子政务调查报告》中指出，数字鸿沟的类型如表1-1所示。

表1-1 数字鸿沟类型列选——从联网到有用的用途

数字鸿沟类型	说明
联网	数字鸿沟首先关注能否联网：尽管互联网普及率有所增加，但仍然是一个关键障碍，因为在全球范围内离线人数多于在线人数
负担能力	贫富差距影响信息通信技术的负担能力，并会导致国家之间和国家内部的应用差异
年龄	老年人尽管可以从在线社会和卫生服务中获益，但其使用信息通信技术的程度普遍低于年轻人
带宽	国际带宽和在网络上传输、接收信息的能力在国家之间与国家内部存在巨大差异，限制了潜在的有益努力
内容	采用当地语言的相关内容对促进应用至关重要
残疾	如果网站不符合网络无障碍指南，残疾人士使用信息通信技术时将面临更多障碍
教育	正如社会鸿沟一样，教育和识字率是弥合数字鸿沟的根本挑战
性别	男性和女性在网络使用上存在由来已久的细微差异
移民	移民可能不像他们所到的新国家的国民那样拥有相同水平的数字技能，他们可能会受到内容和语言差异的影响
地域	与城市相比，农村和边远地区在服务的速度和质量方面往往处于劣势
手机	移动设备提供了弥合联网鸿沟的机会，但也可能在技术、速度和使用方面引入新形式的鸿沟
速度	基本联网和宽带联网之间的差距正在形成一个新的鸿沟，因为速度对于获得数字社会的全部利益至关重要
有用的用途	在用户是否充分利用电子政务等信息通信技术方面，联网用途是一个关键的区别

二、数字鸿沟形成原因及解决办法

1. 数字鸿沟的主要形成原因

（1）经济发展与信息化水平。

信息化水平的差异反映了经济发展水平的差异性，国家的"数字鸿沟"正是它们之间"经济鸿沟"的结果。经济与社会发展差距，是形成数字鸿沟最为根本的原因。

（2）基础设施。

尽管全球固定宽带和移动宽带用户数量显著增长，但无法联网的人群数量仍然远远超过能够联网的人群数量。数据显示，在低收入国家，无法联网仍然是一个特别严峻的问题，2016年，每100人中只有12人是互联网用户。中等收入国家在拥有更多互联网用户（每100人中约有42人）方面的评级更高，但他们的大多数人口仍然处于离线状态。我国城乡差距也是数字鸿沟产生的原因之一，农村不具备完善的信息基础设施，公众计算机应用水平相对较低，在信息资源开发利用方面处于弱势。

（3）缺乏感知价值。

无法连接和使用互联网也可能是因为人们缺乏感知价值。美国国家电信和信息管理局2013年的一份报告显示，约有一半不使用互联网的人说他们对此不感兴趣。一项巴西的最新研究也同样显示，有70%的人缺乏上网的兴趣或技能。

（4）性别。

文化或社会对互联网使用的接受问题，特别是女性对此的接受程度，是数字鸿沟的另一方面。国际电信联盟研究发现，发展中国家的女性拥有手机的可能性要低于21%。2013年，联合国宽带数字发展委员会制定了一个目标，要求到2020年在宽带接入方面实现两性平等。2017年，全球有约51%的男性上网，相比之下，却只有约45%的女性上网。

2. 数字鸿沟的解决办法

由于数字鸿沟的存在进一步加剧了经济与社会发展的不平衡现象，扩大了贫富差距，因此数字鸿沟问题是21世纪世界经济全球化的重要障碍。联合国《2030年可持续发展议程》指出，消除包括数字化贫困在内的贫困是可持续发展的首要任务。随着社会信息化的推进，现阶段数字鸿沟正与区域发展不平衡相伴共生。要深入研究数字鸿沟的形成原因，进而找出逐步缩小数字鸿沟的方法和途径。

（1）政府在解决数字鸿沟过程中需要扮演组织者和建设者的角色，要建设完善相关信息化基础设施，着力提升贫困地区信息化基础设施建设水平，为公众提供便捷、多渠道的信息服务途径，大力发展电子政务等有力举措，进一步降低信息技术扩散的门槛和成本，逐步弥合数字鸿沟产生的差异化效应。

（2）加强信息技术基础教育和相关培训，提升公众操作使用信息化手段的观念、素养和能力。尤其重视社会弱势群体和老年人对信息技术应用的需求，为其提供简便、易用、有针对性的信息产品和服务。

（3）鼓励企业参与信息技术领域的竞争。根据发达国家的经验，鼓励企业参与信息技术领域的竞争，有利于改善信息技术服务质量、降低信息技术服务成本。

三、数字鸿沟在电子政务中的表现及解决途径

电子政务中同样存在数字鸿沟问题，数字鸿沟会导致电子政务普及应用不广泛，电子政务使用中出现弱势群体，电子政务的公平性得不到充分体现，制约电子政务快速发展。

1. 数字鸿沟在电子政务中的表现

在电子政务中政府、政府部门、政府公务员、企业、公民之间使用、接受信息化设备和数字化产品存在能力和条件上的障碍。在信息化过程中处于弱势地位的，可以称为"电子政务数字弱势群体"。电子政务的快速发展促使决策者通过促进获取和使用方面的数字包容来缩减社会差距。

政府部门与公众之间的数字鸿沟是电子政务数字鸿沟中最为重要的表现。在电子政务的实施过程当中，政府部门与公众之间的交流互动是双向的，其中政府部门主要是向公众提供多方面的服务，而公众则接收、反馈这些服务，两者之间的信息交流应呈现出相互协调的局面。但是从现阶段电子政务建设的情况来看，政府部门与公众对于彼此信息的掌握程度存在明显的差异，这种差异会对双方互动带来许多负面影响。

2. 电子政务中数字鸿沟的解决途径

将"数字鸿沟"转变为"数字机遇"，政府起到领导、指挥和协调的龙头带动作用，要抓住机遇，全面提升我国信息化的水平。

第一，重视电子政务的设计与规划，逐步完善电子政务的内容和形式，尤其关注电子政务数字弱势群体的信息需求。利用数字技术提供先进的电子和移动服务，旨在为公众带来更多福利。移动应用为数字化最贫困和最弱势群体带来了崭新的发展机遇，同时还积极推动了可持续发展，并且提供了新的服务供给渠道。

第二，要推动新技术在电子政务中有计划、有步骤的应用，解决公众的具体需求，缩小数字鸿沟。随着网络连接、互联网访问、在线服务与移动服务以及各类创新的大规模增长，新技术不断出现。比如，固定和无限宽带、智能电话、平板电脑、云计算、开放数据、社交媒体和大数据等都是可持续发展的重要驱动力。近年来，政务微博、政务微信、微门户（手机客户端）、在线办事大厅等互联网应用方兴未艾，而传统的在线互动交流、电子邮箱、服务热线等线上线下相结合的服务渠道，也广泛地应用到各级政府部门的公共管理和社会服务当中，发挥积极作用。

第三，要促进政府信息资源的开放与共享进程，保证公众、社会的知情权。随着政府信息化水平的不断提升，政府部门在履行职责过程中已生成、采集和保存了海量的数据，成为社会主要的数据保有者。政府所保存的这些数据与公众的生产生活息息相关。因此，政府应向社会公众开放其所保有的数据，且公众有权了解政府的各项活动及决策信息。

四、数字包容

在力图缩小数字鸿沟的实践努力中,"数字包容"(Digital Inclusion)这一概念出现并引起了许多关注。2000年八国首脑发布了《全球信息社会冲绳宪章》,"包容"一词进入到数字鸿沟领域,宪章指出,世界各国在信息社会发展进程中,都面临消除数字排斥实现数字融合的问题。其中提出信息社会的包容原则,即"任何人、任何地方都应该参与到并受益于信息社会,任何人不应该被排除在外"。

数字包容又被称为电子包容(E-inclusion)、数字融合、电子融合,与社会包容、数字鸿沟、数字素养(Digital Literacy)等概念密切相关。数字包容可以从以下5个角度来理解:

1. 强调技术的接入与使用

数字包容不仅帮助人们获得技术,也帮助人们获得使用技术的能力。数字包容中所说的技术,不仅包括常被提及的信息通信技术,还包括各种新兴的数字技术(Digital Technology)。数字包容的社会里,所有人都能获取和使用信息通信技术。数字包容能让每个人都有条件也有能力使用网络和其他数字技术。

2. 强调参与社会活动

数字包容的目的在于通过各种技术,帮助人们更好地参与社会活动(包括经济活动、教育活动等)。在数字包容的背景下,人们利用信息通信技术参与社会活动,还可以从中获益。数字包容确保人们能够使用信息通信技术去拓展其功能,提高其赋权能力和获取更好生活的能力。

3. 强调对弱势群体的关注

数字包容的范围涵盖了所有社会成员,让原本处于边缘的弱势群体能够得到更多关注。数字包容意味着向未被服务和服务不足的人群和社区伸出援助之手。具体而言,这些处于不利地位的人群包括残疾人、穷人、未受教育者、老年人等应该被给予更多帮助。

4. 强调突破社会壁垒

虽然社会公平已经得到极大进步,但社会生活、经济生活等中仍存在着许多壁垒,数字包容力图打破性别、种族、年龄和等级等壁垒,克服社会等级和地理区域差异,力求实现所有人的机会均等。

5. 强调消减数字鸿沟

"数字包容"这一概念,是从对数字鸿沟的研究中衍生出来的。数字包容就是减小或消除数字鸿沟的行动和过程,或者是说消除数字鸿沟的动态过程,指尽力缩减数字鸿沟的努力。

数字融合渐渐成为世界各国数字化进程中的重要政策与社会议题,国际组织和各国也都十分重视数字鸿沟的治理工作。将数字包容纳入政府的政策体系是缩小数字鸿沟的有效途径，政府政策可以弥合数字鸿沟、促进数字包容。数字包容政策大体上可以划分为电信基础服务和数字培训服务两个层次。电信基础服务即计算机及互联网的可访问服务，包括固定宽带和移动宽带的普及；数字培训服务即对信息社会中处于劣势的群体提供数字技能培训并提供培训场所，目的是使这些群体更好地掌握基础信息通信技术并在日常生活中熟练应用，最终达到最大程度的社会包容。数字包容政策已经成为全球范围内各国政府关注的焦点问题，如美国的全国性的宽带技术机遇项目（Broadband Technology Opportunities Program）、"社区科技中心计划"，英国政府的数字包容战略和"数字援助"基金制度，澳大利亚的国家宽带计划（NBN），欧盟 2010 年发布的《欧盟 2020 战略》，韩国的"E-Korea Vision 2006"、"信息网络村"项目和"U-Korea"，新加坡的"Intelligent Nation 2015""The NEU PC Plus"，中国台湾的"U-Taiwan"，中国香港的"Digital 21 Strategy"等。党的十九大报告提出要大力建设数字中国，在这一背景下消弭数字鸿沟的重要性再次凸显。

【案例1】《联合国电子政务调查报告》数字鸿沟相关

为了弥合这种个体能力差距，在政府和企业层面需要使用信息通信技术及其他互补技能。政策行为包括创造备用的学习空间，参与到社区活动中心，提高信息通信技术的使用性能，有效使用数据平台，进行持续实验，探索战略合作，推行政府开放数据模型，开发综合性市民参与策略，并且为共享经济采取电子政务参与模式。

——《2016 联合国电子政务调查报告》

目前，各国主要跟踪数字鸿沟的传统尺度信息，如获取技术，而不是探究妨碍使用现有电子政务的基础因素，如缺乏当地内容或不符合无障碍网络。各国政府在弥合数字发展中依赖于自我定位的诸多鸿沟方面确实面临着艰巨的任务：从升级基本基础设施和促进全民（包括妇女）利益，到应对新的挑战，如无障碍网络和数字优先。

随着越来越多的政府服务能够在线提供，数字鸿沟变得愈加明显。通过推行"数字优先"法，政府可能会无意中将那些不能使用在线服务的人排除在外，从而造成新的数字鸿沟。因此，随着各国为提高效率和包容性而构建数字政务，以技术支持的离线服务补充在线服务变得越来越重要。为了推动数字使用，一些国家将主要设计用于在线使用的服务，"默认为数字"服务，而当一些服务无法离线提供时，潜在影响是巨大的。

公共部门推广电子政务，牺牲了那些不能利用这些服务的人，从而无意间造成了新的数字鸿沟。英国非政府组织 Go ON UK[7071]和英国广播公司进行的一项调查发现，1/5 或 21%的英国人口不具备通过电子邮件通信、使用搜索引擎或在网上开展业务的技能或能力。一些与技术无关的措施可以确保电子政务惠及最落后的人群。政府使用各种通信媒介，如呼叫中心和社区中心，为弱势群体提供服务，这一点至关重要。

——《2018 联合国电子政务调查报告》

在电子政务领域，数字鸿沟从一开始就成为人们关注的问题。对于许多发展中国家，特别是最不发达国家（LDC）而言，缺少物理访问电子信息技术（ICT）仍然是一个关键问题。联合国大会在其关于科学、技术与创新的最新决议中强调"有必要有效利用技术来弥合国家内部以及发达国家与发展中国家之间的数字鸿沟"。

尽管数字鸿沟一开始建立在技术获取（基础设施、互联网，然后是宽带）等方面的基础上，但这一概念已扩展到更为广泛的层级，这些层级相结合将某些群体从电子政务领域中排除，更普遍的说法也就是他们在数字治理方面不具有发言权。在这个更广泛的概念框架内，数字能力的差距成为数字鸿沟的重要构成方面。

——《2020联合国电子政务调查报告》

随着政府继续从传统的公共服务交付模式向数字化模式过渡，那些在设计上不利于包容性的电子服务很可能不会被弱势群体充分利用，从而在实际上导致他们无法享受更强势人群在混合数字社会中所享受的权利和机会。

在新冠病毒感染发生之前，数字鸿沟就已经加剧了社会经济不平等的扩大；为应对最近的全球健康危机而加速的公共部门数字化只是放大了这一趋势。对于电子政务计划的设计和实施将如何影响不同性别、年龄、能力和收入水平的人群，以及需要采取哪些措施来解决排斥和歧视问题，我们仍然缺乏足够的了解。造成这一不确定性的一个关键因素是数字鸿沟并不是静态的；弱势是一种动态和不断变化的状态，而一份风险因素清单并不总是足以识别和确定那些需要以不同方式来获取和利用服务的人群。

——《2022联合国电子政务调查报告》

【案例2】数字素养全球框架 DLGF

联合国教科文组织认为，数字素养是指通过数字设备和网络技术，安全适当地访问、管理、理解、集成、通信、评估和创造信息的能力，用于就业、体面工作和创业。它包括各种能力，称为计算机素养、信息和通信技术素养、信息素养和媒体素养，并将之作为适用于全球范围的素养框架。

以欧洲委员会的公民数字素养框架（Dig Comp 2.0）作为初始参考框架，联合国教科文组织于2018年制定了数字素养全球框架（Digital Literacy Global Framework，DLGF），该框架涵盖7个素养领域，包括硬件和软件操作、信息和数据素养、沟通与协作、数字内容创建、安全、问题解决、职业相关能力。框架涵盖了从基本硬件操作到素养理念等7个层层递进的素养领域以及26个具体素养，提供了一个供世界各国参考的通用数字素养框架和工具，如表1-2所示。

表1-2 数字素养全球框架

素养领域	具体素养
CA0. 设备和软件操作	0.1 数字设备的物理操作 0.2 数字设备的软件操作
CA1. 信息和数据素养	1.1 浏览、搜索和过滤数据、信息和数字内容 1.2 评价数据、信息和数字内容 1.3 管理数据、信息和数字内容

续表

素养领域	具体素养
CA2. 沟通与协作	2.1 通过数据技术互动 2.2 通过数据技术分享 2.3 通过数据技术以公民身份参与 2.4 通过数据技术协作 2.5 网络礼仪 2.6 管理数字身份
CA3. 数字内容创建	3.1 创建数字内容 3.2 整合并重新阐述数字内容 3.3 版权和许可证 3.4 编程
CA4. 安全	4.1 设备保护 4.2 个人数据和隐私保护 4.3 保护健康和福利 4.4 环境保护
CA5. 问题解决	5.1 解决技术问题 5.2 发现需求和技术响应 5.3 创造性地使用数字技术 5.4 发现数字素养鸿沟 5.5 计算思维
CA6. 职业相关能力	6.1 操作某一特定领域的专业化的数字技术 6.2 解释和运用某一特定领域的数据、信息和数字内容

【思考】

1．简述当前背景下智能化、数据化、网络化对政府治理产生的影响。
2．在网络化、数据化、智能化背景下，数字鸿沟趋向于扩大还是缩小？
3．你认为大学生中的数字鸿沟有哪些体现？如何弥补？

第二章
电子政务概述

数据化、智能化、网络化极大地推动了政府治理创新，电子政务经历从电子政府到数字政府的转变。电子政务是一个不断发展变化的概念，随着网络信息技术的发展，电子政务的内涵和外延不断深化和拓展。国外方面，美国、英国、新加坡电子政务发展各具特色。反观国内，我国电子政务发展经历了起步期、建设期、实践期及创新期，体现了电子政务发展的阶段性。当前，电子政务的业务模式主要有 G2G、G2B、G2C 等模式。

第一节 电子政务内涵

一、电子政务的含义

电子政务是一个不断发展变化的概念，至今尚未形成一个被普遍接受的含义。

1993 年美国全国绩效评估委员会（NPR）提出《创造一个花费更少、运转更好的政府》和《运用信息技术改造政府》两份报告，报告中首次提出了电子政务的概念。国际上如联合国、世界银行、经济合作与发展组织、联合国与美国行政学会（UN/ASPA）等都对电子政务提出过比较正式的定义。

联合国经济和社会事务部认为，电子政务是指政府通过信息通信技术手段的密集性和战略性，应用组织公共管理的方式，旨在提高效率、增强政府的透明度、改善财政约束、改进公共政策的质量和决策的科学性，建立良好的政府之间、政府与社会社区以及政府与公民之间的关系，提高公共服务的质量，赢得广泛的社会参与度。

世界银行对电子政务的理解是，电子政务主要关注的是政府机构使用现代信息技术，赋予政府部门的独特的能力，转变其与公民、企业、非政府部门之间的关系；这些技术可以服务于不同的目的——向公民提供更加有效的政府服务、改进政府与企业和产业界的关系，通过利用信息使公民更好地履行公民权以及增加政府管理的效能，因此而产生的收益可以减少腐败、提高透明度，促进政府服务更加便利化，增加政府收益或减少政府运行成本。

经济合作与发展组织将电子政务定义为，电子政务为政府、公民、服务使用者和企业提供建立一种全新关系的机会，它通过运用新的信息通信技术为政府内外部主体（政府对公民、政府对企业、政府对政府）传播、收集信息，旨在提供服务、决策和履行责任。

联合国和美国行政学会认为，电子政务就是政府一直以来所承诺的，通过提供低成本、高收益、高效率的公共服务、信息和知识，来改善公民与政府、私人部门与公共部门的关系，它将是实现最佳政府所必备的条件。

随着网络信息技术的发展，电子政务的内涵和外延不断深化和拓展。随着时间的推移和电子政务建设实践的发展，人们对电子政务的认识也在不断深化和提高，对电子政务内涵的理解和把握日渐清晰。**本书认为，电子政务是指通过发挥和利用信息、网络技术的驱动作用，重构、整合政府部门的业务流程，提供以公民为中心的、高质量、规范透明的公共服务。**

由此看出，电子政务是信息技术与政务活动的交集，包括三层含义：一是"电子"，指网络技术、信息技术等，是支撑政府业务运行方式发生变化的基础；二是"政府"，指项目实施的主体，电子政务项目是政府借助"电子"改造和优化业务流程，提高效率、提高对外部环境的适应性的措施和过程；三是"用户"，指电子政务的服务对象，这是电子政务最本质的内容。总之，电子政务是理念、政策、技术有效互动的结果。

二、电子政务的相关概念

人们对于电子政务的内涵理解存在差异，以至于其称谓也各不相同，如政府上网、政府信息化、电子政府、电子治理等，这些说法从不同角度揭示了电子政务的内涵与特征。

1. 政府上网

政府上网的说法来源于我国1999年启动的政府上网工程，该工程的主旨是推动各级政府部门开通自己的互联网网站，并取得了很大成功。政府上网的重点在于改善政府部门与社会公众之间的关系，使政府更好地为公众服务。

电子政务的含义要比政府上网宽泛，政府上网是电子政务建设中的一个重要内容。除了政府向社会提供的公共事务事项外，政府与政府之间、政府部门之间的交流、信息传递等，也属于电子政务的范畴，另外电子政务更强调对传统政府管理的创新和变革。

2. 政府信息化

政府信息化是在信息技术的推动下，为更好地满足企业和公众的需要，通过电子政府向企业和公众提供电子信息和服务，更有效地利用和管理政府的信息资源。电子政务是政府信息化的具体体现，是公共行政管理改革和衡量国家竞争力水平的显著标志之一，联合国经济与社会事务部已经把推进发展中国家政府信息化作为工作重点之一。

在我国，政府信息化建设与电子政务基本同步，因此中国实践中的电子政务包括了信息化因素，尤其是信息基础设施建设。随着信息化的普及，越来越多涉及信息技术的政府政务活动被开展起来。

3. 电子政府

电子政府与电子政务都是从英文单词 E-Government 而来的，电子政府在概念上最易与电子政务产生混淆。政务指关于政治方面的事务，也指国家的各类行政管理活动，即政府部门的管理和服务活动。政府指国家权力机关的执行机关及国家行政机关，电子政府是相对于传统政府而言的，是对原有的政府形态进行信息化改造的过程，是当代政府改革的目标和趋势，最终建立一个与信息时代相适应的全新的政府形态。电子政府是电子政务建设的目标，而电子政务建设是实现电子政府的手段和途径。

我国之所以采用电子政务的说法，原因在于：①国外往往使用电子政府的说法，这与他们较高的电子政务发展水平密切相关。②中国采用电子政务的说法，一是与中国目前的电子政务发展状况相适应；二是电子政务有广义和狭义之分，容易让人混淆。广义的电子政务包括电子人大、电子政协、电子军队等，这些内容不包括在狭义的电子政务之内，也不在本书探讨范围。

4. 电子治理

电子治理（E-Governance）也比较容易与电子政务混淆。作为公共事务领域的电子治理概念第一次被提出是 2003 年 12 月在印度德里召开的第一届国际电子治理大会（International Conference on E-Governance，ICEG）上，在这次会议上，电子治理成为一个有关公共事务信息技术应用的新的表述。

电子治理即电子化的治理，或者说是治理理念的电子化，是"电子"与"治理"两个领域的结合与发展，是一种新的治理形态。治理强调多元主体的参与，与公共管理的发展要求相一致。电子治理是治理的重要工具和基本环境，是行政改革与信息化发展相结合的产物，电子治理以公众和社会需求为出发点，更加强调政府活动和政策决策的民主性。电子治理是基于电子政府、电子社会发展的一种治理形态或治理阶段，是传统治理的阶段性跃升状态。电子政务涵盖了电子治理的理念与方法，电子治理是电子政务的工作内容。电子政务和电子治理的区别体现在，电子政务的主体是政府部门，而电子治理的主体是多元化的。

5. 电子商务

电子政务是政府部门借鉴企业电子商务的成功经验而发展起来的，电子商务对电子政务有推动作用，电子商务是电子政务的原动力之一。电子政务与电子商务都必须依靠信息通信技术来实现，在技术层面具有相似性，二者的根本目的一致，都是为了推动经济与社会的快速发展。

电子政务与电子商务在实施主体、主导思想和目标、服务内容和面对的用户等方面明显存在差异。具体表现在：①电子政务的实施主体是以服务为宗旨的政府部门，而电子商务的实施主体是以赢利为主体的经济实体。②电子政务的重点是利用信息通信技术手段实现政务的创新，实现政府职能转变，实现政府的管理机制和服务模式的优化和变革，提高政府的公众形象，实现服务型政府，最大限度满足社会公众的需要，以实现公共利益最大化为目标。电子商务的重点在于寻求信息通信技术与企业经营模式、盈利模式的有机结合，通过加强内部管理来降低内部运营成本，通过对外部供应链管理来优化企业的商务环境，提高企业核心竞争力，最大限度地吸引有价值的客户、提高现有客户的满意度、保持客户忠诚度，以实现企业利润最大化的目标。③电子商务是只提供本企业的相关产品和服务，用户群体只是与本企业有关的、对产品和服务感兴趣的组织和个人，涉及的领域相对狭窄。而电子政务提供的是一个区域范围内的公共产品和服务，包括政府方方面面的服务，用户群体是社会中的每一个组织和成员，电子政务所涉及的领域和范围要远远大于电子商务。

二者存在交叉融合，企业与政府之间的有些业务往来，于企业而言是电子商务，于政府而言则是电子政务。如企业向政府纳税、政府向企业采购，对政府来说属于电子政务，而对企业来说则属于电子商务。因此，开展电子政务离不开电子商务的支持，反过来，电子商务的开展也离不开电子政务的大环境，因此电子政务与电子商务相辅相成。

6. 数字政府

数字政府与电子政务具有一定的通用性。但二者也有区别，电子政务在目标上以"政府职能转变"为基本出发点和立足点，侧重于政府行政管理信息化。数字政府建设在核心目标上为推进国家治理体系和治理能力现代化。在数字政府建设加快推进的过程中，学术界和实践界共同提出了一个思维困惑，即如何正确审视数字政府和电子政务的关系，国内外学者大概可以分为四种观点：

第一种，数字政府和电子政务并无本质区别，可认为相同或基本相同。国内外一些学者持类似看法。如 Ramon G 等将数字政府概念等同于联合国教科文组织（UNESCO）对电子政务的界定："公共部门使用信息通信技术改善信息和服务提供，鼓励公民参与决策过程，使政府更负责、更透明、更有效。"

第二种，电子政务是数字政府的一部分。如北京大学课题组提出"中国数字政府建设以政府自身的信息化建设为开端，以电子政务建设为抓手"。

第三种，数字政府是电子政务的高级形态。如李军鹏认为我国数字政府建设大体经历了政府上网、电子政务和数字政府 2.0 三个发展阶段。翟云认为，"数字政府是电子政务发展的继承和升华"。Falk S 等认为数字政府是电子政务范式的延续。

第四种，数字政府与电子政务有较多差异。如有学者认为在技术与组织关系上，二者存在本质不同。在电子政务建设中，外生技术和数据是辅助应用工具，是组织业务的附属品。在数字政府建设中，外生技术和数据超越于工具手段而跃居于改革首位，成为治理本身。

纵观上述观点，关于数字政府及电子政务关系的认识争议较多。未来随着技术形态的演化及国家治理的现实需要，或许会涌现出诸如智慧政府或智能政府的新形态。

第二节 国内外电子政务的发展历程

一、国外电子政务发展

从全球范围来看，世界各国均高度重视电子政务建设，持续推进电子政务发展，电子政务处于持续朝着更高水平发展的积极态势。其中，美国、英国、新加坡电子政务建设取得显著成效，在历次联合国电子政务调查中均名列前茅。

1. 美国电子政务发展

美国政府 20 世纪 90 年代初正式启动电子政务建设。在发展初期，更多的是被动地寻求以新技术应用来降低成本、提高效率、破解矛盾。随着对电子政务认识的提升，美国联邦政府开始重视顶层设计和制度规范，注重突破电子政务发展过程中的组织和文化障碍，使得电子政务逐步成为各级政府自觉、主动的追求，并且依托先进的技术创新和持续的制度改革，促使电子政务伴随着行政改革的深入和网络、信息通信技术的演进走上了良性发展轨道。在《2018 年联合国电子政府调查报告》《2020 年联合国电子政府调查报告》和《2022 年联合国电子政府调查报告》中显示美国电子政务 2018 年排名第 11，2020 年排名第 9，2022 年排名第 10。

美国兴起电子政务建设的时期也是其"重塑政府运动"开展的时期。新公共管理理论是指导重塑政府运动的重要理论，这些思想也成为美国各级政府开展电子政务建设的指导原则。美国电子政务的发展历程可归纳为以下 3 个时期。

1）电子政务发展初期

1992 年，克林顿就任总统，宣布他的政府将是一个电子化政府。

1993 年，启动全国基础设施计划 NII，正式出台了信息高速公路计划，提出以效率更高、花费更少的目标发动一场联邦政府内部的革命。

1993 年 9 月，国家绩效评估委员会（National Performance Review Committee，NPRC）提出了《创造一个花费更少、运转更好的政府》和《运用信息技术改造政府》两份报告，并在会议报告中明确提出了"电子政务"这一概念，把删减法规简化程序、顾客至上民众优先、授权员工追求成果、节约成本提高效能 4 个原则，作为政府再造的行动方向。

1994 年 12 月，美国政府信息技术服务小组提出《政府信息技术服务愿景》报告，认为改革政府不仅仅是人事精简、减少财政赤字的问题，更需要善于运用信息技术的力量，彻底再造政府对公众的服务工作，利用信息技术协助政府与公众的互动，建立以公众为导向的电子政务，以提供更有效率更易于使用的服务，为公众提供更多获取政府服务的机会和途径。

1995 年 5 月，克林顿签署《文牍精简法》，要求各部门呈交的表格必须使用电子方式，尽可能在 2003 年 10 月以前完成政府的无纸化作业。

1996 年，克林顿和戈尔在赢得连任后，将政府创新变革运动引向深入，发起重塑政府运动，提出要让联邦机构在 2003 年全部实现上网。

1997 年，国家绩效评估委员会发表了关于《走进美国》计划，该计划要求从 1997 年至 2000 年，在政府信息化技术应用方面完成 120 余项任务，在 21 世纪初政府对每个公民的服务实现电子化，在信息技术的支持下，政府工作的效率有极大的提高。

2000 年 6 月，克林顿宣布要在三个月内建造一个超大型电子政务网站——第一政府网，目的是减少橡皮图章，加速政府对国民需要的回应。

2）电子政务发展期

2001 年，小布什当选总统以后，启动政府改革计划，而电子政府是这项改革计划的主要内容。政府规定，2002 年底之前，凡是 25 万美元以上的项目采购，联邦政府各部门都必须使用联邦政府统一的电子采购门户平台，使电子采购成为联邦政府的采购模式。

2001 年，美国白宫管理与预算办公室（Office of Management and Budget，OMB）宣布成立"电子政务特别工作小组"（E Government Task Force），并于 2002 年公布了《电子政务战略——简化面向公民的服务》，提出以公民为中心、以结果为导向、以市场为基础三大原则，旨在提高政府的工作绩效、便于公民与联邦政府的互动，改善政府对公民的回应能力。

政府在 2002 年发布了《电子政务法案》（*E Government Act*），据此，美国要设立专门基金，投入巨资实施电子政府计划，同时还将建立"电子政府办公室"，负责政务公开、内部办公电子化、实现资源共享、提供互联网服务和安全保障等方面的具体工作，目的在于"确保对联邦各机构信息技术活动的有力领导，确保信息安全标准，设定综合性的电子政务框架，确保互联网和计算机资源广泛用于公共服务的提供"，这也使得美国电子政务发展真正地走上了正轨。

3）开放政府及数字政府建设时期

2008 年 12 月，新当选的总统奥巴马针对经济危机阐述了他的经济复苏计划，宣布美国将进行 50 年以来最大规模的基础设施投资，其中最重要的一点就是借助互联网重振美国经济、重建信息高速公路。

2009 年 1 月，奥巴马签署《开放政府备忘录》，呼吁建设一个更加透明、易于参与的协作型政府，要求"政府机构和行政部门应充分运用新技术手段在网上公开其决策和运行情况，以便公众随时获取相关信息"。奥巴马政府推动了政府采用最新技术的趋势，如美国数字政府服务（United States Digital Service）和 Data.gov 计划的推出，强调政务信息的公开，通过大数据及信息技术的应用，推动公平、透明、开放的美国数字政府建设。2009 年，美国联邦政府的数字政府战略提出由"电子政府"转向"开放政府"，并推动政府采用最新技术。

2010 年，美国政府发布《改革联邦政府 IT 管理的 25 条实施计划》，提出了"云优先"的策略；2011年又发布了《联邦云计算战略》，提出要将政府信息技术应用向云迁移，以解决其电子政务基础设施使用率低、资源分散、重复建设严重、工程建设周期长等问题。

2012年，奥巴马政府投资2亿美元启动"大数据研究和发展计划"，认为大数据技术事关美国国家安全、科学和研究的进步，并将引发教育和学习的变革。奥巴马政府在此时期高度重视大数据的应用。

2012年，美国白宫发布了《数字政府战略》，旨在为美国公民提供更优质的公共服务，主要实现三个目标：一是让美国公民可以在任何时间、任何地点，利用任何设备获取所需的高质量的政府信息以及数字服务；二是确保美国政府适应新数字时代，抓住机遇，以智慧、安全和经济的方式来采购并管理设备、应用和数据；三是公开政府数据，激发国家创新，提升政务服务的质量。奥巴马政府提出的《数字政府战略》是美国积极向数字经济、数字城市、数字治理和数字政府转型的重要标志。

2012年，美国颁布"大数据"战略——《数字政府：构建一个21世纪平台以更好地服务美国人民》，明确以公众需求为导向是政府数字化转型的核心。

2017年，特朗普政府倡导将云计算技术纳入数字政府建设环节，推行移动数字政府建设。

2019年，美国通过《开放政府数据法》，建立了公共数据的质量反馈和评估体系，进一步强调对公共数据的质量管理。

2019年，美国总统行政管理和预算办公室发布"联邦数据战略"（Federal Data Strategy，FDS），描绘了联邦政府如何加快各项数据在各项具体任务、服务公众和管理资源中的使用，并保护好安全、隐私和保密性。所有的联邦机构都要在整体政府的范畴下执行好这一战略。美国联邦政府的联邦数据战略在上述目标之下设定了三部分的内容，从理念至实践、从需求到行动布局出了引领各机构数据治理方向的目标。

2020年4月，美国国际开发署（United States Agency fou International Development，USAID）发布《数字战略2020—2024》，旨在加强国家级数字生态系统的开放性、包容性和安全性，并为数字政府下一阶段发展提供新方向。

2. 英国电子政务发展

在联合国经济和社会事务部发布的2016年、2018年、2020年、2022年《联合国电子政务调查报告》中，英国电子政务排名分别为第1、第4、第7和第11。英国电子政务建设经过二十多年的发展，处于世界领先水平。英国电子政务发展经历了如下阶段。

1）初期建设期

1994年，政府响应"电子欧洲"计划开始电子政务建设，首先提出了"电子英国"计划，由内阁办公室负责建立首个中央政府网站。

1996年，政府发布"直通政府"白皮书，作为电子政务服务发展的计划书。

1999年，政府出台"现代化政府行动计划"，提出政府应采用一站式电子方式提供公共服务。

2001 年，内阁办公室推出网站"UK online.gov.uk"，主要用于向公民提供一体化的在线服务。

2003 年 11 月，政府启动企业门户网站"BusinessLink.gov.uk"建设，作为对"UK online.gov.uk"的补充，为企业提供政府信息和服务。

2005 年，英国成立了"首席信息官委员会"，专门推动政府信息技术项目的实施，并提出"技术革新型政府"的新型电子政务战略，明确利用信息通信技术提升公共服务战略。

2）网站集约化时期

2007 年 1 月，内阁办公室决定大幅减少中央政府网站的数量，从原有的 951 个减少到 26 个，其中已关闭网站持续相关性的信息将转移到"Directgov""BusinessLink.gov.uk"两个门户网站。

2009 年，开始的英国"智慧政府战略"目标是提高政府的责任和透明度。随后英国发布了《信息通信技术发展战略》，指明了政府运用现代科技改变政府的运行方式，将建设智慧、绿色、经济型政府。

2012 年，英国政府官方网站"Gov.uk"正式运行，先后取代了"Directgov"和"BusinessLink.gov.uk"，以及数百个政府部门和公共机构的网站。

2013 年 5 月，24 个部级部门和其他 28 个组织机构的网站都已转至"Gov.uk"，形成政府服务的单一在线访问入口，给公众和企业提供方便有效的在线公共服务和相关信息。

3）数字政府建设期

2012 年，英国政府内阁办公室发布《数字政府战略》，开始将政府数字化建设与政府转型结合，该战略的颁布标志着英国政府进入公共服务数字化阶段。

2015 年，英国政府启动"政府即平台"战略。"政府即平台"是由英国政府内阁办公室与政府各部门协商、牵头制定和提供一系列通用的跨政府部门技术平台，范围覆盖数据开放、数据分析、身份认证、网络支付、云计算服务等，是建立数字化服务的新途径，旨在使每个政府部门线上服务都可以使用。

2017 年，英国政府在《政府转型战略》指出要进一步深化"Gov.uk"网站，保证公众、企业可多次使用政府数字服务与工具。在《政府转型战略》执行后期，英国继续推进跨政府平台建设，不断采用数字技术确保民众最大限度使用政府政务办公平台。据统计，2017 年英国政府门户网站的访问量高达 1500 万人次。

2019 年，英国数字政府发布《数字服务标准》最新版，与旧版数字政府建设标准形成鲜明对比，这意味着英国数字政府建设更趋于成熟。

2020 年 4 月，英国政府成立"数据标准局"（Data Standards Authority，DSA），隶属于政府数字服务局（Government Digital Service，GDS），主要致力于数字化标准的建设，以提升跨部门数据共享水平和数字服务质量。

202 年 5 月，英国数字政府平台"Gov.uk"发布了《政府数字服务战略（2021—2024）》，进一步明确了 2021 年到 2024 年 GDS 应该完成的五项主要任务：一是确保"Gov.uk"仍然是唯一值得信赖的为公众提供信息、指导和服务的平台；二是增强跨部门协同服务能力，保证服务的完整性；三是简化数字身份认证，使服务照顾到更多的弱势群体；四是扩大数字化工具的普及和使用，提高政府服务效率；五是实现跨部门的数据联合，实现公民与国家的"一次沟通"。

2022 年 6 月，英国数字、文化、媒体与体育部发布《英国数字战略》。意在通过强化数字技术创新，构建更具包容性、竞争力和创新性的数字经济，以使英国成为实施数字经济创新的全球最佳场所，巩固英国作为科技超级大国的地位。

3. 新加坡电子政务的发展

自 20 世纪 80 年代以来，新加坡电子政务经过近 40 年的发展，使新加坡逐渐成为国际上电子政务发展水平较高的国家，在 2018 年、2020 年、2022 年《联合国电子政务调查报告》中分别名列第 7 名、第 11 名、第 12 名。新加坡电子政务的发展可分为如下阶段。

1）信息通信技术普及阶段

新加坡在 20 世纪 80 年代初开始了对电子政务的探索，尝试通过信息通信技术的普及和培训来提高政府的工作效率。新加坡政府先后制定了《国家计算机计划（1980—1985）》《国家 IT 计划（1986—1991）》等战略规划，提倡办公无纸化、自动化和全社会的电脑化，为各级公务员配备电脑并对其进行信息化培训。

2）国家科技计划阶段

随着国家计算机与 IT 计划的实施，信息通信技术在各级政府和全社会已得到了广泛的应用，在此基础上新加坡政府制定了《国家科技计划（1991—2000）》《IT2000 智慧岛计划（1992—1999）》，致力于打通信息孤岛，促进数据交换共享和互联互通，并建成了国内第一个宽带网络，政府开始基于互联网为公民提供服务。同时，新加坡政府于 1996 年宣布实施《覆盖全国的高速宽带多媒体网络计划（新加坡一号，Singapore One）》，旨在建设一个集高速和交互为一体的多媒体网络信息服务平台，公众可通过该网络平台享受 7×24 小时全天候服务。

3）电子政务行动计划阶段

2000 年新加坡政府出台了第一个电子政务行动计划——E-Government Action Plan I，提出要在全球经济日益数字化进程中将新加坡发展成电子政务领先的国家。在第一个计划启动三年后，新加坡政府又推出了新的计划 E-Government Action Plan II，该计划的愿景是在 2003—2006 年打造一个网络化的政府，实现数字化业务系统的部门全覆盖。在此期间，新加坡政府还推出了《信息通信 21 世纪》《互联网新加坡》等战略规划，以促进 IT 技术的整合与应用，打造一个在任何时候、任何地点都能获得信息服务的高效能社会。

4）智慧国建设阶段

2006 年，新加坡政府提出了"智慧国 2015 计划"。2014 年 6 月，新加坡提出了智慧国计划的升级版——"智慧国 2025 计划"，这是全球首个政府统筹的智慧国家发展蓝图。该计划旨在使用科学技术为民众创造更加舒适且充满意义的生活，利用互联网、物联网、数据分析和通信技术，提升民众生活质量、增加商业机会、促进种族团结。

2016年，新加坡政府成立了政府技术署（GovTech），该部门主要负责向公众提供政府数字服务，并开发支持智能国家计划的基础设施。政府又于2017年成立了智慧国家与数字政府办公室（SNDGO），主要负责智慧国家相关项目的统筹规划，并对智慧国家计划的相关事项进行决策，GovTech是其执行机构。

2017年，新加坡颁布《数字就绪蓝图》，指出数字就绪度包括数字获得感、数字素养、数字参与三个方面，并以四个战略重点为指导：一是扩展和增强数字访问的包容性，为低收入家庭提供移动设备补贴，接入宽带增强连接性，开通电子支付方式，建立数字身份，尽可能使用基本数字引擎；二是将数字素养注入国民意识；三是授权社区和企业联合推动技术的使用，鼓励私营组织丰富数字产品、服务和内容，社区通过举办与数字技能相关的学习活动，帮助公民提升数字素养；四是通过设计促进数字包容，建立共享的语言体系，提供公共资源和数字服务，减少人们在使用数字产品和服务时的"障碍"。

2018年11月，新加坡政府更新发布了《智慧国家：前进之路》，其中包括智慧国家三大支柱、智慧国家两个基础和智慧国家六类方案。

二、中国电子政务发展脉络

中国互联网信息中心（China Internet Network Information Center，CNNIC）统计，截至2022年12月，我国在线政务服务用户规模达9.26亿人次，较2021年12月增长515万人次，占网民整体的86.7%。2022年，我国在线政务服务相关顶层设计更加完善，平台建设更加有效，技术应用更加普及，发展态势持续向好。《2022联合国电子政务调查报告》显示，我国电子政务水平在193个联合国会员国中排名43位，是自报告发布以来的最高水平，也是全球增幅最高的国家之一。其中，作为衡量国家电子政务发展水平核心指标的在线服务指数为0.8876，继续保持"非常高"水平。

近年来，中国的电子政务建设以其迅猛的发展速度追赶着欧美一些电子政务发达国家。电子政务在我国的发展已经走过40多年的历程，我国十分重视电子政务的发展，将其作为转变政府职能、提升治理能力现代化水平的重要突破口。电子政务的不断优化发展之路，也是我国推进服务型政府的建设之路，我国电子政务发展经历了由政府办公自动化，到以"金桥、金关、金卡"为核心的"金字工程"，到1999年的"政府上网工程"，再到如今全面开展电子政务创新建设四个阶段。

1. 开始起步期

20世纪80年代至90年代中期，处于办公自动化OA阶段，用于处理各部门内部的事务性工作和部门内部的信息集成。

1993年底，"金字工程"启动，为重点行业和部门建设信息化的基础设施。

1999年，中国电子政务以"政府上网工程"和"国家信息化领导小组"的成立为标志，进入了起步发展阶段。"政府上网工程"的启动，代表我国政府信息化开始普遍进入互联网时代。

2. 稳步建设期

2001年4月，《全国政府系统政务信息化建设2001—2005年规划纲要》明确了以"三网一库"（内外、外网、专网，信息资源数据库）为基本架构的政府信息化建设目标。

2002年，《国家信息化领导小组关于我国电子政务建设意见》进一步推动了我国电子政务的发展，电子政务概念正式确定。电子政务架构从"三网一库"改为"两网四库十二金"。两网即政务内网和政务外网；四库指人口、法人单位、空间地理和自然资源、宏观经济等四个基本数据库；十二金指12个业务系统，提供宏观决策支持的宏观经济管理、办公业务资源系统；涉及金融系统的金财、金税、金审、金关和金融监管（含金卡）工程；关系到国家和社会稳定的社会保障、金盾工程；具有专业性质，且对国家民生具有重要意义的金农、金水、金质工程。

2003年，电子政务建设扩展"两网一站"，将电子政务作为转变政府职能、改善政府服务的重要手段。

2006年1月1日，中央政府门户网站开通，5月《2006—2020年国家信息化发展战略》中将"推行电子政务"作为重要内容，同年出台《国家电子政务总体框架》。

3. 探索实践期

2008年5月1日，《中华人民共和国政府信息公开条例》正式实施，规定了政府信息以公开为原则，不公开为例外。

2010年，覆盖全国的统一电子政务网络基本建成，信息资源公开和共享机制初步建立。

2011年，工业和信息化部印发《国家电子政务"十二五"规划》，是推动国家电子政务发展的指导性文件。文件中提出大力推进国家电子政务发展是国家"十二五"的重要任务，是政务部门提升履行职责能力和水平的重要途径，也是深化行政管理体制改革和建设人民满意的服务型政府的战略举措。

2012年，《国务院关于大力推进信息化发展和切实保障信息安全的若干意见》明确提出加强统筹协调和顶层设计，基本建成国家电子政务网络，提升电子政务服务能力，鼓励业务应用向云计算模式迁移。

2012年，国家发展改革委发布了《"十二五"国家政务信息化工程建设规划》，提出主要目标为通过实施国家政务信息化工程，到"十二五"期末，形成统一完整的国家电子政务网络，基本满足政务应用需要；初步建成共享开放的国家基础信息资源体系，支撑面向国计民生的决策管理和公共服务，显著提高政务信息的公开程度；基本建成国家网络与信息安全基础设施，网络与信息安全保障作用明显增强。

4. 创新发展期

2014年2月，中央网络安全和信息化领导小组成立，要求从国际国内大势出发，总体布局、统筹各方，努力把我国建设成网络强国。

2015年8月，国务院发布了《促进大数据发展行动纲要》，提出要加强顶层设计和统筹协调，大力推动政府信息系统和公共数据互联开放共享，加快政府信息平台整合。

2016年，中共中央办公厅、国务院办公厅印发的《国家信息化发展战略纲要》中强调持续深化电子政务应用，着力解决信息碎片化、应用条块化、服务割裂化等问题，以信息化推进国家治理体系和治理能力现代化。

2016年12月，国务院办公厅发布的《政务信息系统整合共享实施方案》提出了加快推进政务信息系统整合共享、促进国务院部门和地方政府信息系统互联互通的重点任务和实施路径，明确要求政府部门主要负责人为第一责任人。

2017年6月，国务院办公厅印发《政府网站发展指引》，对全国政府网站的建设发展做出明确规范，提出不断提升政府网上履职能力和服务水平，以信息化推进国家治理体系和治理能力现代化。

2017年12月，中央网信办、国家发改委会同有关部门联合印发《关于开展国家电子政务综合试点的通知》，确定在北京、上海、江苏、浙江、福建、广东、陕西、宁夏，开展为期两年的国家电子政务综合试点。

2018年6月，国务院出台《进一步深化"互联网+政务服务"推进政务服务"一网、一门、一次"改革实施方案》，该方案将奋斗目标界定为"深化'放管服'改革，进一步推进'互联网+政务服务'，加快构建全国一体化网上政务服务体系，推进跨层级、跨地域、跨系统、跨部门、跨业务的协同管理和服务，推动企业和群众办事线上'一网通办'（一网），线下'只进一扇门'（一门），现场办理'最多跑一次'（一次），让企业和群众到政府办事像'网购'一样方便"。

2019年4月，国务院出台《关于在线政务服务的若干规定》，提出政务服务事项全国标准统一，规范化、标准化编制办事指南，实现电子证照跨地区、跨部门共享和全国范围内互信互认等。

2020年1月，国务院办公厅发布的《关于建立政务服务"好差评"制度提高政务服务水平的意见》要求2020年底前，全面建成政务服务"好差评"制度体系，建成全国一体化在线政务服务平台"好差评"管理体系。

2020年9月，国务院办公厅发布的《关于加快推进政务服务"跨省通办"的指导意见》提出依托全国一体化政务服务平台和各级政务服务机构，着力打通业务链条和数据共享堵点，推动更多政务服务事项"跨省通办"，为建设人民满意的服务型政府提供有力保障。

2021年，我国各省市积极探索、持续推进互联网政务服务建设发展，努力提升公共服务、社会治理等数字化、智能化水平。截至2021年11月，全国已有20多个省（自治区、直辖市）相继出台数字政府建设的有关规划，为我国互联网政务服务发展注入新的活力。

2022年，国务院印发《关于加快推进政务服务标准化规范化便利化的指导意见》《关于加强数字政府建设的指导意见》及《全国一体化政务大数据体系建设指南》，对数字政府、政务数据体系建设等方面提出一系列指导性意见。

这一系列部署，为电子政务在我国的发展指明了方向，凸显了国家打造现代化治理体系的决心和信心。

第三节　电子政务的发展阶段

电子政务的发展受到来自多方面因素的制约，它的实现是一个渐进的动态发展过程，呈现出某种阶段性的规律，分阶段分层次地逐步展开。信息技术快速革新，治理理念不断升级，电子政务的发展体现出阶段性特点，电子政务不断向高级阶段发展。不同组织和学者认为电子政务发展可以分为三阶段论、四阶段论、五阶段论、六阶段论等。

1. 三阶段论

世界银行信息发展项目组编制的《发展中国家电子政务手册》中，将电子政务发展分成以下三个阶段。

（1）公开发布阶段（Publish）：电子政务的最初阶段，指利用信息通信技术扩大政府信息传播面，政府上网是此阶段最主要特点。

（2）交互阶段（Interact）：在政府信息公开发布的基础上，进一步利用信息通信技术扩大公众在政府事务中的参与面，即政府利用各种交流技术实现政府与公众的交流。

（3）在线业务处理阶段（Transact）：电子政务的高级阶段。公众所需的政府服务，可以直接通过在线的方式 7×24 小时，随时随地地得到满足。

2. 四阶段论

欧盟委员会的《电子政务成熟度》报告将电子政务发展分成以下四个阶段。

（1）网上公布信息（Posting of Information Online），在此阶段，政府仅在网站上发布公共服务的信息。该阶段也是公共服务电子化最普遍的形式，典型表现是通过网站发布与政府相关的各种静态信息，如法规、指南、手册、联络方式等。

（2）单向沟通（One-way Interaction），在此阶段，政府除了在网上发布与政府服务项目有关的动态信息，还向公民提供更便利的服务。公民可以从网站上下载政府的各类表格，如报税表。但沟通仅仅是单向的，公民在此阶段无法将填写完毕的表格通过网络传输到相关的部门。

（3）双向互动（Two-way Interaction），在此阶段，政府能够与公民在网上双向互动。公民不仅可以从网上下载政府的各类表格填写，还可以将填写完毕的表格通过网络传输到相关部门。政府可以根据需要，随时就某事项或议题，在网络上征询公民的意见，使公民更好地参与政府的管理与决策。公民或企业也可以就感兴趣的事项，向政府提出咨询或建议。

（4）全方位网上处理事务（Full Online Transactions, Including Payments），在此阶段，政府的公共服务出现全方位的电子化特征。公民不仅可以通过网络传输表格，还可以直接在网络上完成交税、交费等事项。政府通过网络提供各项公共服务，公民也完全通过网络与政府联系。

Layne 和 Lee（2001）认为电子政务的发展演变会随着其技术复杂性、集成难度的增加而经历四个阶段：一是文献编目阶段，通过构建政府机构网站提供政府信息；二是交易阶段，政府机构之间可以进行网上交易；三是政府职能领域的垂直整合阶段；四是横向集成阶段。前两个阶段主要重视开发政府信息服务的电子接口，属于数字政务阶段；后两个阶段专注于现有政府结构下的电子政务活动整合。

3. 五阶段论

电子政务发展的五阶段论以联合国与美国行政学会（NU/ASPA）为代表。联合国经济和社会事务部 2003 年在《电子政务测度：全球透视》报告中将电子政务发展分成以下五个阶段。

（1）起步阶段（Emerging）：政府致力于官方站点的设立，此阶段网站数量有限，内容局限于为用户提供政府和机构信息等基础性信息，缺乏经常性更新。该阶段政府提供信息的特点是"政府有什么就提供什么"。

（2）强化阶段（Enhanced）：在起步阶段基本实现后，进一步强化政府信息服务的功能，政府网站数量增加，为公众提供最新资讯、政策信息、数据库、法律和规章等较为专业的信息服务，同时这些政府网站也与其他网站进行链接。与上一阶段政府提供信息显著不同的是，在这一阶段，政府按"公众需要什么，政府就提供什么"的思路进行信息提供。

（3）互动阶段（Interactive）：在这一阶段，参与机构和在线服务增多。政府与公众可以进行双向、动态的信息交互，如公众可以通过网络下载各种政府文件、表格，也可以直接通过网络提交表格，同时还可以对政府的相关决策进行在线评论等。

（4）交易处理阶段（Transactional）：通过电子政务系统直接在网上办理相关的事务，实现签证、护照、驾照、纳税等这些需要通过双向信息交流的服务得以实现在线业务处理，为公众和政府部门创造更大的价值，是电子政务较高形式的发展阶段。

（5）网络化评估阶段（Full Integrated or Seamless）：网络化评估属于政府电子化治理的阶段，在这一阶段，电子政务不再受时间限制，可提供各种类型的服务，公众可以通过网络对政府的决策和相关事务进行更深层次的参与和评估，政府也可以对其服务对象进行更有针对性的管理和服务，使得政府的治理与服务能力跃上一个新台阶。

4. 六阶段论

克莱·韦斯科特在其报告《亚太地区电子政务》中，针对亚太地区提出了电子政务的六阶段论。

（1）建设电子邮件系统和局域网（Setting up an email system and internal network）

开展电子政务活动的起始阶段，在此阶段，主要是在政府内部利用电子邮件方式进行通信，并通过内部网络共享政府内部的信息，实现网络化的办公。

（2）实现跨部门的信息交流和公众获取信息（Enabling inter-organizational and public access to information）

首先允许部门之间能够通过网络工作站传递图像、文件、档案等资料，在网络上进行认证、修改、审批、部署等工作。在此基础上，公众能够从政府网站上获取信息并且此阶段的建设以政府为中心，而非以公民为中心。在此阶段既要通过网络实现政府部门之间的信息交流和沟通，又要让公众能方便快捷地从政府网站得到所需要的各类政府信息。

（3）允许双向的信息沟通阶段（Allowing two-way communication）

此阶段政府与公众之间借助互联网、电话呼叫中心等多种手段实现信息交互，这是公众利用信息通信技术参与政府事务的重要阶段。

（4）允许价值交易阶段（Allowing exchange of value）

此阶段政府与公众之间开始利用网络进行各种相关政府事务的处理，如政府在网上进行电子化的采购，让企业利用网络实现电子报税，为公众提供电子化的社会福利服务等。在这一阶段的一个显著特征是，除政府与公众之间利用网络实现信息的传递外，还实现了资金的电子化转移。

（5）数字化民主（Digital democracy）

在此阶段，信息通信技术将使得公民社会组织（Civil Society Organizations，CSO）的力量更强大，能够聚集社会资源，扩大基金，反对部门的腐败。同时，此阶段能够实现公民在网上的选举和意见表达，能更好地参与和管理政府事务，也是更全面地发挥政府民主的阶段。

（6）跨部门合作的政府（Joined-up government）

此阶段是电子政务发展的最高阶段，在这一阶段，不同政府部门的信息和服务通过政府一站式的门户网站或者智能卡集成在一起，公民以及其他的利益相关者不再需要了解不同政府部门的具体职责就可以得到集成式的、无缝隙的政府服务。在这一阶段，政府与公众之间将形成一种新型的、紧密的、超越时空界限的特殊联系，使传统的政府机构产生真正意义上的转型。

以上对电子政务发展不同阶段的划分可以看出，虽然其不同发展阶段所提供的服务内容不同，各自侧重不一，体现的理念和方式有别，但其各种阶段模型之间却存有许多共性内容，基本都涵盖了单向发布、简单交互、在线应用等阶段，而其主要差别则体现在与交互式事务处理的复杂性相关的阶段划分上，反映出电子政务发展的方向和追求。无论是几阶段论，基本都是从政府在网上"露面"开始，逐步深化，直到政府"消失"为止，即政府变得越来越无形了，公众更关注需要的政府信息和服务怎么获得，怎样方便快捷地通过网络办理政府事宜，表达对政府的意见和建议、行使民主权利等。要把电子政务分成几个阶段实际上并不重要，关键是要结合政务活动的特点和公众的需要，有计划、有步骤，从低级到高级有序地推进，使电子政务在各个阶段都实现其应有的价值。

第四节 电子政务的业务模式

电子政务的发展不仅仅是政府部门自身的事情,更是政府、企业、公众等多方作用的结果。电子政务的用户涉及各级政府、政府公务员、公众、企业、非政府组织等。根据用户类型的不同,可将电子政务分为:政府间的电子政务(GtoG)、政府对公务员的电子政务(GtoE)、政府对公众的电子政务(GtoC)、政府对企业的电子政务(GtoB)等模式。图 2-1 反映了电子政务业务模式间的逻辑关系。

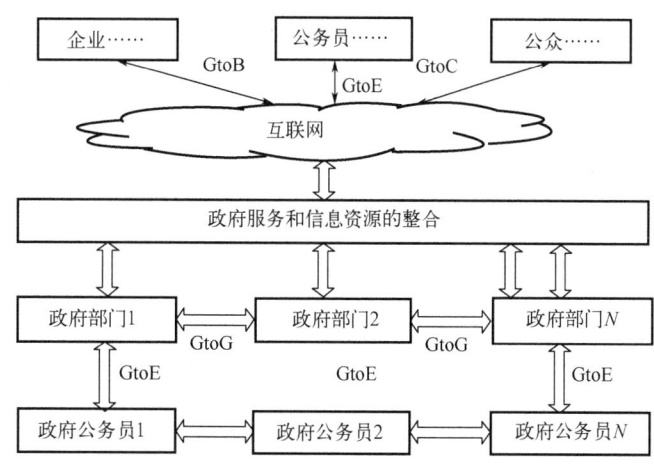

图 2-1　电子政务业务模式间的逻辑关系

一、GtoG 模式

GtoG（Government to Government），包括不同层级政府、政府内部、不同地区、不同职能部门之间实现的电子政务活动。通过网络进行政府横向或纵向的整合,实现不同层级、不同政府部门之间的连接,完成跨部门的信息交换、信息共享和业务协同,提高政府内部的行政效率。GtoG 作为政府间电子政务的应用,对打破传统条件下部门与部门之间的障碍,促进政府之间的沟通与合作,构筑新型的基于网络的政府间的合作关系,有着重要的意义。其主要目标是促进中央政府和地方政府围绕社会公众的需求进行更好的协同工作。

GtoG 能够较好地体现电子政务的实质特征,它是以社会的需求为中心,消除由于部门职能信息割据而造成的低质量社会服务和管理,使上下级政府之间、不同政府部门之间能够在信息资源按需共享的条件下,实现跨组织的、高效率的网络政务协同。

GtoG 主要包括:政府内部办公自动化、电子化人力资源管理、电子公文系统、电子财政管理系统、电子培训系统、纵向层次网络管理系统、横向层次网络管理系统。

典型代表如下。

（1）政府内部办公自动化:政府内部网络办公系统可分为领导决策服务子系统、内部网站、系统内部财务管理子系统、日常办公管理等。

（2）电子公文处理：电子公文通过系统流转和审批。传统的政府间公文的收文处理和发文处理，就可以在保证信息安全的前提下，通过数字化的方式，在不同的政府部门间实现顺势传递。

（3）电子财政管理系统：通过网络向政府主管部门、审计部门和相关机构提供分级、分部门的政府财政预算及其执行情况报告，包括从明细到汇总的财政收入、开支、拨付款数据以及相关的文字说明和图表，便于有关领导和部门及时掌握和监控财政状况。

（4）纵向层次网络管理系统：适合一些垂直管理的政府机构，如国家税务、海关、国土资源等部门通过组建本系统的内部网络，形成垂直化的网络化管理系统，以实现统一决策分层控制和实施信息共享，提高系统的整体决策水平和反应速度。具体示例见图 2-2、图 2-3。

图 2-2　国家税务总局

图 2-3　中华人民共和国海关总署

（5）横向层次网络管理系统：通过网络在政府不同部门、不同地区的政府部门之间进行横向业务协同，实现政府的有效管理。具体示例见图 2-4，长三角政务服务"一网通办"，实现了长三角地区的跨区域政务服务协同。

图 2-4　长三角政务服务"一网通办"

二、GtoB 模式

GtoB（Government to Business），打通各政府部门的界限，实现业务相关部门在资源共享的基础上，迅速快捷地为企业提供各种服务，使企业能够通过电子商务的手段与政府进行数字化的沟通，是一种新型的政府与企业的关系。本质是支持政府对企业提供的监管和公共服务，涵盖政府经济调节、市场监管、社会管理和公共服务等。

主要包括：政府电子化采购、电子税务系统、电子工商行政管理系统、电子外经贸管理、中小企业电子化服务、信息咨询服务。

典型示例如下。

（1）政府电子化采购：通过网络公布政府采购与招标信息，提供政府采购的有关政策和程序，为国内外企业提供平等的机会。并且使政府采购成为阳光作业，减少徇私舞弊的暗箱操作，节约政府采购支出，降低企业交易成本。图 2-5 为中国政府采购网。

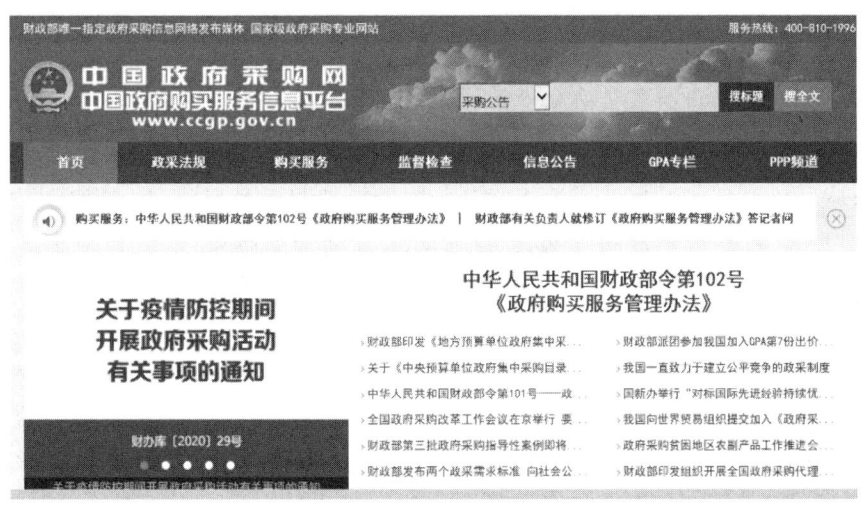

图 2-5　中国政府采购网

（2）电子工商行政管理系统：企业营业执照的申请、受理、审核、发放、年检、登记项目变更、核销，以及其他相关证件如统计证、土地和房产证、建筑许可证、环境评估报告等的申请和变更均可通过网络实现。

（3）信息咨询服务：政府将各种数据信息开放，方便企业、公众利用。如法律法规规章政策数据库、政府经济白皮书、国际贸易统计资料等信息。云南省人民政府政务信息在线解答如图 2-6 所示。

图 2-6　云南省人民政府政务信息在线解答

三、GtoC 模式

GtoC（Government to Citizen），是电子政务的重要内容，指政府部门向公众提供的一站式、在线获得政府信息和服务的模式。它使得政府提供的信息和服务不再以政府部门为中心，而转变为以公众的需求为中心。

主要包括公共信息服务、电子医疗服务、社会保障服务。

（1）公共信息服务：公众可以通过政府网站便捷地查询到国家和政府的有关法律法规规章或政策性文件，了解他们关注的有关政务活动的情况和进展。

（2）电子医疗服务：公众可以通过政府网站查询各种医疗机构的信息，还可以在网上进行医学咨询和预约服务，查询各种药品的成分、功效试验数据、使用方法、价位等，查询个人医疗保险账户余额和当地公务医疗账户情况等。国家卫健委政府网站如图 2-7 所示。

（3）社会保障服务：公众可以通过政府网站了解国家和当地社会保障政策，申请失业、最低生活保障等各类补助，查询自己的养老、失业、生产、医疗等社会保险，保险账户的明细状况，办理各种有关社会保险赔偿手续。国家人社部政府网站如图 2-8 所示。

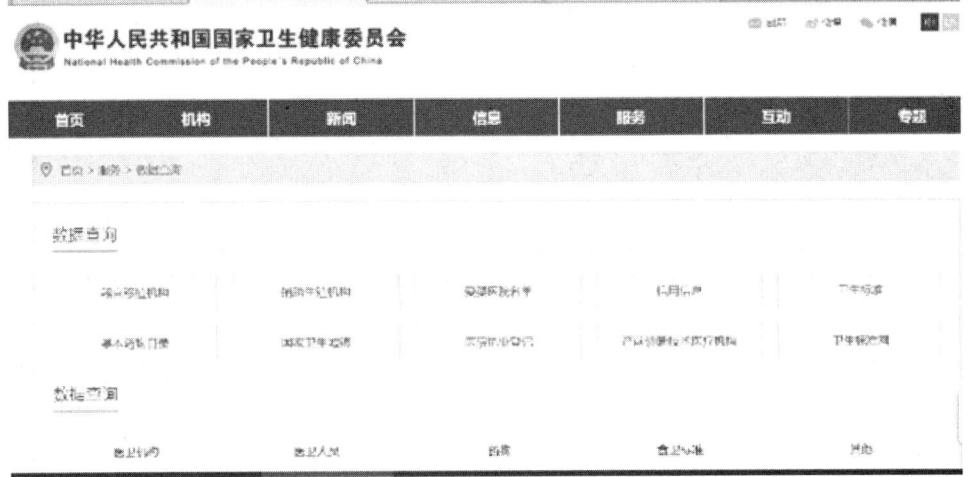

图 2-7　国家卫健委政府网站

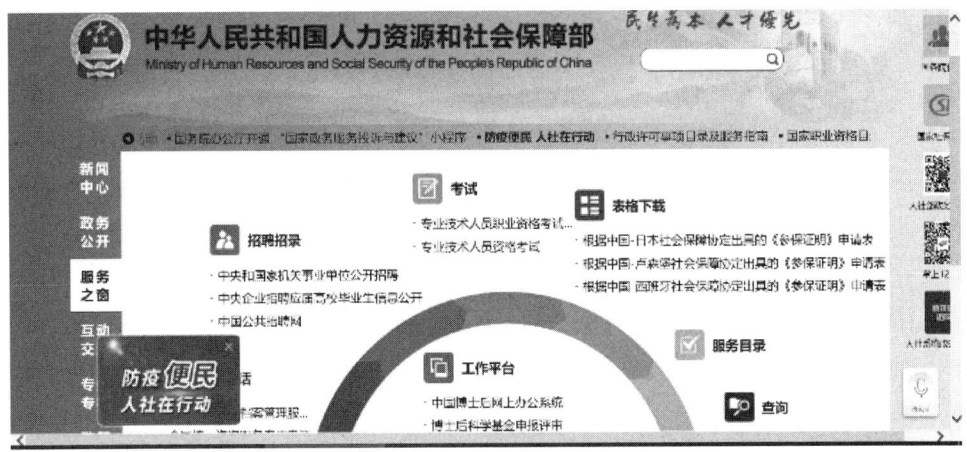

图 2-8　国家人社部政府网站

四、GtoE、GtoN 模式

电子政务的业务除了上述三种主要模式外，还有 GtoE、GtoN 等模式。

GtoE（Government to Employee），指政府与政府雇员（或政府公务员）之间的电子政务。政府机构通过网络技术实现内部的电子化管理，建立起有效的行政办公和员工管理体系，为提高政府的工作效率和公务员的管理水平服务。GtoE 是 GtoG、GtoB 和 GtoC 电子政务模式的基础，具体应用主要有公务员日常管理、电子人事管理、绩效考核等。

GtoN（Government to NGO），指政府与非政府组织之间的电子政务。目前的电子政务主要关注公众、企业和政府部门的需求，对于非政府组织关注的较少。我国的非政府组织或非盈利机构主要集中在环境保护领域和扶贫开发领域，他们需要政府部门提供相关的法律法规、政策建议、数据资料等信息，并通过与政府的互动，促进社会的全面发展。GtoN 主要体现在非政府组织对法律法规的需求、政策建议的需求、数据资料的需求等方面。需要通过电子政务为公众服务，为他们提供相应的法律法规服务、部门间的良好的沟通，需要政府提供政策建议和数据资料等支持。

【思考】

1．结合查询的资料，说说电子政务与电子治理、电子政府等说法的联系与区别。
2．你认同电子政务发展的哪种阶段论，为什么？
3．熟悉 GtoC、GtoB、GtoG 模式。浏览所在地区政务服务网，归纳其所提供的服务类型。

第三章
电子政务与政府治理

随着全球信息化的发展，电子政务已经成为世界各国政府公共管理创新改革的战略抉择。电子政务在提高政府工作效率、加强公共服务职能、促进政府行政管理体制改革等方面，具有举足轻重的影响。本章主要内容为电子政务与政府治理的主要相关理论、电子政务与政府治理的关系、电子政务对政府流程再造的影响以及电子政务发展的新阶段——数字政府。

第一节 政府治理理论

西方政府治理理论伴随着 20 世纪 70 年代新公共管理运动而兴起，经过多年的发展与演变，涌现出的新公共服务理论、网络化治理理论、整体性治理理论、数字治理理论等在西方公共管理学界掀起了一股治理之风，它所指导的政府改革也在西方国家如火如荼地进行，为我国的学术研究、学科发展和正在进行的社会转型提供了条件。

一、主要治理理论

（一）公共选择理论

政府是行使公共权力的主体机构，政府管理模式与经济学理论新发展的关系极为密切，受到 20 世纪 70 年代以来经济学理论新发展的深刻影响。西方国家针对政府管理过程中出现的财政危机、信任危机以及效率危机，以经济人的假设为出发点，对传统的行政管理模式提出批判，从制度上解决政府低效的问题。

经济学理论将公共选择理论融合到公共管理中，并用公共选择理论对政府官僚体制规模膨胀、效率低下和责任缺位等弊端的成因进行了精辟的分析，提出了以市场为解决方案的政策建议，以市场模式取代传统官僚制。

1. 代表人物

公共选择理论约诞生于20世纪50年代,其基本原理和理论框架是在20世纪50—60年代形成的,于20世纪60年代末70年代初形成一种学术思潮。

公共选择理论的领袖代表人物是美国著名经济学家詹姆斯·布坎南,他是公共选择研究领域著作最多的学者,由于其对公共选择理论所做出的杰出贡献,尤其是提出并论证了经济学和政治决策理论的契约和宪法基础,而获得1986年诺贝尔经济学奖。公共选择理论的另一位代表人物是美国著名经济学家戈登·图洛克,他于1966年创办的《公共选择》杂志,现在被列为全世界30个最重要的期刊之一。他们二人合著的《同意的计算:宪法民主的逻辑基础》被认为是公共选择理论的经典著作,为公共选择学派奠定了理论基础。

2. 主要内容

公共选择理论以新古典经济学的基本假设(经济理性人假定)、原理和方法(个人为中心)作为分析工具来研究和刻画政治市场上的主体(选民、利益集团、政党、官员和政治家)的行为和政治市场的运行。公共选择理论简单来说,是一种研究政府决策方式的经济学和政治学,即把经济学应用于政治学,用经济学的方法来研究政治现象。公共选择理论用经济学的工具提示了公共产品的供应和政治分配的过程。

所谓公共选择,指通过集体行动和政治过程来决定资源在公共领域的分配,是人们通过民主政治过程,将个人的私人选择转化为集体选择的一种过程或机制。公共选择理论是对政府决策过程的经济分析,该理论认为在公共部门中,资源配置的决策是一种集体选择,个人投票选出代表,由代表表达全体选民的意见或偏好。

公共选择理论的基本假设为政治领域中的个人也是一个自利的、理性的、追求效用最大化的"经济人"。选民、官员、政治家与其他任何人一样,不是受到公共利益的激励,而被认为是受到其利己利益的激励,均以个人利益最大化为目标。

3. 主要观点

(1)公共选择是一个决策过程,是由"一人一票"来投票决定采取何种政策,所有决策必须得到一致同意,但实际上采取多数同意的原则。非市场的集体选择即公共选择,实际上就是政府选择,公共选择作为一种公共物品,是集体选择的结果。

(2)从决策角度探究政治问题,决策是由当选的议员或政治家通过一定的政治规则决定公共产品的需求、供给和产量,利用非市场决策的方式对资源进行配置。政府官员为了自己的利益,必定努力扩张政府职能、扩张预算,从而导致"寻租"和行贿受贿等腐败行为的发生。因此,公共选择理论主张建立可靠的宪政制度,遏制政府的扩张,更多地采用私营企业承包公共服务,引进市场机制改善政府的公共服务。

4. 理论意义

(1)将传统经济学的微观经济学分析方法扩展和应用到对政治制度、行政和利益组织的研究中,以经济人为基本假定和前提,从而创造出了一种关于政治系统中的不同成员实际上如何运作的内部逻辑一致的实证性理论,扩展了经济学分析方法的应用领域。

(2)公共选择理论较好地运用经济学理论来阐释公共管理领域的诸多问题。它以"理性经济人"为人性假设基础,在承认官僚个人合理利益的前提下,强调公共服务提供机制的市场导向性与内部管理机制方面的激励导向性,有效地解决了公共组织内的竞争问题和公共选择问题,促使公共行政的方法从"官僚制"规则转向"市场激励"规则。

5. 启示

(1)承认"经济人"倾向,重视制度设计。公共选择理论认为政治决策过程中的个人是为了追求自身利益而非公共利益参与政治,因此,需要重视制度建设,完善立法体系,用法律制度约束政府行为。并强调规则的重要性,促使公共管理重视从规则和制度创新层面进行研究。

(2)承认"经济人"倾向,建立科学决策机制。因为政府也是自利的理性经济人,所以必须充分发挥出社会多元主体参与公共选择的作用。对公共选择本质的认识有助于促进公共治理中的参与式民主和协商民主,增强社会构成力量中不同主体之间的沟通与互动。

(3)承认政府的认知和行为能力有限,合理界定政府的职能。加快政府机构改革,转变政府职能,发挥市场机制的主导性作用。减少政府干预,依据"权力清单",适应社会发展而相应调整好政府的职权范围。

(二)新公共管理理论

新公共管理起源于英国撒切尔夫人的政府改革。这场改革后来也扩展到英联邦的部分国家(如新西兰、澳大利亚),涉及几乎所有的西方发达国家,并在一定程度上影响了美国克林顿政府的改革。当代西方公共部门管理改革尤其是行政改革具有普遍性、广泛性和持久性的特点,改革的内容涉及公共管理尤其是行政管理的体制、过程、程序及技术等各个方面。

1. 代表人物

新公共管理理论于 20 世纪 70 年代兴起,新公共管理理论代表了政府管理研究领域发展的新阶段,它是在对传统公共行政学理论的批判基础上逐步形成起来的。胡德是 20 世纪 80 年代以来所进行的行政改革中最先使用新公共管理理论的,是新公共管理理论的代表人物之一。1992 年奥斯本和盖布勒在《重塑政府》一书提出"企业家政府"理论和构建企业家政府的十大原则,较好地阐述了新公共管理理论的观点。

2. 基本特征

奥斯本和盖布勒认为,新公共管理理论主要有十个方面的特征:①起催化作用的政府,掌舵而不是划桨;②社区拥有的政府,授权而不是服务;③竞争型政府,把竞争机制注入提供的服务中;④有使命感的政府,改变照章办事的组织;⑤讲究效果的政府,按效果而不是按投入拨款;⑥受顾客驱使的政府,满足顾客的需要而不是官僚政治的需要;⑦有事业心的政府,有收益而不浪费;⑧有预见的政府,预防而不是治疗;⑨分权的政府，从等级制到参与和协作；⑩以市场为导向的政府，通过市场力量进行变革。

2000年，我国学者陈振明将"新公共管理"或"管理主义"的研究纲领或范式特征归纳为以下八个方面：①强调职业化管理。公共组织尤其是政府必须清楚自己做什么、如何做和向谁尽责，让公共管理人员成为管理者。②明确的绩效标准和绩效评估。新公共管理的一个重要特征是关注效果，强调个人和机构的绩效。③项目预算与战略管理。项目预算系统根据机构的具体项目来分配资金，要列出项目、子项目以及更低层次项目的所有成本。④提供回应性的服务。新公共管理强调顾客至上或顾客导向，它通过把公民变成顾客，以市场取代政府，提供回应性服务，满足顾客的不同需求。⑤公共服务机构的分散化和小型化。新公共管理运动中最重要的结构性变革在于建立执行机构或半自治性的分散机构，让它们负责公共项目的执行和公共服务的提供。⑥竞争机制的引入。新公共管理理论主张用市场的力量来改造政府，在公共部门中引入市场机制，在公共部门与私人部门之间、公共部门机构之间展开竞争，以缩小政府规模，提高公共物品及服务供给的效率。⑦采用私人部门的管理方式。新公共管理运动中所采用的项目预算、业绩评估、战略管理、顾客至上、结果控制、合同雇佣制、绩效工资制、人力资源开发和组织发展等原则或措施均主要来自私人部门的管理实践。⑧公共管理者与政治家、公众关系的改变。公共管理者与政治家建立起一种更密切和灵活的关系，公共管理者日益卷入公共政策制定和通常的政治事务中，公共管理者日益变成官僚政治家。同时，公共管理者与公民的关系也出现了变化。市场竞争机制的引入、顾客至上、结果导向等原则的采用改变了公民的纯粹被动服从地位，公民变成顾客，要求公共管理有更明确的责任制，听取公民的意见，满足公民的要求，提供回应性的服务。

3. 局限

新公共管理理论对西方国家政府管理产生了重要影响，并在实践中对改善西方发达资本主义国家政府绩效做出了巨大的贡献。虽然新公共管理运动是现代公共行政历史上一次具有里程碑意义的变革运动，但仍然存在如下局限性。

（1）新公共管理理论混淆了公私部门的界限。公共行政运作的环境与企业管理所面临的环境截然不同，其所需的知识、技能与企业部门有着本质的不同。对公共部门而言，公共性代表公共利益，政府和公共部门就必须坚持公共目的，承担公共义务或公共责任。很明显，新公共管理理论忽略了公私部门之间存在重要差异。

（2）新公共管理理论强调以"效率"为中心，通过引进企业的管理理念来改进公共部门，在实践中很容易导致公平、正义等民主价值的弱化，从而与公共行政的本质不一致，而公共行政在本质上是以追求人民主权、公民权利、人性尊严、社会公正、公共利益、社会责任等价值而存在的。

4. 借鉴

以经济学为基础，以政府和市场关系协调为核心的新公共管理运动，在20世纪后期，比较成功地解决了西方国家政府过度干预社会带来的政府机构臃肿、财政赤字、低效率、社会满意度低等问题。新公共管理理论不仅是西方国家改革的理论指导，还影响着发展中国家，其也成了近年来规模空前的公共管理改革的主导方向。

（1）加大政府体制创新的力度，切实转变政府职能。在我国推进行政体制改革的过程中，应借鉴西方"新公共管理"运动在这方面所取得的经验，加快政府体制创新，在公共服务领域引入竞争机制，部分公共服务职能交给社会和企业，提高服务供给的质量和效率。

（2）增强政府的服务意识，重塑政府与社会的关系。新公共管理运动在处理政府与社会关系方面也有可供借鉴之处。政府作为管理者、服务者，必须有强烈的服务意识和公共责任感，必须改善政府与社会的关系，努力提高政府管理水平和服务质量，继续推进服务型政府建设。

（三）新公共服务理论

新公共管理理论对于现代公共行政理论的进一步完善和发展无疑具有十分重要的促进作用，但其局限性较为明显。新公共服务理论正是在这种背景下，由一批公共管理学者针对新公共管理理论的批判而建立的一种新的公共管理理论。在对新公共管理理论进行反思和批判的基础上，新公共服务理论的形成和发展则进一步丰富和完善了西方公共行政理论。

1. 代表人物

1989年美国著名行政学者帕特里夏·英格拉姆和戴维·罗森布鲁姆最早提出了"新公共服务"的概念。2003年登哈特夫妇出版了《新公共服务：服务而非掌舵》一书，对新公共服务理论进行了全面、系统的论述，这是公共行政学界关于新公共服务理论的集大成之作，标志着新公共服务开始在西方公共行政学中占据主导地位。

2. 基本内容

登哈特夫妇提出的新公共服务的七大原则如下。

第一，政府的职能是服务而不是掌舵。政府角色从控制转变为议程安排，为促进公共问题的协商解决提供便利，帮助公民表达和实现他们的共同利益。这些新角色所需要的不是管理控制的老办法，而是做中介、协商以及解决冲突的新技巧。

第二，公共利益是目标而非副产品。公共利益是管理者和公民共同的利益和责任，必须促进建立一种集体的、共同的公共利益观念，其目标不是在个人选择的驱使下快速找到解决问题的方法，而是要创造共同的利益和共同的责任。

第三，战略地思考，民主地行动。政府制定符合公共需要的政策和计划，通过集体努力和协作的过程，并使政策和计划能够最有效地、最负责任地得到贯彻执行。

第四，为公民服务而不是为顾客服务。公共利益源于对共同价值准则的对话协商，而不是个体自我利益的简单相加。因此，政府不仅仅要回应"顾客"的需求，更要注重构建政府与公民之间、公民与公民之间的信任与协作关系。

第五，责任并不单一。政府不应当仅仅关注市场，他们也应该关注宪法和法律条文、社会价值观、政治行为准则、职业标准和公民利益。

第六，重视人而不只是生产率。公共组织及其所参与的网络，如果能在尊重所有人的基础上通过合作和共同领导的过程来运作，那么从长远看，更有可能获得成功。从新公共服务的观点来看，参与和包容的方法是建立公民意识、责任意识和信任的最好方法，而且，它们可以实现公共利益中服务的价值。

第七，超越企业家身份，重视公民权和公共服务。与企业家式的管理者视公共资金为己所有的行事方式相比，如果政府和公民都致力于为社会做出有意义的贡献，那么公共利益就会得到更好的实现。

3. 意义

新公共服务理论的核心价值理念就在于追求公共利益，奉行服务理念，凸显公民社会的公民权利、公民意识、公民身份和公民价值。新公共服务是建立在公共利益的观念之上的，公共管理者在其管理公共组织和执行公共政策时应该集中于承担为公民服务和向公民放权的职责。同时，新公共服务学派主张在公共管理改革中倡导参与式国家模式，强调保护公民自由，发挥民主特别是直接民主机制的作用。

新公共服务理论是当前西方国家政府治理进程中颇具影响力的前沿改革理论，吸收了传统公共行政的合理内容，承认新公共管理理论所具有的重要价值，摒弃了新公共管理理论的固有缺陷，新公共服务理论更加关注民主价值与公共利益，是一种更适合现代公共社会实践的新的理论选择。

4. 启示

新公共服务理论是对当今公共行政理论和实践特别是对新公共管理理论的补充和完善。对于我国构建和完善服务型政府，可从如下方面借鉴新公共服务理论的核心理念。

（1）把公民置于首位，人本主义的服务理念。

公民是服务的接受者，因此有权力选择和参与公共服务的决策，应当把公民的需要和价值放在第一位。对我国政府公共服务改革来说，要体现人本主义的服务理念、以公民为主导的公共服务意识，体现公民本位的核心治理价值。

（2）对公共利益的重视。

新公共服务理论认为政府的作用主要在于服务以及实现社会公共利益的最大化，其本质在于它的公共性和社会性。公共利益需要公民参与其中，共同协商来确定和实现。对我国构建服务型政府来说，政府应该致力于建立各种行之有效的与公众的沟通对话机制、社情民意反映机制和公众民主参与决策的机制。

（3）服务型政府的角色定位。

在传统公共行政中政府角色是"划桨"；在新公共管理理论中政府角色是"掌舵"；而在新公共服务理论中，政府角色是"服务"。政府应定位自己的角色为服务社会，这也是我国构建服务型政府的重要借鉴。

（四）网络化治理理论

20世纪90年代初，为应对新公共管理运动所带来的碎片化问题，由个人、营利组织、非营利组织和公共部门等多元主体构成的治理网络成为提供公共服务、供给公共物品的重要渠道,由此形成的建立在网络关系而不是传统官僚制基础之上的治理理论问题，逐渐成为议题之一。

建立在对新公共管理运动和公共选择理论的批判和借鉴的基础上的网络化治理理论，是后新公共管理的主要代表理论之一，是治理理论的一个重要分支，成为取代官僚式治理的公共治理新模式。斯蒂芬·戈德史密斯和威廉·D.埃格斯于2008年合著的《网络化治理：公共部门的新形态》一书，被认为是网络化治理理论正式成为一门成体系的治理理论的代表作。

"网络"，指人与人、组织与组织或人与组织之间的关系网络。在治理领域，网络化治理（Network-based forms for governance）是建立在连接公共部门、营利组织、非营利组织和个人之上的网络结构治理形式，使多元治理主体在制度化框架中相互依存，并为实现一定的公共价值而展开联合行动。国内学者陈振明从公共部门角度，定义网络化治理是"为了实现与增进公共利益，政府部门和非政府部门等众多公共行动主体彼此合作,在相互依存的环境中分享公共权力，共同管理公共事务的过程"。

网络化治理主张，公共治理的多元主体从等级制和市场化关系转向网络化和伙伴关系，将企业、非营利组织和个人等非政府行为者纳入公共服务供给以及政策制定和执行过程的主体中，公部门与私部门分享治理社会的权力；政府、市场和市民，社会、国家和国际领域相互渗透；政府的作用由干预和控制转向治理和协调，其行为方式由法律和命令转向协商；追求公共政策过程的灵活性和回应能力；保证一定程度的目标共识，信任与合作共赢是参与者互动的基础。总之，网络化治理理论强调治理主体的多元化、治理机制的网络化和治理责任的分散化。

网络化治理的基本特征包括：①网络化治理是一种建立在关系网络基础上的治理模式，是特殊的治理，也是特殊的网络；②网络化治理追求公共价值的实现；③网络化治理包括政府、企业、非营利组织和个人等多个参与者，且参与者之间是一种平等的相互依赖以及执行过程中独立自主的横向联结；④在网络化治理中，共同利益和利益分歧共存，参与者之间互动的手段是协商机制；⑤一定程度的自我管理；⑥参与者共享权力、风险和回报。网络化治理既可以是自下而上的过程，也可以由外部力量推动。

网络化治理是对传统官僚制和市场化治理模式缺失的反思，以及对经济全球化时代公共治理问题的探索。网络化治理是一种以公共利益为导向的合作型治理模式。网络化治理在整合和利用资源，提高决策制定和执行质量，增强顾客满意度，提高组织灵活性和回应性等方面，要比传统的官僚制度、市场化治理模式更为有效，并对传统官僚制的治理模式及其理论形成了一定冲击。

虽然网络化治理存在一些缺陷，有待进一步完善，但网络化治理已在实践中显现出其优点和作用。网络化治理推动了政府、市场和社会三者关系的重新平衡，推进了治理结构的重建和政府的治理转型。网络化治理理论强调政府、市场和社会的良性互动以及公共服务治理网络的效能，使治理理论更具操作性。网络化治理理论对推进当下中国的行政管理体制改革和治理转型，促进公共部门、企业、非营利组织和公民协同治理的形成，提供了重要的理论启示和借鉴作用。

（五）整体性治理理论

整体性治理兴起于20世纪90年代末，代表人物为英国学者佩里·希克斯，在《圆桌中的治理：整体性政府的策略》《迈向整体性治理：新改革日程》等著作中全面论述了整体性治理理论。

整体性治理理论是对新公共服务、新公共管理的批判反思，正是为了解决公共服务的"碎片化"问题而提出的。在数字时代来临的背景下，整体性治理的关键在于结合公民的回应性、层级和公私部门整合、网络简化、程序统一以及组织协调，这也正是碎片化问题的解决之道。

我国学者竺乾威认为整体性治理理论的主要思想主要包括两方面。一是重新整合，涉及的内容包括逆部门化和碎片化、大部门式治理、重新政府化、恢复或重新加强中央过程、极大地压缩行政成本、重塑一些具有公务支撑功能的服务提供链、实现由较新的信息技术提供的生产力的提高、集中采购和专业化、以"混合经济模式"为基础的共享服务、网络简化。二是整体性治理，包含以下内容：互动的信息搜寻和提供、以顾客为基础和以功能为基础的组织重建、一站式服务提供、数据库、重塑从结果到结果的服务、灵活的政府过程、、可持续性。

总之，整体性治理的主要思想包括重新整合与整体性治理，核心主张为协调、整合、紧密化与整体主义，强调机构间的协调、政府功能的整合、行动的紧密化和提供整体性的公共服务。整体性治理理论为公共治理提供了一种策略性活动，即提倡多主体以合作的方式联合起来，组成紧密化的共同体，集体行动。

作为一种新的理论探索，整体性治理理论在传统的公共行政理论之外提供了政府改革的新视角，由此整体性治理的理念在一些西方发达国家的政府改革中得以成功实践。英国的协同型政府很好地解决了英国政府"空心化"和公共服务"碎片化"的局面，继英国政府实施的"协同政府"改革之后，欧美其他发达国家都相继开始根据本国实际情况，运用整体性治理理论制定发展策略，进行政府治理改革。整体性治理理论以整体主义和新公共服务为理论基础，主要强调治理应有效改善政府内部的"碎片化"制度结构，可以说整体性治理理论在理论分析和价值判断层面将治理理论的发展向前推进了一大步。

对我国来说，整体性治理理论所提倡的协调、整合和网络化的治理理念对我国横向政府组织跨界治理、区域经济一体化问题也有着重要的启发和应用价值。整体性治理理论注重发挥市场和社会力量的辅助功能，减轻政府公共服务支出负担，提高服务质量和效率。整体性治理理论还十分重视数字信息等技术手段的应用，主张政府利用现代化技术掌握更多的信息，建立信息数据库，提高政府决策和公共服务质量，这也启示我国政府应着力加强电子政务信息网络建设。

（六）数字治理理论

数字治理理论是西方公共治理的前沿理论之一，产生于 20 世纪 90 年代末。较早有关数字治理理论是由曼纽尔·卡斯特尔于 1996 年发表的著作《网络社会的崛起》中提出的，该书以信息时代的到来对公共管理的治理体系提出的更高要求与挑战进行分析，形成数字治理理论的雏形。后有英国代表性学者帕却克·邓利维的从新公共管理运动的衰微以及数字时代治理兴起的时代背景阐述数字治理理论。数字治理理论继承了整体性治理理论关于整合与协调的观点，是在整体性治理理论基础上结合数字时代而提出的一种治理理论。数字治理理论与整体性治理、网络治理理论并称为后新公共管理时期三大主流理论。

数字治理理论包含三大主题：重新整合、以需求为基础的整体主义和数字化变革。

（1）重新整合是指把从新公共管理理论所主张分离出去的职能重新收回并整合，减轻资源的重复与浪费现象，减小公民的负担，使经过重新整合的公共服务变得更加容易获取。重新整合不是简单地将分散的公共服务集中整合，而是通过科学地制定措施，针对不同的环节运用不同的整合办法，具体包含 9 个要素：机构化和碎片化的重新整合、协同治理、重新政府化、重建或重新巩固中央政府流程、从根本上挤压过程成本、重建具备后勤部门功能的服务提供链、采购的集中化和专业化、"混合经济"基础上的共享服务和网络简化。

（2）以需求为基础的整体主义是对传统协同治理的超越。公共部门整体性改革寻求简化和调整机构与顾客之间的全部关系，目的在于创造出更为全面、流畅的政府管理流程。以需求为基础的整体主义是全面的调整，并向一个以公民、服务为基础的组织转变。以需求为基础的整体主义包含六个要素：交互式信息查询与供给、基于顾客或功能的机构重组、一站式服务、数据仓库、重塑结果到结果的服务流程再造和灵活的政府过程。

（3）数字化变革主要通过政府部门的组织机构和内部文化的变化及公民对政府信息通信技术应用态度的转变实现，真正的技术变化相对较小。数字化变革包含 9 个要素：电子服务交付、基于网络的效用处理、国家指导的集中信息技术采购、自动化流程新形式、彻底的非中介化、渠道分流和顾客细分、减少受控渠道、促进权力均等主义的行政事务管理和走向开放的管理。

数字治理理论是运用信息通信技术重塑公共部门管理流程的新型理论，数字治理作为现代信息通信技术与治理理论融合的新型治理模式，体现了治理的核心——公民的参与互动，数字治理的本质就是利用现代数字化技术促进公民与政府之间的互动，构建以公民为中心、政府提供便利化治理框架的多元化社会治理体系。

数字治理理论缘起于对新公共管理运动负面后果的反思，作为一种新型的治理理论范式，它既有效地应对了新公共管理运动带来的碎片化问题，又为数字时代的政府公共管理实践提供了新的治理思路与治理框架。21 世纪是信息和通信技术日臻成熟的时代，世界各国政府的行政改革也面临更加复杂的政治、经济与社会环境的考验。发达国家纷纷运用数字技术推动政府转型，成为新公共管理运动后政府改革的主旋律之一。

数字治理理论发展至今只有20余年历史，但其学说已经影响英国、美国、加拿大、新西兰、荷兰等国家。我国数字治理具有实践先于理论的特点，并由发达地区城市向其他城市逐步扩展，且尚处于数字治理提供智能化服务的阶段。其中比较有代表性的是广东数字政府建设的政企合作模式，浙江"最多跑一次"改革推进政府数字化转型，上海"一网通办"改革建设智慧政府。

二、治理理论比较分析

伴随着现代世界经济和科技的迅猛发展，各种公共治理理论得到长足发展，治理理论的兴起折射出当代世界经济、政治和社会层面的重大转型。这些理论有共性也有差异，共同构成了现代公共治理理论体系。任何一种理论的提出总是针对特定环境下的特定问题的，所以都会有其优势和局限性。新公共服务理论在理念层面上，突出服务理念；网络化治理理论在治理结构方面，强调网络结构；整体性治理理论在治理方式方面，提倡整合或合作的治理方式；数字治理理论在治理工具方面，主张大数据技术或智能化治理。

治理理论在我国的引入和创新推动了治理实践的开展，治理理论与治理实践在中国的进步，必将进一步推进治理理论与治理实践的发展。实现公共管理理论的中国化，需要有选择地借鉴西方治理理论，要根据当代中国的实际国情和中国公共管理的实践需要来设计理论，把科学性和本土化有机结合。我们应将治理的理念、结构、方式、机制、工具、目标等层面的优势整合起来，发挥出整体优势，这样既能反观我国当前的治理背景、设计出合理的治理方案，又能在理念、结构、方式、机制、工具、目标等层面启发我国国家治理体系构建。

第二节 电子政务与政府治理

自熊彼特提出"创新理论"以来，创新便被广泛运用于管理、组织、政策、文化等领域，并在20世纪80年代"新公共管理"运动中与政府改革相联系，形成了"政府创新"的概念。20世纪80年代初的"新公共管理"运动，20世纪90年代初的"重塑政府"运动，以及进入2000年以来"后新公共管理"乃至"新公共治理"等一系列行政改革和政府创新思潮与主张的盛行，使人们认识到政府创新日益成为现代政府和公共管理的核心价值之一。

一、政府治理

治理是为达到集体秩序、实现社会的共同目标，由公共组织、经济组织、社会组织及个人等多方主体共同参与，以正式或非正式的方式，围绕国家与社会事务进行协调、合作、互动的过程。

政府治理的概念源于20世纪90年代西方的治理理论，涵盖多元化政府治理举措、政府治理绩效评估以及社会公共环境治理等诸多内容。政府治理通常指政府行政系统作为治理主体，对社会公共事务的治理，通常包括政府对自身的内部管理、对经济和市场的治理以及对社会公共事务的管理等内容。

数据时代的政府治理应当包括两个层面：一是"关于数据的治理"，即随着数据量的不断增加，数据价值的日益凸显，将数据本身作为政府治理的对象。这既包括政府机构内部数据的治理，也包括政府为履行社会公共事务的治理职能，对自身、市场和社会中的数据资源和数据行为的治理。二是"基于数据的治理"，即将数据作为公共政策发展与创新的新环境，将数据的挖掘和利用作为政府进行宏观经济管理、履行社会公共管理职能等的重要工具。

二、电子政务对政府治理的影响

加快发展电子政务，持续优化政务服务是助力政府治理创新的新工具。政府治理长期面临信息不对称、多中心性以及治理对象错综复杂等现实难题，这也制约着政府治理效率的提升。伴随着信息化和网络化背景下政府行政改革的深入推进，电子政务作为政府治理创新的新工具，逐渐成为优化政府运作模式、完善内部决策机制以及政府治理理念革新的"答案"。

作为政府行政能力改革的重要标志和手段，理论上电子政务有助于政府部门提升治理能力和革新组织架构，因此各级政府部门积极深化大数据等信息技术应用，构建人性化和智能化电子政务服务平台，以期推动政府治理创新。事实上，电子政务的本质，即为通过政务公开和问责互动等实现政务处理的高效化、透明化，这意味着电子政务能够通过强化政务信息的透明度提升政府治理效率。

政府治理效率的提升具体表现在降低治理成本、抑制腐败、优化监管水平和强化法制建设等方面，而以信息技术和大数据应用为内核的电子政务能够对此产生深远影响。

其一，电子政务有助于节省治理成本。信息资源配置失衡和信息沟通渠道缺失等是治理成本增加的根本原因。电子政务能够搭建信息及时共享、处理流程透明的运作机制，从而确保政府信息的公开性和易获取性，既降低了公众的信息获取成本，也降低了政府信息发布和传播成本，治理成本的降低无疑为政府治理效率的提升奠定了基础。

其二，电子政务有助于抑制腐败。提升信息透明度是治理腐败的重要保障。电子政务一方面能够依托多元化、多主体的信息网络及时高效地搜集、整理和存储信息，强化对政府公职人员经济行为监督；另一方面则能够拓展公众参与反腐监督的渠道，提升公众监督的积极性。此外，电子政务有助于降低反腐活动中的信息成本，有助于全面严格反腐活动的长期进行。

其三，电子政务有助于优化监管水平。电子政务有助于政府部门及时获取更全面的信息资源，并基于大数据分析等技术应用提前进行风险预测和全面实时监管，从而有效提升监管精度和监管面积。同时，电子政务有助于政府部门建立信息共享机制，提高公民在监督过程中的参与度，有效降低政府监管成本。

其四，电子政务有助于强化法制建设。电子政务有助于政府部门对过往信息公开案件的整理和分档，在提升案件信息透明度的同时，确保类似案件处理有例可循。在此基础上，电子政务为法制信息的即时发布和广泛传播提供了重要平台，有助于节约信息治理成本和推进高效的法制建设。

第三节　电子政务与政府流程再造

电子政务发展迅速，促使政府部门改进原有的工作流程和工作方式，以及改善政府组织结构，政府业务流程再造是对政府组织结构、业务流程进行彻底的变革与改善。电子政务为政府流程再造提供了发展契机和技术支撑，政府流程再造反过来作用于电子政务，电子政务与政府流程再造相辅相成，互相促进，二者在不断地相互调适中共同发展。

一、业务流程再造

企业业务流程再造（Business Process Reengineering，BPR）是20世纪90年代初西方企业管理界提出的一种全新的管理思想，是当时管理领域学术界和企业界的热门课题。汉默和钱皮于1993年共同发表了《企业再造：企业革命的宣言》，正式提出了BPR的概念，系统地阐述了BPR思想，很快得到企业界和学界的重视和认同。BPR指对业务流程进行根本性的再思考和彻底性的再设计，以便在成本、质量、服务和速度等衡量企业绩效的重要指标上取得显著性的进展。

BPR的四个重要特征：根本性；彻底性，不是改进，而是革命；戏剧性，不是提高，而是飞跃；以流程为中心。BPR的基本内涵：充分利用信息通信技术重新设计流程；坚持以流程为导向原则；坚持以顾客为中心原则；坚持团队式管理原则；流程再造是一个持续改革、不断完善的过程。

总而言之，业务流程再造是一种管理思想，信息通信技术是一种技术，流程再造与信息通信技术相辅相成，在流程再造由思想到现实的转变中，信息通信技术起到一种良好的催化剂的作用。

二、政府流程再造

20世纪70—80年代以来，西方各国纷纷兴起了以"政府再造"为主要内容的行政改革浪潮，其重要内容之一就是将"流程再造"引入政府部门，实施过程控制与结果导向并重的绩效管理，并取得了显著的成效。政府流程再造是企业流程再造理论在公共管理领域的应用，实现以公众服务为导向、以技术利用为支撑、以效率提升为目标的改革。

政府流程再造的观点以拉塞尔·林登的《无缝隙政府》为代表，其将企业管理中"流程再造"的基本原理应用于传统政府组织结构的革新，克服层级过细、分工僵化、各自为政、忽视公民需求等弊端，以及围绕过程和结果而不是职能和部门开展政府的业务，提高工作效率和公共服务的水平。

（一）政府流程

政府流程可划分为三类：一是面向公众的流程，主要是为公众提供产品或服务的流程；二是支持流程，为政府部门提供产品、服务和信息的流程；三是管理流程，促使面向公众的流程和支持有效配合以符合公众和用户的期望和需要，是政府部门加工输入并转化为输出的流程。电子政务借助信息通信技术的力量，对政府传统业务流程优化和重组，其中重组的重点是如何提高组织的日常运行和跨越组织界限与外部机构直接发生联系。

传统的政府流程基于专业化分工的管理模式，以职能为中心进行设置，这种设置责任清晰，便于控制和计划，但同时也造成了很多问题，如政府流程涉及的部门较多，各自为政，无人对流程负责，部门之间的协调困难和协调成本较高，造成了流程的分散性、机械性和封闭性等。实现政府流程的集约化和高效化是电子政务的核心，政府流程再造已成为推行电子政务的必经之路。

（二）政府流程再造

对于政府流程再造的内涵，目前还没有统一、明确的界定，与政府流程再造相近或相似的概念有政务流程再造、政府业务流程再造、行政流程再造、政府管理流程再造等。姜晓萍（2006）指出，政府业务流程再造指在引入现代企业业务流程再造理念和方法的基础上，以公众需求为核心，对政府部门原有组织机构、服务流程进行全面、彻底的重组，形成政府组织内部决策、执行、监督的有机联动，以适应政府部门外部环境的变化，谋求组织绩效的显著提高，使公共产品或服务更能取得社会公众的认可，使公众满意。

政府流程再造的基本内涵包括：政府流程再造是以政府为主体的政府部门在反思传统行政组织业务流程弊端的基础上，运用网络信息技术，打破政府部门内部传统的职责分工与层级界限，建立以解决问题为宗旨的服务流程模式。在了解公众需求的基础上，政府流程再造以公共需求和公共利益为导向，实现政府业务流程再造的价值追求。政府流程再造是对政府部门的行政理念、发展目标、行为准则、治理模式、制约机制和整体再造，涉及政府内部、外部在组织结构、决策程序、运行机制、评估体系、激励机制等方面的显著变化。

政府流程再造的本质是对政府中的任务、服务流程进行彻底的变革与改善，涉及组织结构的调整、行政权力的重新设置、利益的重新分配，并且势必会引起政府部门功能定位、权力配置、职位分类、绩效评估、薪酬体系等敏感因素的变化。因此，在其再造过程中，各种利益集团的博弈将影响和制约着业务流程再造的深度和广度，会遭遇到阻力与障碍。政府流程再造的艰巨性要远大于企业组织的流程再造，具有复杂性和长期性的特征，政府流程再造是一个不断改善、验证、持续跟进的过程，需在实践中持续修正、完善。

三、电子政务与政府流程再造

电子政务与政府流程再造是一体化的过程，没有离开政府流程再造的电子政务建设。

电子政务要真正实现提升公众服务的效率和效果，必须进行政府流程再造。电子政务建设与政务流程再造具有极为紧密且互为因果的关系。

（一）电子政务与政府流程再造的相互影响

1. 电子政务对政府流程再造的影响

电子政务是现代政府管理模式的一场深刻变革，给政府流程再造带来新的发展契机。它的宗旨和核心是政府通过现代信息技术对现有政府流程实施再造，实现政府信息公开化和透明化，充分履行优质高效的管理与公共服务职能。

电子政务建设为政府流程再造提供全新的平台，电子政务是实现政府流程再造的重要形式。政府流程再造的一个显著特征就是信息技术的应用。电子政务是政府充分应用信息技术进行改革和创新的重要管理方式，推行电子政务的过程，实际上就是一个梳理、优化传统政府流程的过程，为政府流程再造提供了技术支撑。因此，从政府流程变革和创新的角度而言，电子政务和政府流程再造殊途同归。在政府流程再造进程中，需要借助现代网络信息技术的力量，将新的政府管理模式、业务模式和服务方式通过计算机技术固化下来，使之发挥更大的潜能。在政府普遍应用信息技术进行信息时代的政府流程再造时，实质上也是在深入发展电子政务。

2. 政府流程再造对电子政务建设的影响

电子政务系统是一种全新的顾客至上的政府服务与管理理念，不是传统政务与电子技术的简单叠加，更不是用现代电子网络技术去适应传统的政府管理模式。只有对传统管理体制进行彻底再造，消除与网络信息技术运用相冲突的体制和运行方式，才能符合共享性、交互性、开放性的电子政务特征。电子政务不是纯技术项目，它是引领政府实现变革的政务活动，是实现政府管理创新的催化剂和助动器。传统的政府运行中存在的种种弊端显然严重阻碍了电子政务的发展，因此，电子政务的发展对传统的政府管理体制和管理方式提出了挑战。对现行的政府管理职能、组织以及行政流程进行必要的调整和改革，必须依据电子政务的建设理念，对传统的、复杂的、分散的以"职能为中心"政府流程进行梳理、规范和优化，才能体现电子政务效能最大化，最终实现服务型政府的目标。

3、政府流程再造与电子政务系统建设是相互作用的动态过程

政府流程再造与电子政务系统建设是一个相互作用的动态过程。电子政务及其纵深应用的电子政务系统都是政府流程再造过程中的一项重要措施；政府流程再造是电子政务系统建设的环境条件、基础和前提。

综上所述，电子政务系统建设为政府流程再造提供了发展契机和技术支撑，政府流程再造反过来作用于电子政务系统建设，电子政务系统建设与政府流程再造是相辅相成、互相促进的关系。

（二）电子政务环境下政府流程再造的策略

政府流程再造必须在构建以服务型政府为重心的行政管理体制改革方针的指导下，并以电子政务为目标，塑造以公众为中心的电子化、网络化、全天候、一站式政务处理模式。这种政务处理模式的实现，有赖于清晰的政府流程再造目标设计和符合我国国情的政府流程再造策略。相关策略如下。

1. 营造政府流程变革的组织文化氛围。基于公共服务型政府的现代理念，塑造为公众创造价值的政府流程，以提升公众对公共服务品质的满意度。为塑造以满足公众需求为导向的政府流程提供良好的组织文化氛围。

2. 构建扁平型政府组织结构。实施政府流程再造，要突破部门间的界限，实现部门与部门之间的互动与协作，以部门联动代替按部门顺序操作。注重信息通信技术在政府流程再造中的全面应用，使大量复杂的信息能够实现迅速、及时地传递和处理，向一种能够提供便捷服务、灵活回应顾客需求、具有动态适应性的扁平型组织结构转化。扁平型组织直接对公众负责，是以快速响应和协同办公的优势获得公众满意度提高和政府绩效提升的组织形式，也是我们构建服务型电子政府的基本组织模式。

3. 促进电子政务和政府流程再造的协同发展，采取电子政务建设与政府流程再造的一体化策略。电子政务深入发展的过程中包含技术因素与政务因素的联动，且它们之间存在着逐步加强和深化的趋势。在电子政务深化应用的阶段将会更加注重构建政府流程乃至政府组织本身的后台系统，即电子政务的成熟度会随着电子政务功能度和政府流程整合度的变化而发生改变。

四、电子政务与政府流程再造实践

（一）美国政府流程再造

美国是世界率先实施电子政务的国家之一，作为世界电子政务的先驱，美国政府在电子政务建设方面进行了许多大胆的实践与探索。美国电子政务建设过程中，充分借鉴了企业利用信息技术的种种先进经验，将企业流程再造理念创造性地引入电子政务实践中，加快了电子政务深化发展进程。

利用企业流程再造的成功经验与成果，1996年美国政府发动"重塑政府计划"，当时美国电子政务建设尚处于起步阶段，美国政府流程再造围绕着简化服务形式与程序，建立一站式网站方便公众与企业搜索政府信息等内容开展，政府流程再造措施处于初步探索阶段。1997年，美国国家绩效评估委员会（National Performance Review，NPR）提出了"走进美国"的电子政务发展计划及其报告，该报告提倡跨部门整合服务。通过该报告的引导与推动以及NPR在此理念下建设的一系列网站，美国政府流程再造取得了一定的进展。2000年6月，克林顿总统宣布要建立"第一政府"网站，达到了超越传统政府部门的界限，提供统一平台链接联邦政府部门和机构以及相关信息的目的。"第一政府"网站的建立为相关整合服务提供奠定了基石，随着该网站的更新与完善，越来越多的跨部门整合服务平台网站也链接到该网站，更加增强了其跨部门整合服务的功能。

2001年6月，小布什执政后发布了《总统管理日程》，其中一项就是扩展电子政务，将电子政务作为一项优先发展的总体管理日程。美国政府采取了多种富有创新精神的措施，推进美国政府电子政务建设，进而促进政府范围的系统政府流程再造。2002年，管理与预算办公室（Office of Management and Budget，OMB）就发布了《电子政务策略：简化面向公众的服务传输》，该策略认为"政府必须改革其运作——如何处理其业务和如何对待他们服务的公众"，提出了美国电子政务以公众为中心、以结果为导向和以市场为基础的三大原则。同时该策略中还指出，美国政府内部明显与大量机构业务的重叠与冗余阻碍了实现公众中心的电子政务愿景。根据调查的28条联邦政府的业务流，每条业务流上平均都有19个行政部门和机构在履行职责。一些机构在不考虑其他部门的努力的情况下，对业务的传统和网上方法都进行了投资，这就使得公众疲于应付政府行政管理的重复要求。由此美国政府认识到在电子政务深化发展过程中，必须梳理政府业务框架，通过业务整合、简化和优化，实施政府流程再造，才能真正实现美国电子政务愿景与政府理念。OMB与其特别工作小组经过两轮优先选择，从300多项中审慎选择了24项优先创新倡议。这24项跨机构的创新倡议是在电子政务四大类别下开展的针对性改革措施与项目，大多数已经投入运营，并取得了良好的绩效，使公众与企业获得了更好的服务，减少了不必要的流程与业务要求，优化了政府流程，提高了政府工作效率，降低了运营成本。1999年CIO委员会发布了其联邦企业架构（Federal Enterprise Architecture，FEA），2002年颁布的《电子政务法》将其以法律条文形式固定下来，并要求各政府机构都要形成FEA。在小布什执政后期，美国政府大力推进FEA实施进程，并发布了FEA参考模型和系统指引文件，引导各政府机构构建自身FEA和根据FEA进行合理的信息技术投资计划。通过制定、实施计划和对FEA成熟度发展阶段的衡量，不断督促和监督政府机构实施FEA项目的进程与弥补缺陷，促进美国整体层面整合交叉业务功能，为政府流程再造提供再造工具与可行性分析的平台。FEA的优势与重要作用，在美国政府流程再造实践中不断被印证。

（二）我国政府流程再造

以下为我国政府流程再造实践案例。

浙江省顺应新时代发展要求、回应人民群众期盼，在"四张清单一张网"改革基础上，推行"最多跑一次"改革。2017年底"最多跑一次"事项覆盖80%办事事项，基本实现"最多跑一次是原则、跑多次为例外"，使人民群众得到了实实在在的获得感、幸福感、安全感。

总结该做法得到如下6个方面的经验。

（1）推行"一窗受理、集成服务"。将各个部门在行政服务中心分散设置的服务窗口整合为综合受理窗口，建立"前台综合受理、后台分类审批、综合窗口出件"的全新工作模式，实现受理与办理相分离、办理与监督评价相分离。按照整体政府理念，以"一窗受理"为切入点，倒逼部门衔接管理制度、整合办事流程，推进部门协同作战、集成服务，推动群众办事从"找部门"向"找政府"转变。

（2）梳理公布"最多跑一次"事项。以人民群众办好"一件事"为标准，以权力清单、公共服务事项清单为基础，全面梳理群众和企业到政府办事事项，按照事项名称、申请材料、办事流程和办理时限等"八统一"的要求，由省级各主管部门分别制定《群众和企业到政府办事事项主项和子项两级指导目录》，梳理制定全省统一规范的办事指南，建立动态调整机制。

（3）推进便民服务、投资审批、市场准入等重点领域改革。推进不动产交易登记全流程"最多跑一次"。实行居民身份证、驾驶证、出入境证件等异地可办。以身份证为唯一标识推进便民服务类事项"一证通办"。推行全省社保信息和参保证明在线查询、全省就医一卡通和诊间结算。制定《各级各部门需要群众（企业）提供的证明事项目录》，推行"目录之外无证明"。建设投资项目在线审批监管平台2.0版，推动投资项目100%应用平台、100%系统打通、100%网上审批、100%网上申报。推进区域环评、区域能评，建设、人防、消防施工图"多审合一"，建筑工程"竣工测验合一"。推进企业投资项目承诺制改革和国有土地出让"标准地"改革。推行外贸、餐饮、住宿等20个领域"证照联办"和12个事项"多证合一、一照一码"等改革。对住所登记、经营范围登记和章程审查等工商登记重点环节，实行便利化改革。

（4）建立"12345"统一政务咨询投诉举报平台。以设区的市为单位，除110、120、119等紧急类热线以外，将各部门非紧急类政务热线以及网上信箱等网络渠道整合，纳入12345统一政务咨询投诉举报平台统一管理，建立"统一接收、及时分流、按责转办、限时办结、统一督办、评价反馈、行政问责"的运行机制。

（5）推进"最多跑一次"改革向事中事后监管延伸。建立综合行政执法局，集中行使基层专业技术要求不高的行政执法权，构建"部门专业执法+综合行政执法"的行政执法体系。全面推行"双随机、一公开"监管。构建覆盖企业、自然人、社会组织、事业单位和政府机构5类主体的公共信用评价、信用综合监管、信用联合奖惩3大信用监管体系。乡镇（街道）整合形成综治工作、市场监管、综合执法、便民服务4个功能性平台，承接"最多跑一次"改革在基层落地。

（6）打破信息孤岛实现数据共享。加强"互联网+政务服务"顶层设计，运用系统工程方法论建设全省统一的政务服务网。加强一窗受理系统、部门业务办理系统、交换与共享系统3个审批服务子系统建设。按照受办分离要求，各地各部门受理群众办事申请，不论是网上办，还是在政务大厅办，都要先进入一窗受理系统，再转到各部门业务系统办理。

第四节　数字政府

目前，电子政务的范围已远不止提供公共服务，这反映了电子政务在从原语义到"数字政府"和"数字治理"语义的转变。随着信息技术的发展，物联网、大数据、云计算、区块链和人工智能技术的快速发展和深入应用，数字时代已经到来。数字政府是政府数字化转型的结果，它代表着一种新的治理模式和服务典范的变迁。

现阶段，我国正处在深化政府行政改革、提高国家现代化治理能力的关键期。数字政府建设符合数字时代的发展要求与趋势,数字化治理模式的运用和政府治理的数字化转型成为我国政府治理改革的重要目标之一。党的十九大做出了建设数字中国、网络强国、智慧社会的重大国家战略部署。数字政府是纵深推进我国信息化发展的战略支撑,已成为数据治理阶段电子政务发展新趋势。党的十九届四中全会首次明确提出"推进数字政府建设",将数字政府建设纳入坚持和完善中国特色社会主义行政体制的重要组成内容。

随着国家大数据战略的提出和相关政策文件的出台,国内外很多学者从数字政府整体性解读的视角出发,着眼于数字政府建设的理论优化和实践路径研究,主要集中在数字政府建设的理念、模式、策略、问题及解决路径等方面。

一、数字政府概述

(一)含义

自 1998 年 1 月美国前副总统戈尔在加利福尼亚科学中心发表演讲时首次提出"数字地球"这一概念之后,"数字国家""数字政府""数字城市"和"数字社区"等概念相继出现,引起了社会各界的高度关注。纵观对数字政府含义的研究,对其界定不尽相同。从 2017 年开始,陆续有国内外学者对数字政府进行了界定,本书选取如下定义作为代表。

戴长征和鲍静认为,数字政府是政府通过数字化思维、数字化理念、数字化战略、数字化资源、数字化工具和数字化规则等治理信息社会空间、提供优质政府服务、增强公众服务满意度的过程。

黄璜认为,数字政府不能仅视为政府治理的技术化替代,而是通过技术帮助政府获取和传递更多的信息、数据与知识,为政府治理目标服务。

何圣东和杨大鹏认为,数字政府是数字时代的政府存在状态和运行方式,所有的政务活动将于云端实现数字化。

王伟玲认为,数字政府是政府借助云计算、大数据、人工智能等新一代信息通信技术,以实现公共服务无纸化、社会治理精准化、政府决策科学化为目标,通过连接网络社会与现实社会,重组政府组织架构,再造政府行政流程,优化政府服务供给,推动政府对施政理念、方式、手段、工具等进行全局性、系统性、根本性变革,促进经济社会运行全面数字化而建立的一种新型政府形态。

国脉电子政务网认为,数字政府指建立在互联网上、以数据为主体的虚拟政府,是一种新型政府运行模式,以新一代信息技术为支撑,以"业务数据化、数据业务化"为着力点,通过数据驱动重塑政务信息化管理架构、业务架构和组织架构,形成"用数据决策、数据服务、数据创新"的现代化治理模式。

(二)数字政府与电子政务的关系

数字政府与电子政务(或电子政府)在理论和实践中具有一定的通用性,但二者存在差异。数字政府与电子政务的区别是不同发展阶段间的差异:在技术上,电子政务遵循传统的"业务驱动范式",以既有业务流程的稳定运行为首要目标。数字政府则遵循"数据驱动范式",以发挥数据潜能为首要目标,并借此对组织业务流程进行重塑。在结构上,电子政务以传统科层制的分立式结构为依托,将数据、系统分散在业务部门,以适应位于供给端的部门管理者的办公习惯和既有规定。数字政府则以平台化转型为建设核心,致力于构建与数据整合共享相适应的组织结构,更好地服务于处在需求端的企业民众,实现多中心治理。在职能上,电子政务关注的重点是对政府自身工作的信息化改造。数字政府则进一步将关注视野外延,覆盖新兴数字化业态治理(例如数据治理、算法治理)、多元治理主体有效协同(例如开放数据背景下调动多元主体利用政务信息资源参与治理工作的积极性)等议题,致力于实现治理现代化。

(三)数字政府特征

数字政府的核心在于政府如何善用现代数字技术去实现良好政府,更好地达成政府施政的政策目标,为公民和社会创造更大的公共价值。其本质在于通过数字政府的转型,建立新的政府典范。数字政府代表的是政府典范或者公共服务典范的转移。

具体而言,数字政府的基本特征主要体现在以下6个方面。

(1)从现有流程的数字化到设计的数字化。依据成功和持续转型的战略要求,设计政府的运作方法,重新思考、再造和简化政府的运作,实现有效的、可持续的和公民驱动的公共部门,在此过程中,充分考虑数字技术以及数据的潜力。

(2)从信息中心的政府到数据驱动的政府。政府认识到数据是战略性的资产和资源,是公共部门协同运作的基础动力。因此,政府充分运用数据预测公民和社会的需要以提供公共服务,了解政府运作的绩效并不断回应变革的需求。

(3)从封闭的政府运作过程到开放的政府。开放政府数据,政府的运作本着透明、廉洁、责任和参与的原则进行。在开放政府下,公民不仅可以了解政府的信息,实现充分的知情权,还可以通过协商、直接参与等途径,直接介入公共政策制定的过程,使得政府政策能够更好地回应民意,保障公民的权益。

(4)从以政府为中心到以使用者和公民为中心。政府要聚焦于使用者的需求和公民的期望,在公共政策的制定和公共服务的提供上,应充分听取公民的意见,并依据他们的需求,用数字化的方式提供优质的服务,包括跨机关的整合服务、自制式服务、个性化服务和高附加值的服务。

(5)从政府作为公共服务的提供者到政府作为公共服务共同创造的平台。政府建设支持性的生态系统用以支持和赋能公务人员设计有效的公共政策,提供优质公共服务。这一生态系统能够促进政府与公民、企业、社会和其他组织之间的协作,激发他们的创造力,运用他们的知识和才能共同面对国家的挑战。

(6)从被动的政府到积极且具有前瞻性的政府。政府无论是在政策制定还是公共服务的提供上,能够提前预测和了解社会的变化和公民的需求,并对此做出快速的反应。政府要积极地开放数据、公开信息,而不是等到公民请求之后才提供信息。积极的政府同样要求政府积极解决问题,要有结果,而不是消极的、不疼不痒的回应。

数字政府使政府与数字技术的发展相融合,促进了数据横向及纵向的流动与整合。

政府治理结构从"碎片"走向"整体"，治理方式更加数字化、智能化，治理过程更加开放、透明和高效，从而提升政府的治理水平与治理绩效。

二、数字政府实践

党的十九大报告中提出，"创新是引领发展的第一动力，是建设现代化经济体系的战略支撑。要瞄准世界科技前沿，强化基础研究，实现前瞻性基础研究、引领性原创成果重大突破。加强应用基础研究，拓展实施国家重大科技项目，突出关键共性技术、前沿引领技术、现代工程技术、颠覆性技术创新，为建设科技强国、质量强国、航天强国、网络强国、交通强国、数字中国、智慧社会提供有力支撑"。党的十九届四中全会明确提出建立健全运用互联网、大数据、人工智能等技术手段制定行政管理的制度规则，全面推进数字政府建设。随着中国在大数据、"互联网+"、人工智能和虚拟现实技术、区块链等方面的突破，中国政府在数字政府建设中将越来越占据主动地位。2022年，国务院发布《关于加强数字政府建设的指导意见》，提出加强数字政府建设是适应新一轮科技革命和产业变革趋势、引领驱动数字经济发展和数字社会建设、营造良好数字生态、加快数字化发展的必然要求，是建设网络强国、数字中国的基础性和先导性工程，是创新政府治理理念和方式、形成数字治理新格局、推进国家治理体系和治理能力现代化的重要举措，对加快转变政府职能，建设法治政府、廉洁政府和服务型政府意义重大。

（一）数字广东

随着国家大数据战略的深入推进，"数字政府"已成为实现国家治理体系和治理能力现代化的关键助推手段。当前，我国许多地区在数字政府建设实践中已取得初步成效。由《2022中国数字政府发展指数报告》可知，广东省数字政府建设走在全国前列且有良好示范效应，在2022年省级数字政府发展指数排名第4，处于引领型数字政府，如表3-1所示。2018年，广东省率先发布了《广东省"数字政府"建设总体规划》，印发了《广东"数字政府"改革建设方案》，启动"数字政府"改革。

表3-1　2022年省级数字政府发展指数排名

排名	省份	得分
1	上海	78.87
2	北京	78.53
3	浙江	77.67
4	广东	77.03
5	四川	76.91

2021年，广东省发布《广东省数字政府改革建设"十四五"规划》，总体架构如下。

1. 管理架构

按照"政企合作、管运分离"的总体原则，不断完善我省"统一领导、统筹管理、专业运营、智库支撑"的数字政府改革建设管理模式。管理架构如图3-1所示。

第三章 电子政务与政府治理

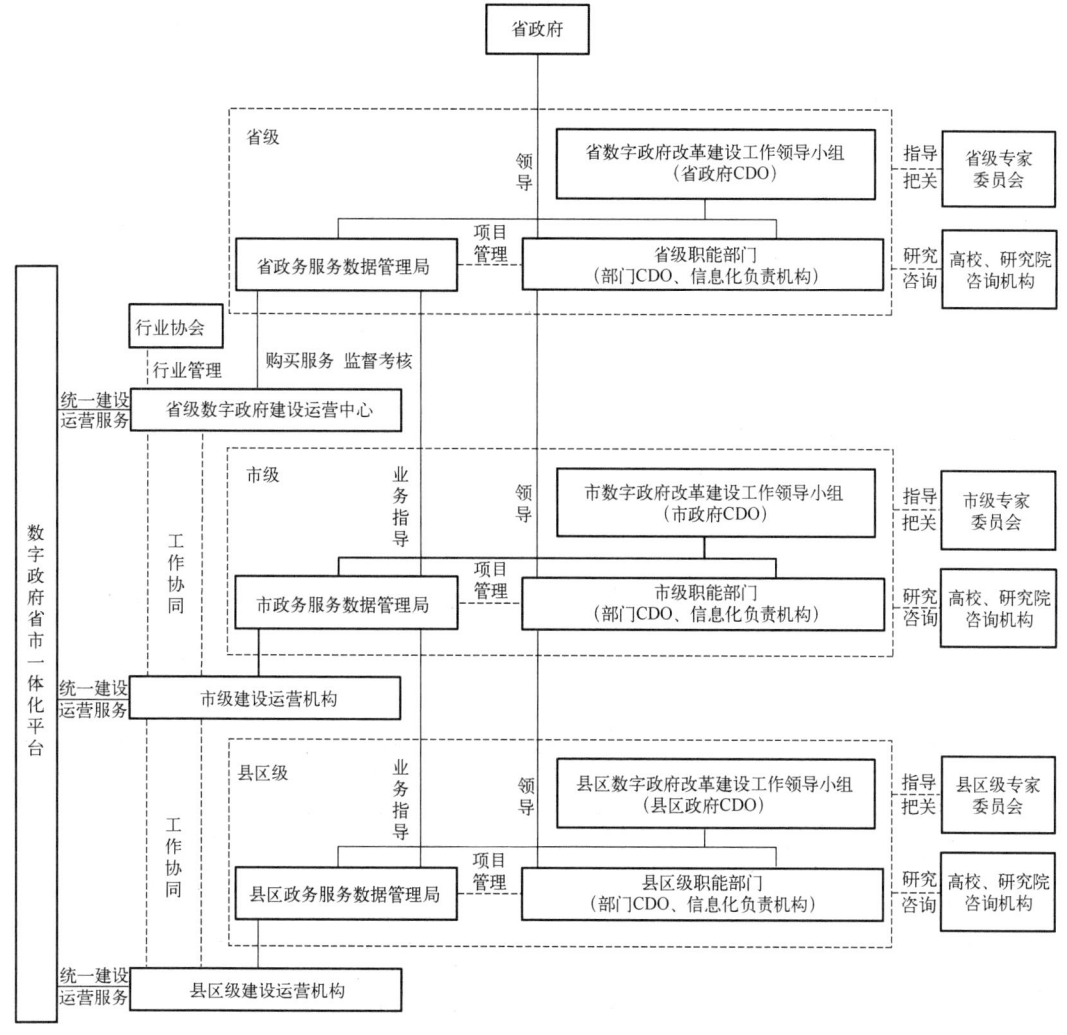

图 3-1 数字政府管理框架图

2. 业务架构

以群众、企业、公职人员等数字政府主要用户群体为中心,以提高政府数字化综合服务能力、综合管理能力、综合决策能力为目标,构建"整体协同、平台驱动"的业务架构,推动全省各地各部门聚焦核心业务、加大协同力度。在数字政府的大平台、大系统之上,优化政务服务"一网通办",推动省域治理"一网统管",强化政府运行"一网协同",实现"三网融合"。业务架构如图 3-2 所示。

3. 技术架构

完善以"协同共享、高效服务"为特征、以"省市一体化"为导向的技术架构。架构分为"五横三纵",充分利用最新的 IT(信息技术)、CT(通信技术)、DT(数据技术)。其中,"五横"分别是用户交互层、业务应用层、应用支撑层、数据资源层及基础设施层,"三纵"分别是网络安全、标准规范和运行管理。技术架构如图 3-3 所示。

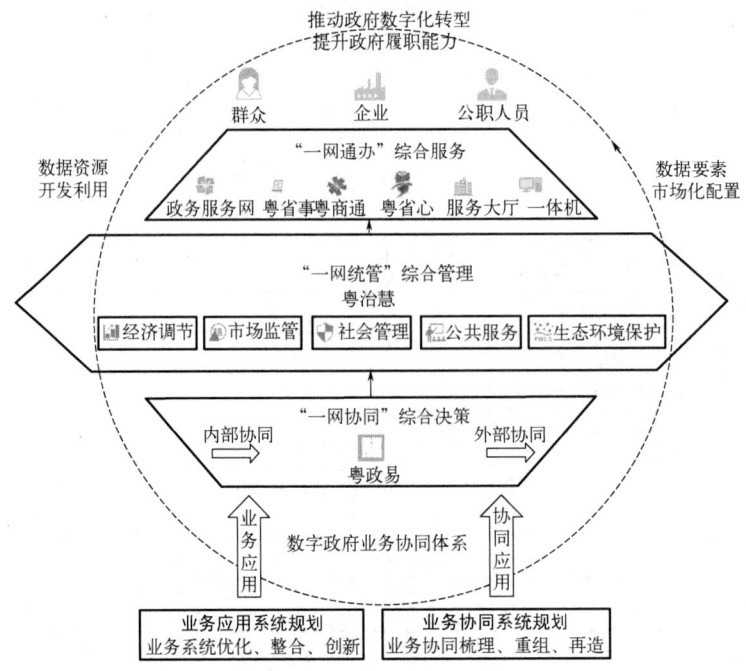

图 3-2 数字政府业务架构图

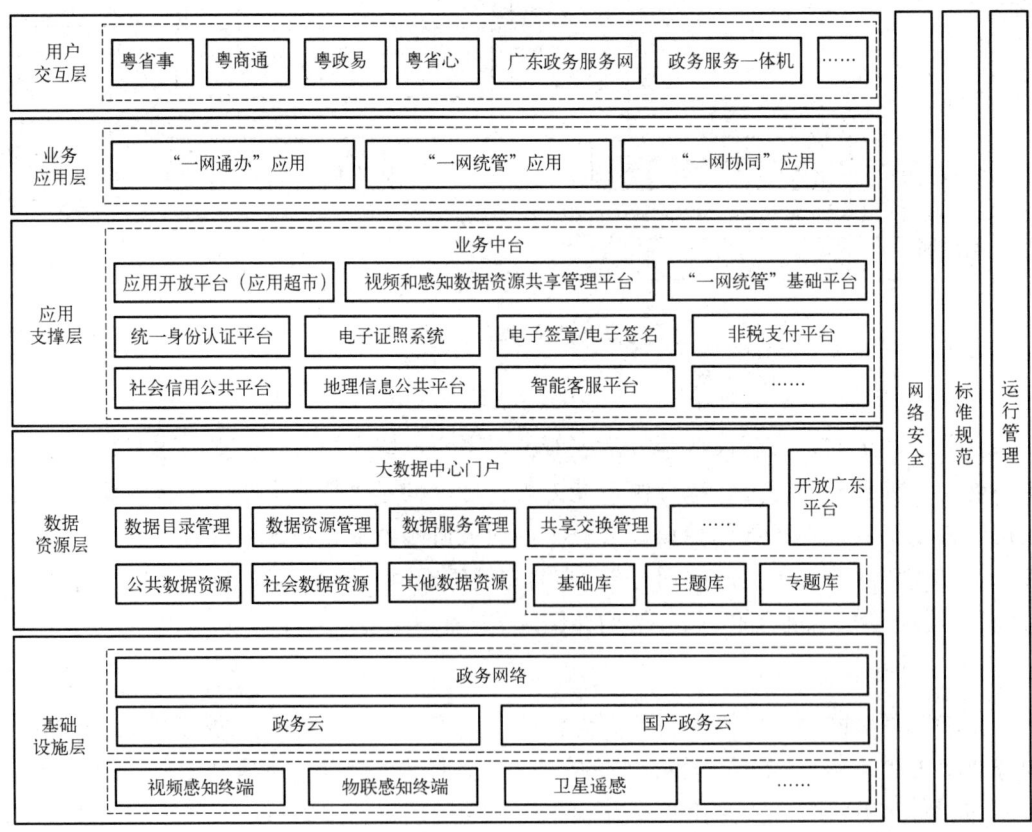

图 3-3 数字政府技术架构图

4. 数据架构

以"共建、共治、共用"为原则,以应用和需求为导向,构建上联国家、下通市县的全省一体化、服务化的数据架构,全面提升各级政府部门的数据管理和应用能力,实现数据全生命周期治理和全方位赋能,加速释放数据要素的乘数效应,为数字政府改革建设提供充沛动能。数据架构如图3-4所示。

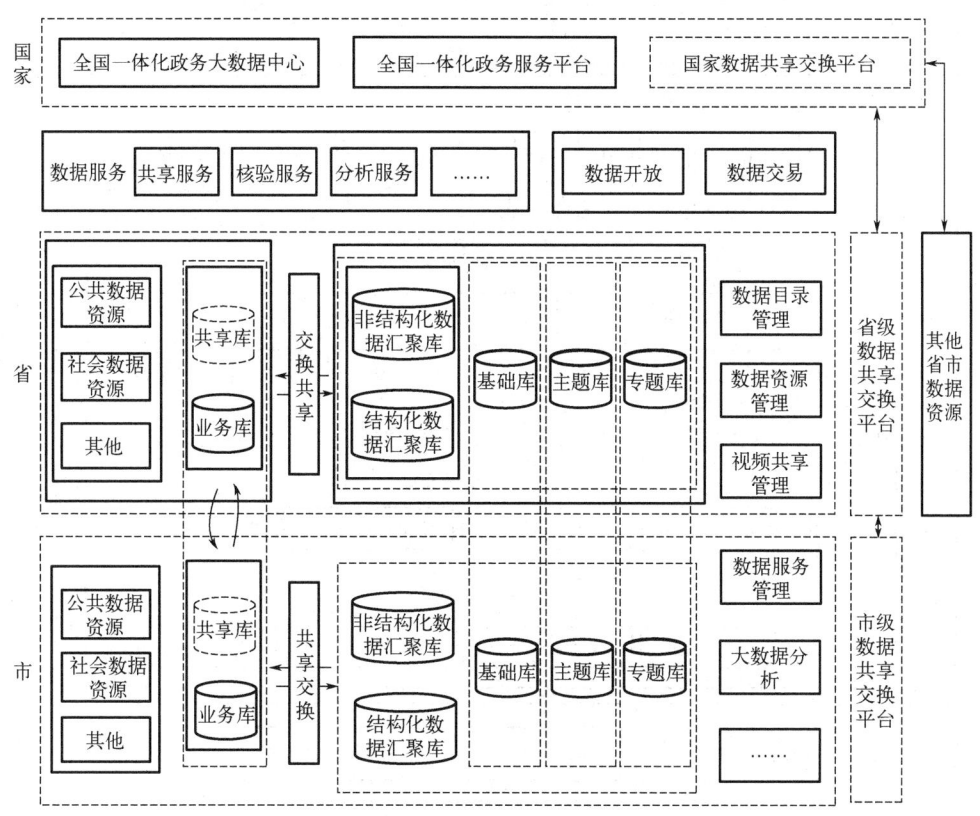

图3-4 数字政府数据架构图

5. 安全架构

统筹数字政府发展和安全,统一安全管理机制,以安全技术体系为支撑,以安全运营和安全监管为保障,打造覆盖"事前、事中、事后"的全周期防护,构建"安全可信、合规可控"的安全立体纵深防御体系。安全架构如图3-5所示。

(二)英国数字政府

1. 背景

第一次工业革命时期,英国最先把握住改革的先机,顺利成为革命的主导者,同时也造就了自己的辉煌时刻。然而在第二次工业革命到来之际,英国却错过了改革的最佳时刻,国际地位开始呈现断崖式地下跌。2008年金融危机时期,英国决定举全国之力押注数字经济,打造世界的"数字之都"。

电子政务

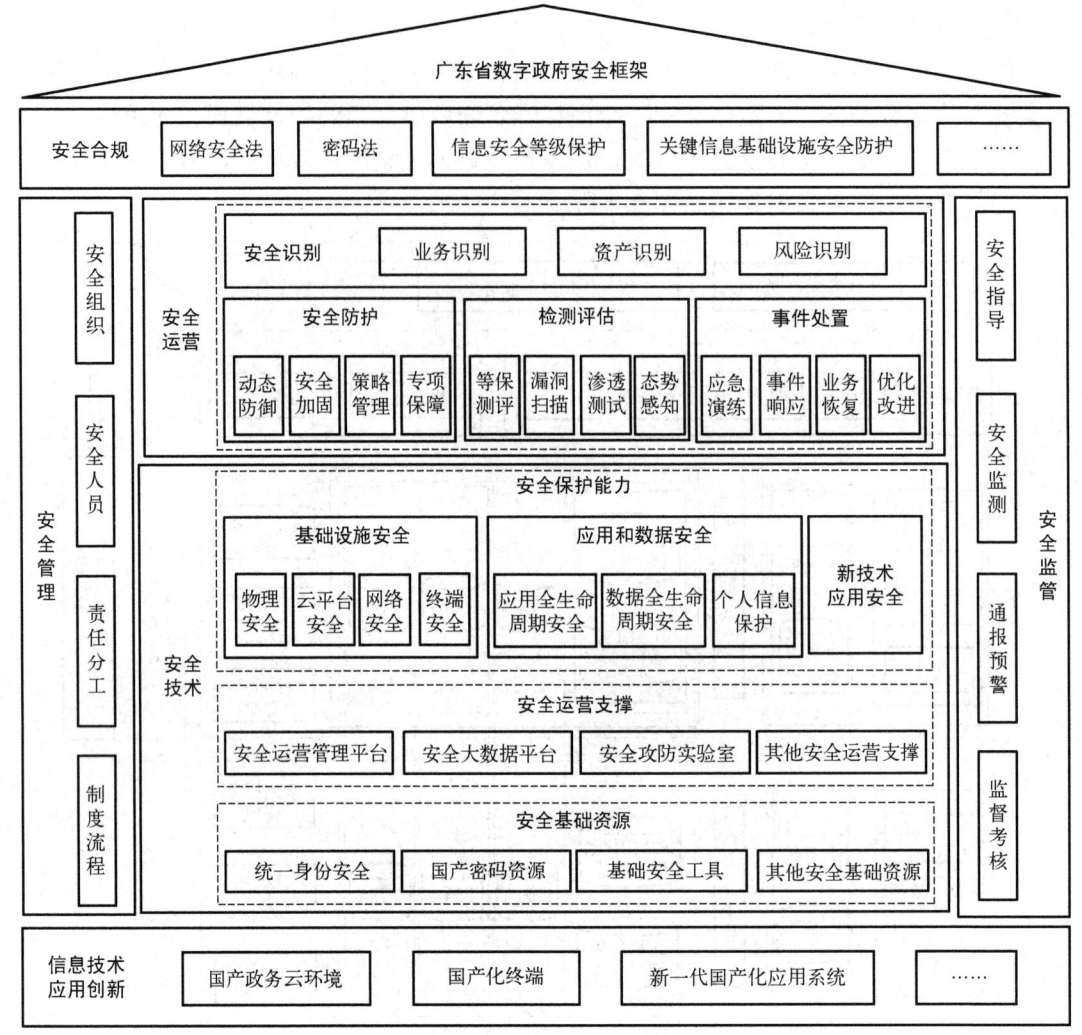

图 3-5 数字政府安全架构图

2. 组织架构

英国政府执行了强有力的数字政府战略，旨在提供世界一流、以民众为中心的公共服务，提高管理效率，推动经济发展。内阁办公室（Cabinet Office）是英国政府数字服务的领导机构。内阁办公室主要负责制定与数字服务相关的战略与政策，协调各个政府部门，消除影响数字政府发展的立法阻碍等。随着英国电子政务或数字政府战略的转型，政府主管机构也多次调整，目前形成了以政府数字服务局（Government Digital Service，GDS）为核心，领导者网络负责实施，信息专员办公室、审计署和预算责任办公室负责监督，各类咨询机构提供政策意见的相对稳定的网络化的治理结构。

GDS 最初下设三大"领导者网络"：数字领导者网络（Digital Leaders Network）、技术领导者网络（Technology Leaders Network）和数据领导者网络（Data Leaders Network）。它们是英国数字政府建设的主要执行机构，分别从数字、技术、数据三方面推动跨部门合作。

3. 战略规划

2012 年，发布《数字政府战略》，同时标志着英国政府进入公共服务数字化阶段。该战略在 2013 年 11 月又得到了进一步的升级和完善。

2012 年，发布了在 Gov.uk 域名下适合任何团队构建数字服务的政府设计原则，并于 2017 年 12 月进行了更新。

2013 年 4 月，内阁办公室发布了《数字服务标准》，为政府各部门创建和运行数字服务提供了统一标准。之后 GDS 在"技术和数字领导网络"的建议下，分别于 2015 年、2017 年和 2019 年三次对服务标准进行更新。

2014 年，实施《政府数字包容战略》，此战略的制定和实施，进一步厘清了英国国家层面减少数字鸿沟的方法路径。

2015 年，启动"数字政府即平台"计划，采取跨部门模式提供公共服务，推动以平台为基础的政府。

2017 年，出台《政府转型战略（2017—2020）》，旨在加快推进政府数字服务，强化"数字政府即平台"的理念，促进跨政府部门建设共享平台，提高政府数字服务效能，改善公民与国家之间的关系。

2019 年，发布《数字服务标准》最新版。其中，对用户需求的理解、源代码的开放、开放标准与组件、产品迭代与敏捷开发、多学科的团队合作等依然是服务标准关注的重点。值得注意的是，最新版本删除了考核和收集数据、制定 KPI 标准等内容，同时要求通过服务的实践来定义优质服务的标准。《数字服务标准》2017 年和 2019 年内容对比如表3-2 所示。

表 3-2 《数字服务标准》2017 年和 2019 年内容对比

2017 年	2019 年
1. 了解用户需求	1. 了解用户需求
2. 进行持续的用户研究	2. 解决用户的整个问题
3. 拥有一支多学科团队	3. 提供所有渠道的整合体验
4. 使用灵活/敏捷的工作方法	4. 让服务易于使用
5. 经常迭代和改进	5. 确保每个人都可以使用
6. 评估工具和系统	6. 拥有一支多学科团队
7. 了解安全和隐私问题	7. 使用敏捷/灵活的工作方法
8. 打开所有新的源代码	8. 经常迭代和改进
9. 使用开放标准和通用平台	9. 创建保护用户隐私的安全服务
10. 测试端到端服务	10. 定义成功的样子并发布性能数据
11. 制定离线计划	11. 选择合适的工具和技术
12. 确保用户一次成功	12. 打开新的源代码
13. 使用户体验与 GOV.UK 保持一致	13. 使用并促进共同的标准、组件和模式
14. 鼓励每个人使用数字服务	14. 提供可靠的服务
15. 收集绩效数据	
16. 确定业绩指标	
17. 报告绩效平台的绩效数据	
18. 与部长一起测试	

4. 英国政府数字化转型的经验

英国作为全球数字政府建设的佼佼者，在推进政府数字化转型进程中推出了诸多极具示范性的举措。主要有如下各项举措。

（1）形成了强有力的政府数字化转型推进机制

英国数字政府战略之所以能落地执行，主要归功于内阁办公室专设的数字服务小组。该小组作为一个重要角色推动数字技术在英国政府中的发展，使得数字技术对于政府转型的重要性得以被广泛接受。该机构的具体工作内容包括负责制定默认数字服务标准，开发、运营统一的通用技术平台和门户网站 Gov.uk，协助支持其他部门提高数字能力，为部门管理层提供数字培训，搭建数字技术共享平台，为没有条件接触数字化的民众提供辅助支持，督促各部门按时发布部门数字战略并及时总结战略实施成效等。

（2）提升政府部门领导人的数字素养

作为"一把手工程"，部门领导人的数字素养对于部门数字能力建设有重要影响。英国政府将提升各部门领导人的数字素养作为提升部门数字能力的一条重要途径，因此需要对部门领导人进行数字培训，提升其数字技能、培养其数字化思维。通过设置招聘中心帮助各部门组建长期稳定的数字团队，招聘技术和数字化专家担任各部门的领导职务。通过搭建政府部门领导人沟通交流的网络在线社区，为数字服务管理人员提供互相交流的渠道，使其成为探讨共同问题的最佳途径，间接促进各部门领导人数字素养的提升。

（3）广泛吸纳社会力量提供数字服务

在数字社会形态下，通过社会化方式提供政府公共服务的趋势日益明显。为鼓励更多的第三方力量参与政府数字化转型战略，英国政府转型计划提出改进招标过程，降低企业的进入门槛。更重要的是，英国政府将开放合作的理念践行于政府数字化转型的各个环节。例如，积极开放 API，将企业和第三方平台作为政府网站的延伸和扩展。此外，英国政府内阁办公室搭建的政务云平台，也是一个开放的平台，吸引数千家中小企业供应商不断加入数字市场，从而为用户提供了多达两万余项的数字服务。

（4）全面实践"数字政府即平台"的发展理念

"数字政府即平台"是英国政府数字服务建设发展的重要经验，英国政府内阁办公室与政府各部门协商、牵头制定和提供一系列通用的跨政府部门技术平台，范围覆盖数据开放、数据分析、身份认证、网络支付、云计算服务等，以支持新一代政府数字服务的运行。采用"数字政府即平台"模式，可以让政府部门的管理决策团队把更多时间精力放在以用户为中心的服务设计上，而不是一切从最初的软硬件环境构建开始，从而使得政府的数字服务更容易创建、运行成本更加低廉。

【思考】

1. 谈谈你对电子政务相关理论的认识。
2. 电子政务背景下如何推动政府流程再造？
3. 查询并整理省级政府的数字政府建设。

中篇　信息篇

第四章　电子政务技术基础

第五章　电子政务信息资源

第六章　电子政务系统建设

第四章 电子政务技术基础

电子政务体系结构包含总体结构和网络结构。电子政务的发展依赖于相关技术的发展，电子政务发展的技术基础包括软硬件基础知识、网络基础知识、数据库基础知识，这些技术为电子政务发展提供了坚实支撑。

第一节 电子政务体系结构

体系结构指包括一组部件以及部件之间的联系。电子政务的体系结构指电子政务的组成部分及其之间的联系，可分为电子政务总体结构、网络体系结构等。

一、电子政务总体结构

我国电子政务总体结构由网络基础设施支撑系统、业务应用系统、公共监管与服务系统、标准化支撑系统、安全支撑系统五部分组成，如图 4-1 所示。

（一）网络基础设施支撑系统

网络基础设施支撑系统是整个电子政务系统的硬件和软件基础，为各类应用提供基础模块支撑和信息交换传输集成服务。主要包括：硬件、操作系统、数据库软件、网络软硬件及管理等。

（1）硬件包括各种个人计算机、工作站、服务器、光纤、路由器、交换机、防火墙、存储设备等。

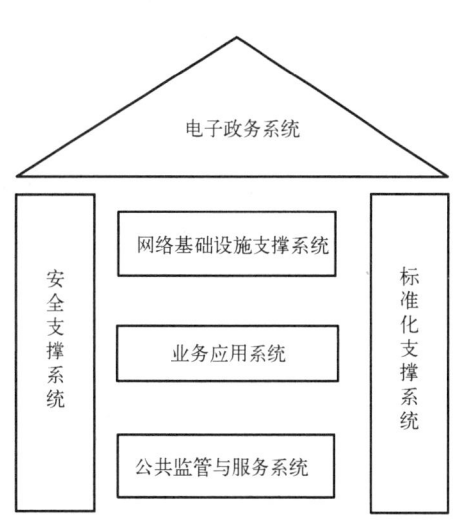

图 4-1 电子政务总体结构图

（2）操作系统是整个电子政务系统的一个重要基石。常用的操作系统类型有 UNIX、Windows 和 Linux 等。

（3）数据库软件用于存储数据及对数据进行管理。主要有 ORACLE 数据库、SQL Server 数据库、MySQL 数据库等。

（4）网络软件指用于支持数据通信和各种网络活动的软件。包括网络操作系统、网络协议（如 TCP/IP 协议）、通信软件、网络管理系统等。

（二）业务应用系统

业务应用系统指政府部门提供业务、管理的系统。主要包括以下内容。

（1）政府部门之间的各类应用。主要包括各级政府间的公文信息审核、传递系统；各级政府间的信息应用平台；同级政府间的公文传递、信息交换。

（2）面向政府部门内部的各类应用，是电子政务的基础。主要包括政府内部的公文流转、审核、处理；政府内部的各类事务型处理系统；面向不同管理层的统计分析系统；辅助决策分析、决策支持系统。

（三）公共监管与服务系统

公共监管与服务系统包括为公众、企业和社会等提供的电子政务公共服务，涵盖公共教育、公共交通、公共卫生、公共文化、社会保障等内容。

（四）标准化支撑系统

标准化是电子政务落实和推广的基础和前提，是整个电子政务发展的重要组成部分。标准化支撑系统框架由总体标准、基础设施标准、数据标准、业务标准、服务标准、管理标准、安全标准 7 部分组成，如图 4-2 所示。

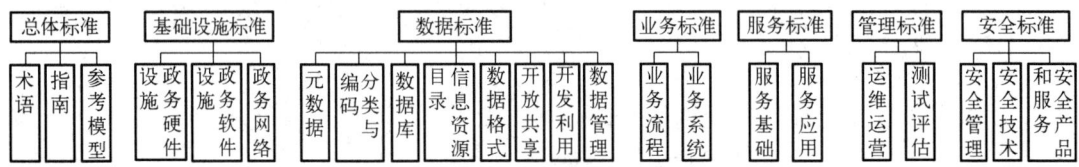

图 4-2 标准化支撑系统框架图

（1）总体标准。总体标准主要包括术语、指南、参考模型等标准。

（2）基础设施标准。基础设施标准包括政务硬件设施、政务软件设施和政务网络等标准。

（3）数据标准。数据标准主要包括元数据、分类与编码、数据库、信息资源目录、数据格式、开放共享、开发利用、数据管理等标准。

（4）业务标准。业务标准主要包括业务流程、业务系统等标准。

（5）服务标准。服务标准主要包括服务基础、服务应用等标准。

（6）管理标准。管理标准包括运维运营、测试评估等标准。

（7）安全标准。安全标准包括安全管理、安全技术与安全产品和服务等标准。

（五）安全支撑系统

为了实现数据资源共享、协同工作，电子政务需要建立统一的安全体系。安全支撑系统由安全技术保障体系和安全管理体系组成。

二、电子政务网络体系结构

我国电子政务网络体系结构正由"三网一库"的结构向政务内外网结构转变。图 4-3 所示为"三网一库"结构图。

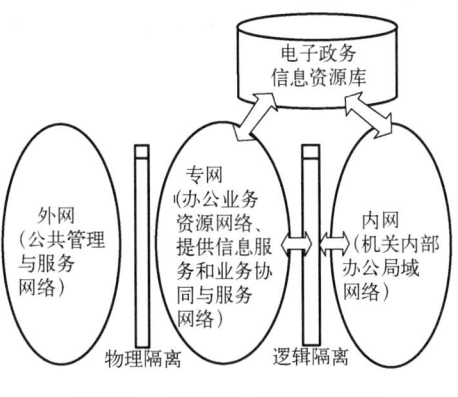

图 4-3 "三网一库"结构图

（一）"三网一库"结构

1. 含义

"三网一库"指内网、专网、外网、信息资源库。具体来说，指的是机关内部办公局域网络（内网）、办公业务资源网络（专网）、公共管理与服务网络（外网）和电子政务信息资源库（一库）。

（1）内网是指各个行政机关内部的行政办公局域网，其上分别运行决策指挥、宏观调控、行政执行、应急指挥、监督检查、信息查询等各类相对独立的电子政务应用系统。

（2）专网通过连接各部门、各地方的内网形成的政务资源网络，为政府运转提供最主要的信息服务和业务协同支撑环境。内网与专网之间采取的是逻辑隔离的方式。

（3）外网建立在公共通信平台之上，通过应用支撑平台与公共互联网络实现接口，并与其他政府部门的外网实现安全的互联和信息交换。

（4）电子政务信息资源库指政府各部门共建共享的包括党务、政务和行业部门业务数据的信息资源库，如国家的政策法规、工商、税务和海关等部门的业务管理信息或数据等。

2. "三网一库"存在的问题

"三网一库"的电子政务网络体系为各级政府形成统一的信息基础设施格局奠定了基础，促进了电子政务的发展。由于专网与外网之间实行物理隔离，影响了数据的实时交换，限制了政府借助电子政务实现面向企业和公众的服务的发展。为解决这一矛盾，保证在现有技术条件下既能满足安全要求，又能提高数据交换效率和拓展政府网上公共服务的内容，提出了改进后的电子政务网络体系——由政务内网和政务外网组成的体系结构。

（二）政务内外网结构

"三网一库"结构向政务内外网结构转变的内容包括："三网一库"中的内网并入新的政务内网，主要是连接国务院办公厅内部、各部委、副省级以上政府部门，并与党委、人大、政协等系统建立有条件连接；"三网一库"中的专网和外网打破物理隔离，副省级以下入政务外网。政务内网与政务外网之间采取物理隔离。图4-4所示为政务内外网络结构图。

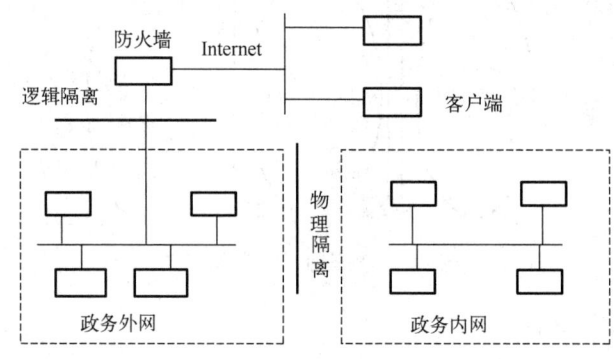

图4-4 政务内外网结构图

自此，电子政务网络由政务内网和政务外网构成，两网之间物理隔离，政务外网与互联网之间逻辑隔离。政务内网主要是副省级以上政务部门的办公网，与副省级以下政务部门的办公网物理隔离。政务外网是政府的业务专网，主要运行政务部门面向社会的专业性服务业务和不需在内网上运行的业务。

（1）国家电子政务内网平台。形成统一的国家电子政务内网平台，主要用于承载各级政务部门的内部办公、管理、协调、监督和决策等业务信息系统，并实现安全互联互通、资源共享和业务协同。

（2）国家电子政务外网平台。实现国家电子政务外网平台的互联互通，为各级政务部门履行职能提供服务，为面向公众、服务民生的业务应用系统以及国家基础信息资源的开放共享提供信息支持。

第二节 软硬件基础知识

计算机软硬件是电子政务体系结构的重要组成部分之一，计算机软硬件主要包括计算机系统、计算机硬件技术、计算机软件技术。

一、计算机系统

（一）计算机组成

当前计算机主要是基于冯·诺依曼体系结构设计的，该体系结构主要由五个部分组成：存储器，用来存放数据和程序；运算器，主要运行算数运算和逻辑运算，并将中间结果暂存到运算器中；控制器，主要用来控制和指挥程序和数据的输入运行，以及处理运算结果；输入设备，用来将人们熟悉的信息形式转换为机器能够识别的信息形式，常见的有键盘，鼠标等；输出设备，可以将机器运算结果转换为人们熟悉的信息形式，如打印机输出，显示器输出等。计算机系统由硬件系统和软件系统组成。图 4-5 所示为冯·诺依曼体系结构图，图 4-6 所示为计算机系统结构图。

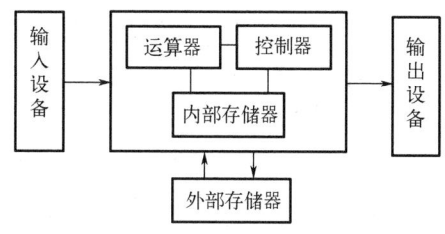

图 4-5 冯·诺依曼体系结构图

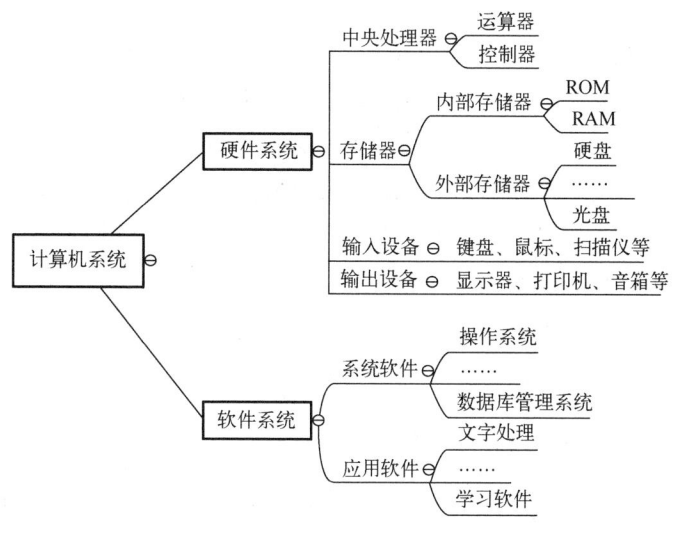

图 4-6 计算机系统结构图

（二）计算机分类

计算机的分类有很多种，按照计算机性能，可划分为巨型机、大型机、小型机、微型机、服务器和工作站。本书介绍其中在电子政务中应用较多的、重要的高性能计算机——服务器（Server）。

服务器是一种高性能计算机，它的高性能体现在其高速度的运算能力、长时间的运行能力、大容量数据的快速吞吐能力。服务器作为网络的重要节点,需要存储、处理网络上 80% 的信息和数据。服务器承担着数据的存储、转发、发布等关键任务,因此也被称为网络的灵魂。

(三) C/S 结构和 B/S 结构

C/S 和 B/S 是两种软件系统的结构,C/S 即客户端(Client)/服务器(Server)结构,B/S 即浏览器(Browser)/服务器(Server)结构。

1. C/S 结构中,处理被分散在客户机和服务器

客户机一般负责信息系统图形显示、数据录入和业务处理,接收用户的请示,向服务器提出请求等,而服务器则负责对数据的存储和管理。服务器通常专用于运行一个关系型数据库管理系统(Relational Database Management System,RDMS),如 Oracle 或 SQL Server 的服务器,将数据提交给客户端。同时,提供完善的安全保护及对数据的完整性处理等操作。服务器的硬件要有足够的处理能力,能够满足各客户端的要求。图 4-7 所示为 C/S 结构图。

C/S 结构在技术上比较成熟,主要优点为交互性强,具有安全的存取模式,响应速度快,利于处理大量数据。但其缺点同样明显,C/S 结构的程序是针对性开发的,维护和管理难度较大;每个客户端都需要安装相应的客户端程序,不能实现快速部署安装和配置,具有较大的局限性;C/S 结构需要技术水平较高的技术专业人员配置。

2. B/S 结构是三层或多层 C/S 结构的一种实现方式

其主要特点是客户端一般是一个浏览器,客户机不再负责处理复杂计算和数据访问等功能,主要负责与用户的交互。业务逻辑部署在 Web 服务器上,系统的绝大多数处理功能、所有的应用系统和控制、对数据库的访问也放在这一层上。数据库服务器负责存储大量的数据信息和数据逻辑,所有与数据有关的安全、完整性控制、数据的一致性、并发操作等都是在第三层完成。图 4-8 所示为 B/S 结构图。

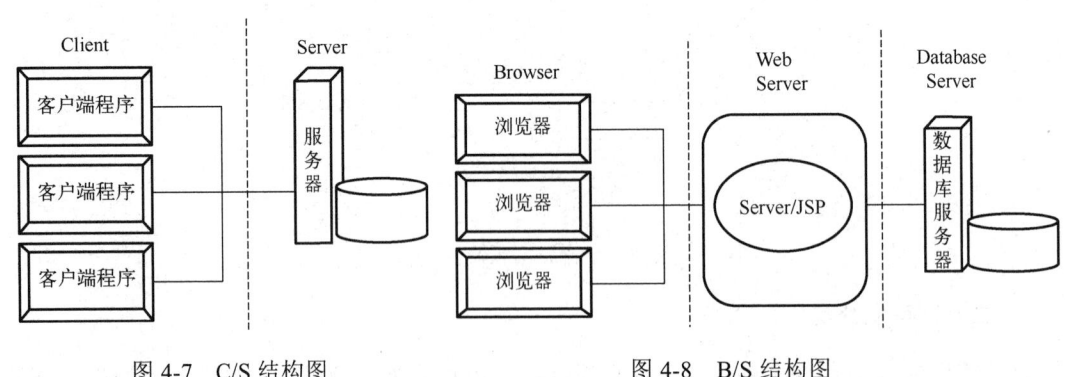

图 4-7　C/S 结构图　　　　　　　图 4-8　B/S 结构图

B/S 结构是随着 Internet 的兴起,对 C/S 结构的一种变化和改进的结构,B/S 结构应用程序相对于传统的 C/S 结构应用程序来说,具有较大的进步。B/S 结构的主要优点为分布性强,维护方便,开发简单且共享性强,总体成本较低。不足之处在于存在较大的数据安全性问题,对服务器的要求高,数据传输速度慢,应用程序个性化特点较弱等。

总之,C/S 结构和 B/S 结构各有优势,C/S 结构比 B/S 结构处理大量信息的能力强,对信息安全的控制能力强,但 B/S 结构基于 Internet,维护方便,共享优势明显。

二、计算机硬件技术

本书重点关注计算机硬件技术中的中央处理器、存储器。

(一) 中央处理器

中央处理处理器(Central Processing Unit,CPU),由运算器、控制器和寄存器组成。是计算机硬件系统的核心,也是计算机进行处理活动的主要部件,计算机的主要性能取决于中央处理器。图 4-9 所示为 Intel 和 AMD 厂商的 CPU。

图 4-9 Intel 和 AMD 厂商的 CPU

CPU 性能的高低直接决定了计算机系统的性能,衡量 CPU 性能的主要指标包括以下 4 个。

(1) 主频:用来表示 CPU 的运算、处理数据的速度,是 CPU 性能表现的一个重要指标,单位是 MHz(或 GHz)。

(2) 外频和倍频:CPU 的外频决定着整块主板的运行速度。倍频系数是指 CPU 主频与外频之间的相对比例关系。

(3) 前端总线频率:也称为总线频率,反映了总线传输的速度,直接影响 CPU 与高速缓存、内存以及输入/输出设备之间一次数据传输的速度。

(4) 高速缓存:高度缓冲存储器,是位于 CPU 与内存之间的临时存储器,容量比内存小但速度比内存快,起缓冲作用,减少了 CPU 等待数据传输的时间。

(二) 存储器

存储系统是计算机的重要组成部分,是用来存储计算机工作需要的信息(程序和数据)的部件,能构成计算机的信息记忆功能。存储器的基本操作包括:读操作,计算机其他部件从存储器中取出指定的数据或指令,而存储器中其他内容保持不变;写操作,将计算机指定内容存入存储器中。

存储器的性能指标主要包括：存储容量，表示计算机系统存储数据量的指标。主要单位有 1B=8bit；1KB=1024B；1MB=1024KB；1GB=1024MB；1TB=1024GB；1PB=1024TB。目前内存的存储单位主要以 GB 为主。存取速度，存储器的存取速度是通过存取时间和存储周期来衡量。

高速缓存、内存、硬盘的存储容量和存取速度各不相同，如图 4-10 所示。

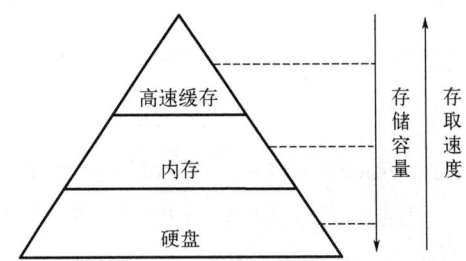

图 4-10　高速缓存、内存、硬盘的存储容量和存取速度图

1．高速缓存

高速缓存的原理就是利用程序运行的局部性特点，把 CPU 正在访问和即将访问的若干程序块和数据块从主存调入高速缓存中，使 CPU 访存内容大部分从高速缓存中读取，极大地提高了存储系统的读写速度。高速缓存是在 CPU 和主存之间设置的高速缓冲存储器，存放部分正在运行的程序和数据，高速缓存可弥补主存速度的不足。

2．内存

内存是计算机组成的重要部件之一，分为只读存储器（Read Only Memory，ROM）和随机存储器（Random Access Memory，RAM）。它是 CPU 与其他设备进行沟通的桥梁，主要用来暂时存储数据，并配合 CPU 工作，协调 CPU 的处理速度，从而提高整体性能。内存的性能对计算机的影响非常大，内存的稳定运行也决定了计算机的稳定运行。

3．硬盘

硬盘是计算机硬件系统的重要组成部分。硬盘的主要指标包括：（1）容量：目前计算机硬盘容量一般以 GB、TB 为单位。（2）主轴转速。（3）最大内部数据传输率：是磁头到硬盘的高速缓存之间的数据传输速度，是影响硬盘整体性能的关键。（4）平均寻道时间：表示磁头从得到指令到寻找到数据所在磁道的时间，代表硬盘读取数据的能力，单位一般为毫秒，是硬盘机械性能的重要指标。

三、计算机软件技术

计算机软件分为系统软件和应用软件。系统软件是管理和支持计算机系统资源及操作的程序，应用软件是处理特定应用的程序。

（一）操作系统

1. 操作系统的作用和功能体现在其不仅能作为用户与计算机硬件之间的接口还是计算机系统的资源管理者。操作系统在计算机运行中的地位至关重要。

2. 操作系统类型

以下为几种常见的操作系统类型。

（1）UNIX

UNIX 是一个强大的多用户、多任务操作系统，支持多种处理器架构。UNIX 具有技术成熟、可靠性高、网络和数据库功能强、伸缩性突出和开放性好等特色，它可满足各行各业的实际需要，特别能满足企业重要业务的需要，已经成为主要的工作站平台和重要的企业操作平台，并在服务器领域得到广泛应用。

（2）Linux

Linux 是一种类 UNIX 操作系统，凭借其优秀的设计和不凡的性能，加上 IBM、Intel、ORACLE 等国际知名企业的大力支持，Linux 市场份额逐步扩大，逐渐成为服务器领域的主流操作系统之一。Linux 的特点主要有开放性（开源）、多用户、多任务、出色的稳定性和速度性能、丰富的网络性能、可靠的系统安全、可移植性，适用于大多数计算机平台。

由于 Linux 有着极强的自由性，在 Linux 下开发要比在 Windows 下开发更容易和更高效。在移动端、云计算、AI 技术以及嵌入式等各个领域，Linux 都发挥着非常重要的作用。Linux 的产品有 Red Hat Linux、Turbo Linux、红旗 Linux 等。

（3）MacOS

MacOS 是一套运行于苹果 Macintosh 系列计算机上的操作系统。MacOS 是基于 UNIX 内核的图形化操作系统，还是首个在商用领域成功的图形用户界面操作系统。

（二）数据库管理系统

数据库管理系统是一种系统软件包，用于开发、使用、维护和组织数据库。常见数据库管理系统有 Oracle、 DB2、SQL Server、 Sybase、Informix 等。

【拓展】服务器与 PC 的比较

1. 服务器和 PC 的共同点

（1）服务器和 PC 的硬件构成基本一致，都是由主板、 CPU、内存和硬盘等组成，同时实现的技术也逐渐趋于相同。

（2）PC 中采用了越来越多的服务器技术，具体表现在其处理器也有的采用 64 位、多核，内存采用镜像技术，硬盘采用磁盘阵列 RAID 技术。

（3）在小型网络中，应用比较简单时，经常采用高端 PC 来充当低端服务器的角色。

（4）服务器和 PC 进行通信时，遵循同样的协议。

2. 服务器和 PC 的不同之处

（1）关注点不同

稳定性：服务器需要 7×24×365 不间断运行，PC 时间相对要短。

运算能力：服务器需要及时响应众多客户机的请求，而 PC 只由少数用户进行操作。

图形显示：PC 可直接和用户进行交互，而服务器是放在后台的，只和客户机进行通信。

可管理性：服务器集成各种硬件监控部件，可进行远程监测和控制，PC 基本没有。

（2）软硬件不同

硬件冗余：服务器在关键部件上常有冗余配置，比如电源、风扇等，PC 很少考虑。

CPU：服务器的 CPU 种类很多，PC 通常单一；服务器往往有多个处理器，而 PC 通常只有 1 个处理器。

内存：服务器的内存插槽要远多于 PC 的，一般在 8 个以上，PC 一般只有不到 4 个；服务器采用热备、镜像等技术来保证数据的可靠性，PC 基本没有。

硬盘：服务器支持高速接口，PC 通常只支持 IDE、SATA 等普通接口。

网络：服务器往往有 2 个以上网卡，PC 通常只有 1 个网卡。

第三节 网络基础知识

计算机网络指通过通信设备和通信线路连接起来，并使用网络软件和协议进行管理，以实现资源共享和数据交换的技术体系。计算机网络由硬件和软件两大部分组成。硬件包括计算机、终端、通信线路和通信设备，主要负责数据处理和数据转发；软件由网络操作系统、网络通信协议、网络管理软件和应用软件组成，控制数据的通信和实现各种网络应用。

一、网络软件

本书主要关注网络软件中的网络通信协议。在计算机网络中，处于两个不同地理位置的计算机要相互通信，需要通过交换信息来协调并达到同步。信息交换必须按照通信双方预先共同约定好的规则进行，把这些为网络数据交换而制定的规则称为网络通信协议。

（一）开放系统互连（Open System Interconnection，OSI）模型

计算机通信诞生之初，系统化与标准化未受到重视，不同厂商只出产各自的网络来实现通信，这样就对用户使用计算机网络造成了很大障碍，缺乏灵活性和可扩展性。

为了使不同体系结构的计算机网络都能互连，国际标准化组织（International Organization for Standardization，ISO）提出了开放系统互连参考模型——OSI 模型，为开放式互连系统提供了一种功能结构的框架。OSI 模型已成为计算机网络通信的基础模型，目前使用的大多数网络通信协议的结构都是基于 OSI 模型形成的。OSI 模型将通信过程从低到高定义为七层——物理层、数据链路层、网络层、传输层、会话层、表示层、

应用层，如表 4-1 所示。在七层模型中，每个分层都接受由它下一层所提供的特定服务，并且负责为自己的上一层提供特定的服务，上下层之间进行交互时所遵循的约定叫作"接口"，同一层之间的交互时所遵循的约定叫作"协议"。ISO 认为，只要遵循 OSI 模型，一个系统就可以和位于世界上任何地方的，也遵循这同一标准的其他任何系统进行通信。

表 4-1 OSI 模型的七层组成

应用层
表示层
会话层
传输层
网络层
数据链路层
物理层

OSI 模型创建了一个较好的互连环境，是一个定义良好的协议规范集，定义了开放系统的层次结构、层次之间的相互关系以及各层所包含的任务，作为一个框架协调和组织各层所提供的服务，获得了一些理论研究的成果，是属于概念和理论上的一种模型，在市场化方面没有得到广泛应用。主要原因在于：OSI 模型缺少实践经验；OSI 模型的协议实现起来过分复杂，没有提供一个可以实现的方法，且运行效率低；OSI 模型的制定周期太长，因而使得按 OSI 模型生产的设备无法及时进入市场；OSI 模型层次划分也不太合理，有些功能在多个层次中重复出现。

（二）传输控制协议/互联网络协议（TCP/IP）模型

国际标准组织提出的 OSI 模型并没有得到市场的认可，而非国际标准 TCP/IP 模型却在市场上获得了最广泛的应用，TCP/IP 模型常被称为事实上的国际标准。斯坦福大学的温顿·瑟夫（Vint Cerf）因其在 TCP/IP 模型上做出的突出贡献，而被称为"Internet 之父"。

TCP/IP 模型是一个协议簇（或协议栈），"TCP/IP"是这一组协议的代名词。这个协议簇中的传输控制协议 TCP 和网际协议 IP 是其中的两个核心协议，TCP/IP 因此而得名，是目前国际互联网最基本、最重要的协议，并且已发展成为一个网络体系结构。

TCP/IP 模型在一定程度上参考了 OSI 模型的体系结构，TCP/IP 模型一般分为 4 层，从低到高分别为数据链路层（有的称为网络接口层）、网络层、传输层、应用层，如图 4-11 所示。

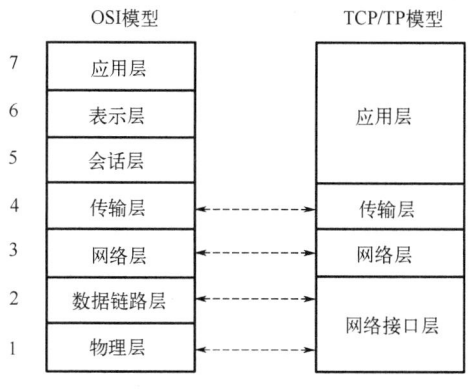

图 4-11 TCP/IP 模型

Internet 是全球最大的、开放的、由众多网络互连而成的计算机互联网，它的核心是开放，TCP／IP 模型体现的正是这一思想，且将其贯穿在整个体系结构中。网络互连的根本目标是隐藏所有底层网络的细节，形成一个各种各样的计算机和网络都能互连和互操作的共同环境。TCP/IP 模型是一个真正的开放系统，与物理网络硬件无关，允许不同厂家生产的各种型号计算机完全不同的操作系统之间通过 TCP/IP 模型进行互连。TCP／IP 模型的设计思想是首先承认已经存在的各种网络的差异性，然后设法从高层制造一个能够包容它们的大环境，即提供一种不同网络间能够通信的协议，TCP／IP 模型就是本着这一原则开发的。所以它可应用于各种不同的物理网络，实现各种异构的计算机和网络互连。

二、网络硬件

网络硬件一般是指计算机、网络连接设备和网络传输介质。本节主要介绍网络连接设备和网络传输介质。

（一）网络连接设备

集线器（Hub）、交换机（Switch）与路由器（Router）都是重要的网络连接设备，被称之为"网络硬件三剑客"。

1. 集线器

集线器属于数据通信系统中的基础设备，它是一种不需任何软件支持或只需很少管理软件管理的硬件设备。集线器工作在局域网（LAN）环境，像网卡一样。

集线器处于网络的"中心"，通过集线器对信号进行转发，计算机之间可以互连互通。由于集线器在一个时钟周期中只能传输一组信息，若一台集线器连接的计算机数目较多，并且多台机器经常需要同时通信时，就会导致集线器工作效率较差。并且，集线器传送数据时只能工作在半双工状态下，当其中一台计算机在发送数据时，另一台只能接收，而不能同时将自己的数据发送出去，这也会导致其工作效率不高。

2. 交换机

（1）交换机的工作原理

交换机也称为交换式集线器。在计算机网络系统中，交换机是针对共享工作模式的弱点而推出。

举例说明集线器与交换机的工作原理区别。集线器是采用共享工作模式的代表，如果把集线器比作一个邮递员，那么这个邮递员是个不认识字的"傻瓜"，要他去送信，他不知道直接根据信件上的地址将信件送给收信人，只会拿着信分发给所有的人，然后让接收的人根据地址信息来判断是不是自己的。交换机则是一个"聪明"的邮递员，在收到某个网卡发过来的"信件"时，会根据上面的地址信息，以及自己掌握的"常住居民户口簿"信息快速地将信件送到收信人的手中。万一收信人的地址不在"户口簿"上，交换机才会像集线器一样将信分发给所有的人，然后从中找到收信人。而找到收信人之后，交换机会立刻将这个人的信息登记到"户口簿"上，这样以后再为该客户服务时，就可以迅速地将信件送达。

（2）交换机的特点

①独享带宽：交换机在同一时刻可进行多个端口组之间的数据传输。并且每个端口都可视为是独立的网段，相互通信的双方独自享有全部的带宽，无须同其他设备竞争使用。例如，在 A 主机向 D 主机发送数据的同时，B 主机可向 C 主机发送数据，而且这两个传输都享有网络的全部带宽。

②全双工：当交换机上的两个端口在通信时，由于它们之间的通道是相对独立的，可以同时进行数据的收发，因此它们可以实现全双工通信。

总之，交换机属于局域网组建最重要的中心节点设备，支持全双工的工作模式，其点到点的数据转发方式，有效地解决了广播问题，转发速率快，且各端口独享带宽。

3. 路由器

路由器是连接因特网中各局域网与广域网的设备，它会根据通信通道的情况自动选择和设定路由，并以最佳路径、按先后顺序发送数据。

路由器是用于连接多个逻辑上分开的网络，所谓逻辑网络是代表一个单独的网络或者一个子网。当数据从一个子网传输到另一个子网时，可通过路由器来完成。因此，路由器具有判断网络地址和选择路径的功能，它能在多网络互联环境中，建立灵活的连接，可用完全不同的数据分组和介质访问方法连接各种子网，路由器只接收源站或其他路由器的信息，属网络层的网络连接设备。

路由器的主要工作就是为经过路由器的每个数据寻找一条最佳的传输路径，并将该数据有效地传送到目的站点。由此可见，选择最佳路径的策略即路由算法是路由器运行的关键所在。为了完成这项工作，在路由器中保存着各种传输路径的相关数据——路径表（Routing Table），供路由选择时使用。

总的来说，路由器是连接局域网与广域网的重要设备，具有网络互连和路径选择两大功能，属于较为高级的网络设备。

（二）网络传输介质

网络传输介质是网络中发送方与接收方之间的物理通路，它对网络的数据通信具有一定的影响。常用的传输介质有双绞线、光纤、无线传输介质等。

1. 双绞线

双绞线是现在使用最普遍的传输介质，基本结构由两条相互绝缘的铜线绞接在一起组成，两根线绝缘后绞接是为了防止其电磁感应在邻近线对中产生干扰信号。双绞线的主要优点是价格便宜，安装方便，主要缺点抗干扰性较差，且不支持高速数据传输。

2. 光纤

光纤也称光缆，根据光缆传输形式不同，传输距离可以是几千米到几十千米，多用于点到点的链路上，最大的优点是能避免外界的电磁干扰，最大限度地降低信号的衰减程度，传输性能要高于双绞线，但价格较昂贵。

与其他传输介质比较，光纤的电磁绝缘性能好、信号衰减小、传输速度快、传输距离远，主要用于传输距离较长的主干网连接。

3. 无线传输介质

传输介质也可以采用技术先进的非直接连接介质，如红外线、微波和卫星等。

（1）红外线通信。红外线通信系统结构简单成本低，红外通信具有很强的方向性，可以沿着单方向和所有方向直线传播，不受电磁波等干扰影响，抗干扰性好，传输的距离可达 1000 米，但通信传输速度较低。

（2）微波通信。微波主要工作在较低的频段，可以同时传送大量的信息。传播距离受到限制，一般只有 50 千米左右。

（3）卫星通信。一种特殊的微波传输形式，利用位于赤道上空的人造同步卫星作为中继器来传播信号的通信方式。其中，通信卫星是微波通信的中继站，可以克服地面微波通信距离的限制。卫星通信与微波通信相似，其宽带很宽、通信容量很大、信号所受到干扰较小、通信较稳定，缺点有较大的传播延迟。

无线传输介质是对有线传输介质的重要补充，当前无线传输的传输速度、联网安全性等方面正在全面提高，无线传输的重要性也日趋显现。

【拓展】IP 地址和域名系统

（1）IP 地址。为方便用户使用 Internet，TCP/IP 模型在应用层采用字符型的主机名字机制，符合用户的命名习惯。Internet 要对每一台主机进行统一编址，相当于电话号码，称为 IP 地址。这是网上的通信地址，是计算机、服务器、路由器的端口地址，每一个 IP 地址在全球都是唯一的，也是运行 TCP/IP 模型的唯一标识。IP 地址是一个 4 字节（32 位）的二进制数，每字节可对应一个小于 256 的十进制整数，字节间用小数点分隔，形如 xxx.xxx.xxx.xxx。

（2）域名系统。IP 地址是一串数字，不便于记忆，于是提出采用域名代替 IP，域名便于理解和记忆。在 Internet 上是以 IP 地址来访问某台计算机的，因此需要把域名翻译成 IP 地址，这个工作由域名服务器（Domain Name Sever，DNS）完成。DNS 是处于应用层的服务，提供域名到 IP 地址之间的解析服务。

域名由因特网域名与地址管理机构（ICANN）管理，为不同的国家或地区设置了相应的顶级域名，如 .uk、.fr.、jp、.cn 等，此外，还有常见的顶级域名，如.com、.edu、.gov、.net 等。

三、网络安全技术

网络安全技术是指为保障网络硬件、软件、数据及其服务的安全而采取的信息安全技术。它包括但不限于以下几个方面。

（一）网络隔离技术

网络隔离技术分为逻辑隔离和物理隔离。

（1）逻辑隔离：指不同网络间的一种隔离方式，被隔离的两端仍然存在物理上的数据通道连接线，但通过技术手段保证被隔离的两端没有数据通道，即逻辑隔离。如采用防火墙、代理服务器或安全网关的方法，在两个逻辑隔离区域中传输数据。

（2）物理隔离：指内部网不直接或间接地连接公共网。物理隔离的目的是保护路由器、工作站、网络服务器等硬件实体和通信链路免受自然灾害、人为破坏和搭线窃听攻击。物理隔离为内部网划定了明确的安全边界，使得网络的可控性增强，便于内部管理。物理隔离的原则是不安全就不联网，要绝对保证安全。

网络隔离的关键在于系统对通信数据的控制，因此，网络隔离要尽量提高网间数据交换的速度，并且对应用能够透明支持，以适应复杂和带宽需求的网间数据交换。

中共中央办公厅2002年的17号文件明确强调，我国的政务内网和政务外网之间采用物理隔离，政务外网与互联网之间采用逻辑隔离。

（二）加密认证技术

加密认证技术的基本过程就是对原来为明文的文件或数据按某种算法进行处理，使其成为不可读的一段代码，通常称为密文，并且只能在输入相应的密钥之后才能显示出本来内容。该过程的逆过程为解密，即将该编码信息转化为其原来数据的过程。加密认证技术分为对称加密认证技术（信息接收方和信息发送方使用同一个秘钥进行加密解密）、非对称加密认证技术、混合加密认证技术。

公钥密码体制是目前应用最广泛的一种加密体制，在这一体制中，加密密钥与解密密钥各不相同，发送信息的人利用接收者的公钥发送加密信息，接收者再利用自己专有的私钥进行解密。这种方式既保证了信息的机密性，又能保证信息具有不可抵赖性。目前，公钥密码体制已广泛地用于身份认证、数字签名和密钥交换等领域。

以下为几种常见的加密认证方式。

1. 数字签名

数字签名技术是实现交易安全的核心技术之一，它的实现基础就是加密技术，它在实现身份认证、数据完整性、不可否认性等功能方面都有应用。数字签名能够实现接收方能够证实发送方的真实身份，发送方事后不能否认所发送过的报文，接收方或非法者不能伪造、篡改报文等功能。

数字签名机制作为保障网络信息安全的手段之一，可以解决伪造、抵赖、冒充和篡改问题，其特征主要有：机密性，数字签名中报文不要求加密，但在网络传输中可以将报文信息用接收者的公钥进行加密，以保证信息的机密性。完整性，数字签名与原始文件或其摘要一直发给接收者，一旦信息被篡改，接收者可以通过计算摘要和验证签名来判断该文件无效，从而保证了数据的完整性。

数字签名作为重要的数字证据，美国、欧盟、新加坡、日本等电子商务发展较早的国家和地区相继通过法案赋予数字签名法律效力，我国于 2004 年 8 月通过了《中华人民共和国电子签名法》，数字签名与手写签名具有同等法律效力。数字签名也成为电子商务和电子政务安全的关键技术之一。

2. 数字证书

数字证书，也称为电子证书，是证明用户身份的网上标识。数字证书由具有权威性、可信任性、公正的第三方机构颁发，通常由政府或政府授权的机构担当该角色，这种第三方机构叫作认证中心（Certificate Authority，CA）。数字证书是具有权威性的电子文档，它提供了实体身份的鉴别与认证、信息完整性、机密性与不可否认性等安全服务。

数字证书是 CA 中心颁发的一种较为权威与公正的证书，CA 中心采用的是以数字加密技术为核心的数字证书认证技术，通过数字证书，CA 中心可以对互联网上所传输的各种信息进行加密、解密、数字签名与签名认证等各种处理。CA 中心是数字证书的签发机构，它是公钥基础设施（Public Key Infrastructure，PKI）的核心，是网络安全解决方案的关键，同时也是 PKI 应用中权威的、可信任的、公正的第三方机构。

数字证书主要功能有：（1）文件加密，通过使用数字证书对信息进行加密，保证文件的保密性。（2）数字签名，数字证书可以用来实现数字签名，防止他人篡改文件，保证文件的正确性、完整性、可靠性和不可否认性。（3）身份认证，利用数字证书实现身份认证可以解决网络上的身份验证，能很好地保障电子政务活动中的交易安全问题。

3. PKI

PKI 是利用公钥密码理论和技术所构建的、提供信息安全服务的基础设施。PKI 是电子商务和其他信息系统的安全基础设施，负责其通信系统的安全可靠性。PKI 包括 CA 中心、注册机构（Registration Authority，RA）、密钥管理中心（Key Manager Center，KMC）等。它的基础是加密技术，核心是数字证书服务。PKI 认证服务由证书授权认证中心 CA 来完成，用户使用自己的数字证书，结合加密技术，保证通信内容不被泄露、篡改和破坏；同时对通信双方进行身份验证，产生具有法律意义的数字签名。

PKI 可以作为支持身份认证、完整性、机密性和不可否认性的技术基础，从技术上解决网上认证、信息完整性和抗抵赖等安全问题，为网络应用提供可靠的安全保障。

（三）防火墙

1. 含义

当一个网络接入 Internet 以后，用户可以与外部世界相互通信，出于安全目的，在该网络和 Internet 之间插入一个中介系统，竖起一道安全屏障，这道屏障作为保证本网络的安全和审计的唯一关卡，可以阻断来自外部世界的威胁和入侵，这种中介系统被称为网络世界中的防火墙系统。防火墙是位于两个（或多个）网络间，实施网络之间访问控制的一组组件集合，是一组实施访问控制策略的系统，也是一种最重要的网络安全防护设备。

2. 特点

（1）网络间数据流通的唯一性。只有保证防火墙是内、外部网络之间通信的唯一通道，才可以全面、有效地保护内部网络不遭受攻击和入侵。防火墙的逻辑位置处于网络的边界，网络边界是指采用不同安全策略的两个网络的连接处，如内部网络和互联网之间连接、和其他业务往来单位的网络连接、内部网络不同部门之间的连接等。建立防火墙的目的就是在网络边界之间建立一个安全控制点、中转站，通过允许、拒绝或重新定向经过防火墙的数据流，实现对进、出内部网络的服务和访问的审计和控制。

（2）安全策略合法性。防火墙最基本的功能是确保网络数据流通过时相对于事先设定的安全策略的合法性，并在此前提下将网络的数据流快速地从一条链路转发到另外的链路上去。防火墙技术的工作原理是将网络上的流量通过相应的网络接口接收，按照 OSI 模型的七层结构顺序上传，在适当的协议层进行访问规则和安全审查，然后将符合通过条件的报文从相应的网络接口送出，而对于那些不符合通过条件的报文则予以阻断、抛弃。

（3）抗攻击入侵特性。防火墙必须具有非常强的抗攻击能力，这也是其担当内部网络安全防护重任的先决条件。防火墙处于网络边界，就像一个边界卫士，每时每刻都要面对黑客的入侵。这一特性实现的关键是防火墙操作系统本身，只有自身具有完整信任关系的操作系统才可以谈论系统的安全性。

3. 防火墙策略

（1）宽松控制策略：除非明确禁止，否则允许。

防火墙先是转发所有信息，这堵墙几乎不起作用，如同虚设，然后再逐渐提出有害内容，内容越多，防火墙作用越大，在此策略下网络灵活性得以完整保留，但是可能导致安全风险增大，并且网络管理者工作量会增大。

（2）限制控制策略：除非明确允许，否则禁止。

防火墙先是封锁所有的信息流，然后审查要求通过的信息，符合条件的才可以通过，这是一种安全高于一切的策略。其代价是网络的方便性受到限制，网络应用范围和效率有所降低，在此策略下有很多安全的信息和用户被拒之门外。

总之，防火墙具有一定局限性。因此网络安全往往采用的是几种策略的结合，即安全=风险分析+执行策略+系统实施+漏洞监测+实时响应。

第四节 数据库基础知识

本节主要内容有数据库的含义、特征、分类，数据库管理系统，数据库系统及常见数据库产品和数据库系统设计的基本步骤。

一．数据库概述

（一）数据库的含义

数据库（Database，DB）是长期储存在计算机内、有组织的、可共享的大量数据集合。数据（Data）是数据库中存储的基本对象。数据库不仅描述事物的数据本身，还包括相关事物之间的联系。

（二）数据库的特征

数据库主要有如下特征。

（1）数据库采用一定的数据模型对数据进行组织、描述和储存。

（2）数据库具有安全控制机制，能够保证数据的安全、可靠，可以有效防止数据库被非法使用和修改。

（3）数据库具有较小的数据冗余，用户可以共享共用数据，从而降低数据冗余度。

（4）数据库中存储的数据独立性较高。数据独立性指数据的组织方法和存储方法与应用程序互不依赖，分为物理独立性和逻辑独立性。物理独立性指用户的应用程序与数据库中数据的物理存储是相互独立的，即当数据的物理存储改变时，应用程序不必改变。逻辑独立性指用户的应用程序与数据库中数据的逻辑结构是相互独立的，即数据的逻辑结构改变时，应用程序不必改变。

（5）数据库允许多个用户共享，并能保证用户之间对数据的操作不发生矛盾和冲突，即保证数据的一致性和完整性。

（三）数据库的分类

数据库可分为层次数据库、网状数据库、关系数据库三种。

1. 层次数据库

层次数据库是最早在数据库系统中出现的，为 20 世纪 60 年代末到 70 年代初。它用树形结构表示各类实体之间的关系，特点是有且仅有一个根节点，其他节点有且仅有一个父节点，这使得层次数据库系统只能处理一对多的实体关系。层次数据库如图 4-12 所示。

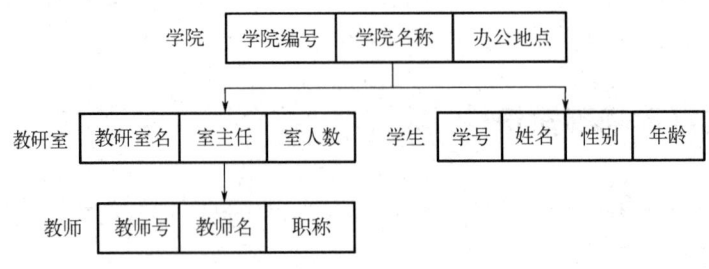

图 4-12 层次数据库

2. 网状数据库

现实世界中实体间的联系更多的是非层次关系，网状数据库约产生于 20 世纪 70 年代。网状数据库特点是允许多个节点没有父节点，允许节点可以有多个父节点，还允许两个节点间有多种联系。因此网状数据库可以更直接地描述现实世界，而层次数据库实际上是网状数据库的一个特例。网状数据库如图 4-13 所示。

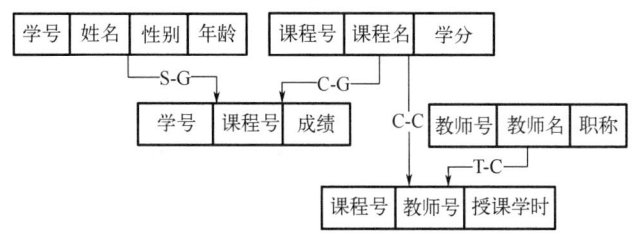

图 4-13　网状数据库

3. 关系数据库

关系数据库约产生于 20 世纪 80 年代，是目前最重要的一种数据库类型，数据库领域当前的研究工作都是以关系数据库为基础开展的。关系数据库的特点是在用户观点下，关系模型中数据的逻辑结构是一张二维表，它由行和列组成。在关系数据库中，实体及实体间的联系都用二维表表示，在数据库的物理组织中，二维表以文件形式存储，每个表通常对应一种文件结构。关系数据库优点较为明显，数据结构简单、清晰，用户易懂易用，并且存取路径对用户透明，从而具有更高的数据独立性，更好的安全保密性。关系数据库如图 4-14 所示。

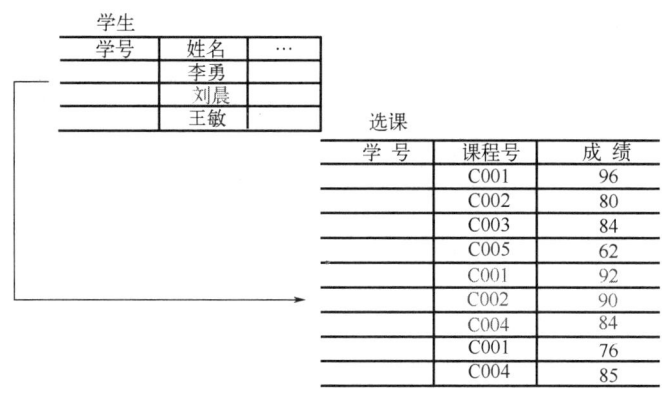

图 4-14　关系数据库

二、数据库管理系统

数据库管理系统（Database Management System，DBMS）是数据库系统的核心，它建立在操作系统的基础上，是位于用户与操作系统之间的一层数据管理软件，负责对数据库中的数据资源进行统一的管理和控制，科学地组织和存储数据、高效地获取和维护数据。DBMS 还承担对数据库的维护工作，保证着数据库的完全性和完整性。

DBMS 主要有如下功能。

（一）数据定义功能

定义数据库结构的模式、存储模式和外模式，以及各级模式之间的映射及有关的约束条件等。如为保证数据库中数据具有正确语义而定义的完整性规则、为保证数据库安全而定义的用户口令和存取权限等。

（二）数据操纵功能

操纵数据实现对数据库的查询、插入、删除和修改等基本操作。

（三）数据库运行管理

对数据库的运行进行管理是 DBMS 运行时的核心部分，包括对数据库进行并发控制、安全性检查、完整性约束条件的检查和执行、数据库的内部维护等。

（四）数据组织、存储和管理

组织、存储和管理多种数据，如数据字典、用户数据、存取路径等，确定以何种文件结构和存取方式物理地组织这些数据，如何实现数据之间的联系等。

（五）数据库的建立和维护

建立数据库包括数据库初始数据的输入与数据转换等，维护数据库包括数据库的备份、恢复及其性能的监视与分析等。

三、数据库系统

数据库系统（Database Systems，DBS）是一类基于数据库进行数据与信息服务的软件系统。由数据库、数据库管理系统（及其开发工具）、数据库应用程序、数据库管理员四部分构成。图 4-15 为数据库系统。

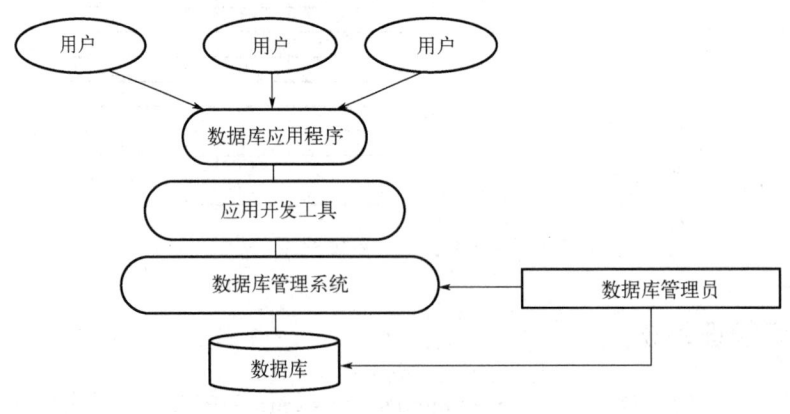

图 4-15　数据库系统

DBMS 对数据库进行创建、管理、维护等工作，并提供外部对数据进行访问。数据库应用程序是用户与数据库的桥梁，是一种在 DBMS 支持下对数据库中数据进行访问处理的应用程序，应用程序与 DBMS 交互，DBMS 访问 DB。数据库管理员负责数据库系统的安全控制与正常运行，利用 DBMS 提供的各种工具访问数据库。

四、常见数据库产品

（一）Oracle

Oracle 数据库是一种大型数据库系统，一般用于商业、政府部门，功能强大，在网络方面应用较多。Oracle 数据库是一款比较成功的关系型数据库，由 Oracle 公司于 1983 年推出。Oracle 数据库具有运行稳定、功能齐全、性能优异等特点，在数据库产品中技术比较先进。

（二）SQL Server

SQL Server 数据库是一款功能全面的数据库，可用于中大型企业单位，它由 Microsoft 公司推出，与其他数据库相比，在操作性和交互性上有着很大的优势。结构化查询语言（Structured Query Language，SQL）的主要功能就是同各种数据库建立联系并进行沟通。SQL 语句用来执行各种各样的操作，例如更新数据库中的数据，从数据库中提取数据等。

（三）My SQL

MySQL 数据库是一款开源的小型关系型数据库管理系统，开发者为瑞典 MySQL AB 公司，与其他数据库相比，MySQL 具有体积小、速度快、使用灵活等特点，被广泛地应用在 Internet 上的中小型网站。许多中小型网站为了降低成本而选择 MySQL 作为网站数据库。

（四）Sybase

Sybase 是一种典型的 UNIX 或 Windows NT 平台上客户机/服务器环境下的大型数据库系统。Sybase 提供了一套应用程序编程接口，可以与非 Sybase 数据源及服务器集成，允许在多个数据库之间复制数据。Sybase 数据库具有完备的触发器、存储过程、规则以及完整性定义，支持优化查询，具有较好的数据安全性。

五、数据库系统设计的基本步骤

数据库系统设计的具体步骤如下。

（一）系统需求分析

进行数据库设计首先必须准确了解和分析用户需求（包括数据与处理）。需求分析是整个设计过程的基础，也是最困难、最耗时的一步。需求分析是否充分和准确，将直接影响到后面各阶段的设计，决定了在其上构建数据库大厦的速度与质量。

需求分析的任务是通过详细调查现实世界要处理的对象，充分了解原系统工作概况，明确用户的各种需求，然后在此基础上确定新的系统功能来完成的，并且新系统还得充分考虑今后可能的扩充与改变，不仅仅按当前应用需求来设计。

分析方法常用结构化分析（Structured Analysis，SA）方法，SA方法从最上层的系统组织结构入手，采用自顶向下，逐层分解的方式分析系统。数据流图表达了数据和处理过程的关系，处理过程中的处理逻辑常常借助判定表或判定树来描述。在处理功能逐步分解的同时，系统中的数据也逐级分解，形成若干层次的数据流图。系统中的数据则借助数据字典（Data Dictionary，DD）来描述，数据字典是系统中各类数据描述的集合。

（二）数据库概念结构的设计

准确地分析出现实世界的需求后，将现实世界需求转化为机器世界的模型，以一种独立于具体数据库管理系统的逻辑方法来描述数据库的逻辑结构。概念结构设计是整个数据库设计的关键，它通过对用户需求进行综合，归纳与抽象，形成了一个独立于具体DBMS的概念模型。

（三）数据库逻辑结构的设计

数据库逻辑结构设计是将概念结构转换为某个DBMS所支持的数据模型（例如关系模型），并对其进行优化。在此阶段，实体关系图的设计异常重要。

（四）数据库物理结构的设计

为逻辑数据模型选取一个最适合应用环境的物理结构（包括存储结构和存取方法）。首先要对运行的事务进行详细分析，获得选择物理数据库设计所需要的参数，其次，要充分了解所用的DBMS的内部特征，特别是系统提供的存取方法和存储结构。

（五）数据库实施

利用DBMS提供的数据库语言（如SQL）及宿主语言（如C、VC）等语言，根据逻辑结构设计和物理结构设计的结果建立数据库，编制与调试应用程序，组织数据入库，并进行试运行。

（六）数据库运行与维护

数据库应用系统经过试运行后可投入正式运行，在具体运行过程中必须不断地对其进行评价、调整与修改。

设计一个完善的数据库系统不可能一蹴而就，往往是上述阶段不断反复的过程。

【思考】

1. 请叙述你对电子政务体系结构的理解。
2. 电子政务中有关的技术主要有哪些？
3. 网络软件和网络硬件技术主要有哪些？

第五章
电子政务信息资源

电子政务信息资源是政府信息资源管理、整合、共享的基础。随着电子政务的发展，同时面临着各自为政、信息孤岛等问题，解决这些问题的关键途径就是推进政府信息资源共享。推动政府信息公开向政府数据开放的转换，政府数据开放共享已经成为全球政府治理变革的新趋势。

第一节 政府信息资源

一、政府信息资源内涵

（一）含义

信息资源是社会活动中所涉及的一切信息的集合，是信息社会进行管理与开发利用的基本对象和基本资源，它涉及活动过程中所产生、获取、处理、存储、传输和使用的一切信息资源，贯穿于社会生产的全过程。信息资源具有可重复使用性、可整合性、可共享性等特征。

政府信息资源也称为政务信息资源、政府信息、政务信息等。目前电子政务领域对于"政府信息资源"和"政务信息资源"两者异同点的论述少之又少，大多数的研究分析目前并未完全区分"政府信息资源"和"政务信息资源"两个概念，因此本书对政府信息资源与政务信息资源也不再严格区分。

国家发展改革委和中央网信办2017年发布的《政务信息资源目录编制指南（试行）》中指出，政务信息资源是指政务部门在履行职责过程中制作或获取的，以一定形式记录、保存的文件、资料、图表和数据等各类信息资源，包括政务部门直接或通过第三方依法采集的、依法授权管理的和因履行职责需要依托政务信息系统形成的信息资源等。

政府信息资源包括一切产生于政府内部的信息资源，或虽产生于政府外部但却对政府管理活动、公共事务等有影响、有意义的信息资源，是信息资源中最核心的资源。主要包括两大部分：其一是政府自身在履行政府职能时所生产、收集、处理、传播或处置的信息，如各种条例、规定、章程、命令、指示、批复、议案、通告、公函、会议纪要、合同、协议书等；其二是政府在履行政府职能时需要政府系统之外的其他个人、组织、社团、社区等来生产、收集处理、传播或处置的信息，如群众信访、统计数据、社会调研信息、决策支持信息、提案议案等。

随着信息技术的发展和社会理念的转变，政府信息资源的重要性越发凸显。政府信息资源已成为各个国家重要的、特殊的关键性战略资源，已成为国家经济和社会发展的重要推动力量和关键因素。政府作为社会中信息资源的最大拥有者，在社会信息资源的开发利用中起着举足轻重的作用。政府信息资源是政府科学决策的根据，政府对信息资源的开发利用程度，对政府信息化建设和社会发展的影响日益突出。

（二）特点

政府信息资源具备一般信息资源的常见特征，政府信息资源除了权威性、机密性等特点之外，还具有如下鲜明特征。

（1）涉及范围广泛。政府部门是最大的信息管理者，信息存储分布于各个政府部门，存储上较为分散独立且各部门之间存在信息重叠。

（2）共享性要求。在不危害国家利益和社会公众利益的前提下，部分政府信息要与公众共享，部分政府信息在政府内部共享。这也是政府信息资源最重要和最突出的特性。

（3）时效性强。政府根据环境不断挖掘、更新，实时提供信息，政府信息资源的时效性主要体现为信息的准确、全面，以实现政府决策的超前性和发布的及时性。

（4）开放性明显。开放性是政府信息资源的基本特性之一，是指政府信息资源要对公众保持公开的原则。

（三）类型

政府信息资源类型从不同的角度有不同的划分方式。

（1）按影响范围来划分，政府信息资源可分为政府事务信息资源和政府部门信息资源。其中前者按应用范围又可划分为国际事务信息资源和国内事务信息资源；而后者则指针对政府各部门发布的且只适用于本部门的信息资源。

（2）按信息加工深度来划分，依据在政府工作中的作用及加工深度不同，政府信息资源可分为原始政府信息资源、二次政府信息资源、三次政府信息资源以及专题政府信息资源。其中二次政府信息资源是对信息加工处理得到的；三次政府信息资源则是对原文件的分析和综合得到的综述性的信息资源；专题政府信息资源是政府为应对专门性问题或者突发性事件而采取的实效性较强的相关信息资源。

（3）按功能来划分，政府信息资源可分为政策法规类、行政管理类、危机处理类、信访类、报告类、服务类、研究类、政府机构管理类。

（4）按信息产生源与作用对象来划分，政府信息资源可分为政府与公众间的交流、政府与企业间的联系、政府部门间的相互联系、作用和协同工作以及政府公务员在与政府交流中涉及的政府信息资源。

（5）按服务对象及信息职能来划分，政府信息资源可分为面向社会公众的、面向企业的、面向农村的、面向国防军队的、面向教育的以及面向政府公务员的信息资源。

（6）按信息公开程度和运行周期来划分，依前者政府信息资源可分为：向社会公开的、政府各部门间共享的、部门专有的、政府内部绝密的政府信息资源；依后者政府信息资源可分为周期性、动态性、突发性政府信息资源。

（7）按信息表现形式来划分，政府信息资源可分为研究报告、统计数据、技术标准、政策法规、规章制度等。

（四）价值

政府信息资源的价值分为知晓性价值、基础应用价值和高级应用价值，处于政府信息资源价值链的不同位置和阶段，关注的重点由公开到利用，体现了政府信息资源社会化服务的基本定位。

1. 知晓性价值

政府信息资源知晓性价值的本质在于实现公民知情权和社会对政府组织进行监督。政府信息资源知晓性价值的实现要求接触并理解信息资源，延伸至其基本目的，在于实现公民的知情权和社会对政府进行监督以防止腐败。知晓性价值位于政府信息资源价值的最低层，是政府信息资源价值实现的最基本要求。通过政府向社会公开或开放政府信息资源的实现过程，也是政府信息资源由政府向公众传播的过程。

2. 基础应用价值

基础应用价值通过政府部门、社会组织及个人直接利用经公开或开放的政府信息资源实现，表现为政府利用政府信息资源完成政府业务活动，包括政府部门内部、部门之间业务处理和政府对外业务处理，及社会组织和个人利用政府信息资源指导其生产经营和社会实践。具体政府信息资源基础应用价值体现在政府职能的履行过程中，各政府部门与外部行为主体从政府信息资源平台中直接提取或申请提取与问题情境匹配的信息资源，利用信息资源处理具体业务，解决个人或组织的现实问题，实现政府办公及服务效率的提升，避免用户多部门跑的现象，提升用户办理业务的便捷性及满意度。

3. 高级应用价值

高级应用价值是将政府信息资源作为新的信息产品或服务的内化部分，即通过中间组织对原始政府信息资源进行再开发利用形成新的信息产品或服务，政府、社会组织和个人通过使用信息产品或服务处理现实问题，在此过程中形成政府信息资源高级应用价值。政府信息资源高级应用蕴含了巨大的经济价值和重要的社会价值。

二、政府信息资源管理

政府信息资源管理的引入体现出了电子政务管理研究在理论研究方面的进一步完善，这也标志着我国政务信息化进程已经从"信息资源建设"阶段进入"信息资源管理"阶段。

（一）含义

信息资源管理（Information Resources Management，IRM）这一术语产生于20世纪70年代末的美国，最早出现在美国学者霍顿于1979年出版的 *Information Resources Management: Concept and Cases* 一书中，书中包含了信息资源管理的发展起源、管理目标、管理思想、管理手段，以及早期的研究问题和研究方法。信息资源管理是为解决企业和政府信息资源管理和利用问题而兴起的，它将信息作为一种资源进行管理，并随着社会和技术的发展，形成了一系列理论和方法。信息资源管理是一种以业务目标为导向，通过信息化和集成化的管理方式，对各种资源进行高效配置的管理活动。

政府信息资源管理是信息资源管理的一个重要领域。政府信息资源管理是指在政务活动过程中，政府部门及其管理人员运用包括信息技术、信息政策及绩效管理在内的各类管理手段，调动包括信息生产者、信息基础设施、财政资金及其他相关资源，对政府部门自身生产或采集的有序信息集合进行有效管理并提升政府决策及服务能力的系列管理活动。

政府信息资源作为一项重要的公共资源，对其进行有效管理不仅有助于提高政府信息内容利用效率和政府决策效率，更能够创造巨大的社会价值。随着公众对信息资源访问和获取的多元化、个性化需求的变化，政府信息资源管理已经成为深化电子政务建设和应用研究的重点。

（二）特征

政府信息资源管理具有以下几个方面的特征：（1）管理覆盖着行政信息开发和利用等环节及整个流程；（2）政府信息资源管理的关键内容是政府信息，加强政府信息的管理，最集中的要求就是要提高政府部门对行政信息的采集、处理、利用和交换共享的能力；（3）政府信息资源管理既是一种集成性的管理，同时也是一种综合性的管理。因此，政府信息资源管理具有广泛性、综合性、复杂性、管理性、共享性、技术性和多学科知识交叉的特点。与这种特点相联系，信息化实现了政府部门从分散的、各自为政的方式进行政府信息管理和提供公共服务向集中的、整体和无缝的方式进行政府信息管理和提供公共服务转变。

（三）过程

政府信息资源管理是面向政府机构的信息用户（政府部门或公务员）的、以满足政府信息用户需求为目的而产生的一系列相关、有序的政务活动集合。政府信息资源管理的核心任务就是要求政府在依法履行行政职能的过程中，对信息资源生成与采集、建设与开发、配置与存储、交换与共享以及供给与获取服务等过程各信息要素的计划、执行、控制和监管。有效地管理政府信息资源，发挥出政府信息资源的最大价值，是政府改革和自我发展的需要，是推动政府服务创新的前提和基础，是建设智慧型、服务型政府的关键。

政府信息资源管理过程包括了政府信息资源需求分析、采集、组织以及政府信息资源的检索、传递、利用和评估等，如图 5-1 所示。政府信息资源管理的主要过程介绍如下。

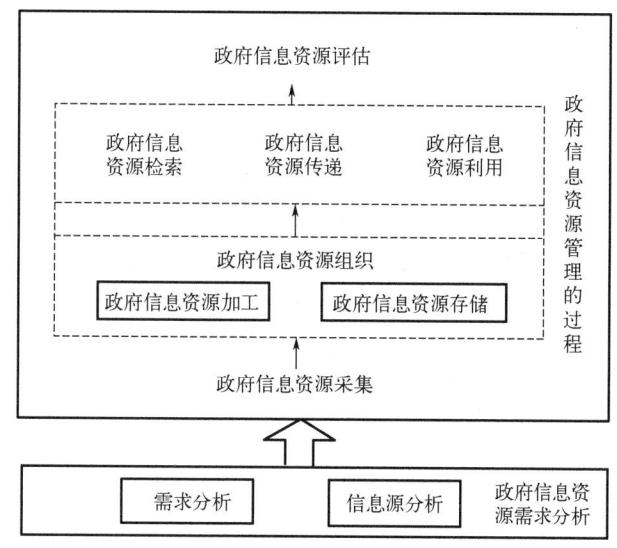

图 5-1　政府信息资源管理框架

1. 政府信息资源采集

政府信息资源采集是政府信息资源管理的基础，指根据政府管理的工作服务和领导决策的需要，将分散在系统内外各种形态的信息资源，从有关信息源或载体内有计划地采集。

2. 政府信息资源组织

政府等公共部门针对不同类型的服务对象，采取符合实际情况的方法和策略，对采集来的信息进行鉴别、筛选、归类、排序、标引、编录，使信息资源正确化、规范化和清晰化，从而有助于后续的信息存储、开发和利用等政务工作的进一步有效开展。

3. 政府信息资源检索

建立信息资源物理存储、逻辑存储及其两者之间映射关系和访问机制，确保能够快速、准确、安全地管理和存放信息，对离散分布的政府信息资源进行检索和查询定位。

4. 政府信息资源利用

政府信息资源利用指为政务工作提供有效支持，增强政府机构的科学决策能力和管理水平，实现信息资源的使用价值，价值不仅体现在服务于政府自身的管理和决策，还体现在向社会全面、及时、准确地提供信息。

5. 政府信息资源评估

按照事先约定的评估指标、程序和标准，使用定量和定性分析对评估对象在一定时期内或一个特定的范围内的政府信息资源计划做出客观、公正的综合评判。目的在于提供一套适用于政府范围的以产出和结果为基础的责任机制、评估办法、绩效指标和战略规划要求的评价与管理系统。

三、政府信息资源整合

（一）信息孤岛

经过多年的建设和发展，目前大多数中央和省级政府机关都建立了各自的信息系统，这对于推行电子政务发挥了积极作用。但由于这些信息系统多数是出于各自的政务需要独立设计、分散建设的，各部门自行制定的标准造成了数据格式与标准互不相同，从而形成了鳞次栉比的"信息孤岛"。电子政务中的信息孤岛（Information Isolated Island），顾名思义，指一个个相对独立的、分散的、不同类型的、彼此封闭的信息系统。在电子政务发展过程中，"信息孤岛"问题是一个普遍存在而又难以解决的问题，使得现有的政府信息资源整合与共享难以继续发挥效果，使其成为制约电子政务可持续发展的瓶颈。

从表现形式来看，信息孤岛可以分为系统孤岛、业务孤岛、数据孤岛等不同的类型。系统孤岛的主要表现是，不同部门之间的系统建设没有统筹考虑，各自为政，建成的系统各自独立存在，在系统建设标准规范方面彼此不兼容。业务孤岛的主要表现是，由于各业务主管部门仅从自身角度出发设计业务流程，导致不同部门之间彼此有关联的业务环节之间无法实现有效结合，业务流程分割严重，难以实现"一站式"的服务流程。数据孤岛的主要表现是，对于同样的资料信息需要在不同的终端多次重复录入；同一数据信息在不同的系统之间存储的值不一致，或者存在重复存储的情况等。

由于存在部门条块分割，各政府部门的电子政务系统是各自规划、自行建设和独立运行的，部门之间的信息共享与业务协同机制欠缺，而且各政府部门的系统建设标准和存储的数据格式、分类标准各自不同。信息孤岛的存在，使得政务信息无法在大范围内流通，难以达到信息资源共享的目标，既影响了政府和公众之间的交流和沟通，又影响了部门之间的信息交换和业务协同，在很大程度上降低了电子政务整体效能，对政府向服务型的转变造成了障碍。

信息孤岛是电子政务发展到一定阶段必然要面临和解决的棘手问题，打破信息孤岛，推进电子政务信息共享，是电子政务不断向更高阶段发展的必然要求。消除电子政务信息孤岛任重而道远，需要建立电子政务发展整体规划，注重顶层设计，明确信息共享建设责任主体，建立规范化的信息化管理体系，逐步制定完善实现信息资源共享所需的各项配套标准规范。

在电子政务信息资源从割据到统一的深化过程中，要实现政府业务的高效、协同，首先要做的就是政府信息资源整合。

（二）政府信息资源整合内涵

1. 政府信息资源整合的含义

政府信息资源整合是指各级政府部门、企事业单位、社会公众等多个主体相互合作，共同参与政府信息资源的建设，共同拥有政府信息资源获取权与获取条件，将分散于政府各部门和社会上的政府信息资源进行集成整合。政府信息资源整合一方面是资源共建；另一方面是资源共享，是一个对信息资源进行收集分类、综合、分析与利用的过程。如何有效地促进跨部门政府信息资源的整合与共享成了政府信息资源管理的关键。

2. 政府信息资源整合的内容

按照整合内容和融合深度划分，政府信息资源整合包括数据整合、业务流程整合和应用系统整合。

（1）数据整合：是政府信息资源整合的前提和基础。对数据标示并编目，并确立元数据模型。实现对各类业务数据访问的标准和接口，减少数据冗余，消除数据不一致。

（2）业务流程整合：以政务流程为主线，通过建模工具优化业务流程，实现政府业务流程的改造和整合。

（3）应用系统整合：在一个统一的应用基础平台和信息组织规范的框架之下，对已有的电子政务应用系统等进行无缝整合，实现应用系统之间的交互和协同。

其中，在政府信息资源整合过程中，最为关键、难度最大的是人员的整合，信息资源整合需要利用系统中的数据、信息和知识等产生新的知识。尤其涉及有关决策的整合，人员在政府信息资源整合中都起着至关重要的作用。因此，需要对政府人员进行信息技术、信息技能的全面培训，实现人员的最佳整合。

四、政府知识资源管理

（一）政府知识资源管理的含义

在经历了数据管理、信息管理两个阶段之后，进入了适应当今知识经济发展的基于知识管理的第三阶段。随着社会的发展，知识越来越受到重视，知识管理思想已应用到企业管理、教育管理和图书情报等领域，近年来各国政府公共管理部门也开始研究如何将知识管理很好地运用到政府工作当中，政府对知识管理思想的重视程度和利用程度越来越高。

政府知识资源管理是指利用现代信息技术，充分发挥政府知识资源的作用，实现知识共享，提高公务员学习和创新能力和提高政务工作效率，增强管理、服务和领导决策能力的一种管理模式。

（二）政府知识资源管理与政府信息资源管理的区别

政府知识资源管理是政府信息资源管理的高级形式，是在政府信息资源基础上所进行的政府知识资源的挖掘、表示、存储和利用等。政府知识资源管理通过构建一个以知识吸收、积累、开发、共享、运用、创新为基础的体系，来提升政府的公共服务能力、执政能力、政府效能与竞争力。

政府知识资源管理与政府信息资源管理的联系与区别如下。

政府知识资源与政府信息资源的本质相似,二者都属于资源的范畴,同样政府知识资源管理与政府信息资源管理的特性也相近,都是对政府部门掌握的资源进行管理,只是政府知识资源管理更注重于知识的管理,处于高级阶段。政府知识资源管理除具有政府信息资源管理相同特性外,还具有如下基本特点。

(1) 知识的可储藏性。政府信息活动需要大量的知识资料,政府知识资源管理的最基本特性就是对数据、知识的储存能力要强。

(2) 知识的可开发性。知识本身的可利用程度存在很大差异,开发有用的知识资源有利于提高政府知识资源管理能力。

(3) 知识的可继承性。知识的开发利用并不是一次性的事情,建设知识资源型社会必须加强知识的继承能力,完善政府知识资源生命周期和知识的可持续性利用。

(三)政府知识资源管理的作用与意义

作为一种创新管理方式,知识资源管理在政府管理中的作用日益突出,它能有效提升政府协调能力、服务能力和创新能力,将知识资源管理广泛地实践于政府信息化过程是必然选择。知识资源管理作为时代的产物,为电子政务的发展提供了一种新的理论工具,可以对政府组织内外的各种显性、隐性知识进行有效管理,以及时回应各主体对于政府的知识诉求。

政府管理部门使用现代信息技术手段,收集、重组和使用知识网络系统中的知识,并根据需要将创造、生成和积累的新知识运用到政府各部门的行政过程,通过电子政务实现政府工作效率与管理水平地提升。加快政府内部知识创新、流动和利用是其核心,激活政府创新能力、决策能力,构建一个行为规范、运作协调、精简高效的知识型政府是其目标。

在当今国内外的重大热点事件中,智库扮演着举足轻重的角色。智库作用实质上就是从知识生产到知识应用的过程,智库基于对知识的获取、开发利用和创新,为决策者处理复杂问题提供最佳理论、策略、方法、思想等的政策研究咨询。智库是连接政策知识与决策制定的桥梁,具有资政启民的重要作用,是国家治理体系和治理能力现代化的重要组成部分。2013年4月,习近平总书记首次提出建设"中国特色新型智库"目标,标志着中国智库建设新时代来临。

当前,复杂多变的国际政治形势、后危机时代的经济全球化趋势、使得政府决策者和社会公众对政策咨询提出了更高要求,在创新驱动的知识经济时代,知识是智库的核心资源,知识服务能力是智库的核心竞争力。有效的知识资源管理是智库高效运作的重要保障。作为国家智力资源和决策咨询的重要载体,现代智库的角色及其功能日益受到各国决策主体的高度重视,因此围绕"智库"这一主体的研究成为国内外公共管理、政策科学以及决策咨询等领域关注的热点。

五、DIKW 模型

数据与信息是源自信息通信领域的概念,学界关于数据与信息的关系已有颇多论述,其中最广为人知的是美国管理思想家罗素·艾可夫提出的数据-信息-知识-智慧(Data-Information-Knowledge-Wisdom,DIKW)模型,也被称为"知识层次结构""信息层次结构""知识金字塔"。1989 年,艾可夫在其论文《从数据到智慧》(*From Data to Wisdom*)中,按照人类对数据的加工处理程度,将信息传递过程中的要素划分为"数据""信息""知识""智慧"四个层次,如图 5-2 所示。DIKW 模型用层次结构对数据、信息、知识、智慧的特征、传递与价值的演化规律进行了总结,并构建了 DIKW 金字塔形体系模型。该模型问世以来,引起了学术界的极大反响,经过大量研究者对其模型的不断扩充与完善,目前该模型已经成为信息科学最经典的理论之一。

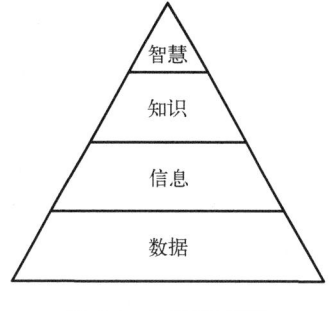

图 5-2　DIKW 模型

DIKW 模型的内在逻辑是,通过原始观察、感知及度量获得了数据;借助背景、事实分析数据间的关系获得了信息;借助经验在行动中应用信息产生了知识;利用知识和能力产生了智慧,反映的是让数据从无序到有序,从对主体有价值到助力主体有能力的过程。DIKW 模型表明,从数据到知识转变的过程不是简单的线性关系,综合体现了数据到知识的转变过程中的传递途径、内容深化、理解加深和价值提升。

DIKW 模型四要素的介绍如下。

(一)数据

数据是用来承载或记录信息的,是按照一定规则排列组合的物理符号。数据的表现为数字、文字、图像、声音、计算机代码等形式。数据作为人类传递信息的最基本载体,就其本身而言并不具备语义层次上的内容。数据与信息的最大不同之处在于它是没有经过任何加工与解读的原始记录,不具有明确意义。当信息接收者对数据本身的背景环境进行充分了解之后,才能对数据的含义进行充分解读,即完成数据向信息的转化。

这种转化体现在:浓缩化,将数据变成更简洁的形式;脉络化,说明数据的来源与出处;计算,用数量化方法整理及分析数据;分类,将不同性质的数据加以归类;矫正,排除数据中错误的讯息。

政府数据是指行政机关在履行职责过程中制作或获取的,以一定形式记录、保存的文件、资料、图表等各类数据资源。大数据时代,数据在社会发展中的作用显得尤为重要,甚至已成为驱动经济增长和社会发展的重要资源。如何最大限度地发挥数据的价值,成为大数据时代经济社会持续发展的关键。

(二)信息

信息论的创始人美国数学家香农认为,信息是用来消除随机不确定性的东西。也就是说，信息实际上是数据在特定背景下的映射与表示。人类通过获得信息，能够减少或消除认知的不确定性，掌握对客观事物进行认知的基本要素。信息具有广泛性、时效性、增值性、可传递性、可转换性、可共享性、可存储性等特征。数据是信息的底层，数据比信息具有更大的再利用空间和挖掘潜力。

（三）知识

知识是信息的接收者结合自身经验，对信息进行凝练与推理后而获得的结论。信息转化为知识的关键在于信息接收者对信息的理解能力。信息只有同接收者的个人背景整合才能转化为知识。由信息转化为知识是一种增值过程，掌握知识并运用知识更能发现问题的本质。

世界经合组织（OECD）系统地提出了知识的四大类型：知道是什么的知识（Know-what），主要是叙述事实方面的知识；知道为什么的知识（Know-why），主要是自然原理和规律方面的知识；知道怎么做的知识（Know-how），主要是指做某件事情的技能和能力方面的知识；知道谁有的知识（Know-who），涉及谁知道如何做某些事的知识。

知识存在的基本形式主要有两种：一种是客观知识，也称为显性知识，指用文字、图形、符号、视频、音频等技术手段记录在载体上的知识。上述四种类型知识中，第一、二种知识类型属于显性知识，可通过阅读、视听和检索获得。另一种是主观知识，也称为隐性知识，指存在于大脑记忆中的知识，如个人的经验、判断联想、解决问题的思维方法等。上述四种类型知识中，第三、四种属于隐性知识，主要依靠实践获得。

（四）智慧

智慧，有时也称为智能（Intelligence），指人类运用知识解决问题的能力。人类在面对具体问题时，能够根据其目的有效地获得信息，并根据自身的经验与理解，将信息转化为知识，最终利用知识，完成最初的目标。这种解决问题的能力，就称为智慧。

总之，数据、信息、知识与智慧之间存在着密不可分的联系。数据是信息的原材料，数据是最原始的信息的表达方式；信息来源于对数据的表示，是进行过加工处理的有意义、有价值、有关联的数据；知识来源于如何使用信息，是对信息进行凝练后获得的产物；智慧是人类对知识的运用，是人类为达到目标而运用知识的能力。数据经过解读，可以转化为信息；信息结合接收者的自身经验判断后，可以转化为知识；而知识根据特定的目标被激活后，上升成为智慧。

第二节　政府信息资源共享

一、政府信息资源共享内涵

（一）含义

政府信息资源共享，广义上是指以一定的政策法规、管理体制和安全保障为基础，在政府内部、政府内部与政府外部之间共同使用一种共享机制，以实现高效政府、开放政府、服务型政府的目标。政府信息资源共享对内表现为政府内部的业务集成、数据交换、协同应用等内容，对外表现为与公众之间的信息公开、交流互动等一系列的活动。因此信息资源共享既是政府职能所在，同时又能促进公众参与，帮助政府更快更好的打造"服务型政府"。

狭义上，政府信息资源共享主要指不同地域、层级政府之间以及政府各职能部门之间进行信息交换与共享的内在机制。本书主要是指狭义上的政府信息资源共享。政府信息资源共享始终是电子政务建设的主要内容，在电子政务环境下，政府信息资源共享是指，政府以服务对象为中心，高效地履行公共管理与社会服务的职责，实现各级各类政府跨部门、跨领域、跨平台之间完整及时的信息流转和业务的协同共享的过程。

2015年国务院发布的《促进大数据发展行动纲要》将"加快政府数据开放共享，推动资源整合，提升治理能力"作为三大主要任务之首。

（二）原则

政府信息资源共享应遵循如下原则。

（1）以共享为原则，不共享为例外。各政府部门形成的政府信息资源原则上应予共享，涉及国家秘密和安全的，按相关法律法规执行。

（2）需求导向，无偿使用。由履行职责需要使用共享信息的部门提出明确的共享需求和信息使用用途，共享信息的产生和提供部门应及时响应并无偿提供共享服务。

（3）统一标准，统筹建设。按照国家政府信息资源相关标准进行政府信息资源的采集、存储、交换和共享工作，坚持"一数一源"、多元校核，统筹建设政府信息资源目录体和共享交换体系。

（4）建立机制，保障安全。统筹建立政府信息资源共享管理机制和信息共享工作评价机制，各政府部门和共享平台管理单位应加强对共享信息资源的采集、共享、使用全过程的身份鉴别、授权管理和安全保障，确保共享信息安全。

（三）意义

随着电子政务的发展，各自为政、信息孤岛等问题日渐显现，而解决这些问题的关键途径就是推进政府信息资源共享。政府信息资源共享是政府信息化建设的重要内容，是提高政府工作效率和服务水平的重要支撑。

首先，推动政府信息资源共享，政务公开的广度和深度都可以得到进一步的拓展，从而使得社会公众可获取更多更优质的政务信息，促进公民参与到政治建设中，使得政府在民生、经济等方面的战略规划更加科学合理。

其次，政府信息资源共享可以推进服务型政府的建设，加速政府服务能力的提升。政府信息资源是政府提供服务的数据信息基础，是政府实现跨部门协作、信息整合、并联审批等创新应用的前提条件。

再次，政府信息资源共享可以提升政府执政能力，从而推进社会信息化建设。政府拥有全社会最多的信息资源，是信息资源最大的开发者、使用者，政府将这些信息资源活用起来、流动起来，才能最大化发挥这些信息资源的作用价值，实现"一站式"政府服务。

最后，政府信息资源共享公开可促进经济发展，加快经济转型升级。市场经济能够公平、健康、有序地竞争，必然要先使市场经济的各个主体处于信息接收的平等地位，发展出一个信息共享、公平竞争的市场经济，创造经济转型的升级条件，才能带动整个社会的经济发展。

（四）影响因素

政府信息资源共享是一项极其复杂且困难的系统工程，受众多影响程度不同的因素的制约，不仅面临着政策、组织、法律和技术方面问题，还存在公民隐私的保密及技术能力等问题，需要政府的政策支持和财政支持。

关于跨部门政府信息资源共享障碍与影响因素的研究，早期比较有影响的是1996年道斯提出的用于理解跨部门信息共享的政策、实践与态度相互作用的理论模型。道斯以美国联邦政府为研究对象，从技术、组织与政治三个方面分析了跨部门政府信息资源共享的益处与障碍，发现不兼容的技术、不一致的数据结构、部门利益、支配性的专业架构、影响决策的外部因素、机构的裁量权和程序首位等阻碍了跨部门政府信息资源共享。此后，有较多的学者对阻碍跨部门政府信息资源共享的障碍进行了实证研究或理论探讨，提及较多的因素有技术不兼容、法律法规等制度性保障不完善、部门利益冲突、数据结构不一致等。可将这些因素划分为技术因素、信息属性、部门利益、组织结构、项目与业务管理、部门间关系、风险管理与外部环境八大类，如表5-1所示。

表5-1 跨部门政府信息资源共享影响因素

因素类别	障碍因素
技术因素	技术不兼容
	数据结构不一致
信息属性	隐私保护
	信息的公开与保密属性
部门利益	部门利益冲突
	抗拒变革
	成本考量
	激励错位
组织结构	专业架构
	组织裁量权
	组织的多样性与多重目标
	程序首位（业务流程）或共享程序不公平
	官僚组织结构
	组织文化与价值观

续表

因素类别	障碍因素
项目与业务管理	上层管理的支持
	指定的项目经理
	对本部门的政策、信息需求及管理实践的了解
	合理而有效的正式战略
	非正式的问题解决机制
部门间关系	信任缺乏
	关系网络支持
	角色和关系被所有参与者广泛理解
	共享权责划分
风险管理	高风险
	政治利益与政治权力风险
	过程安全
	信息质量
	信息误用
外部环境	外部环境
	法规保障等制度性问题

二、政务信息资源目录体系和交换体系

政务信息资源共享普遍的解决方案是建立基于目录和交换体系平台的信息资源物理分散、逻辑集中的信息共享模式，提供一定范围内跨部门、跨地区的普遍信息共享，方便用户发现、定位和共享多种形态的信息资源，实现"横向"综合服务能力与"纵向"业务部门建设、管理、使用相结合的方式，发展从"孤岛"架构走向优化架构，从而实现政务信息资源的共享和协同，提高政府工作效能。政务信息资源目录体系与交换体系是国家电子政务总体框架的重要组成部分，是电子政务的基础设施之一。

政务信息资源目录体系和交换体系既是一套体现各种政务信息资源内在关联的有机整体，也是一套实现信息资源共享和服务的工具，同时还是一套为信息资源检索、定位和共享的应用服务体系。

政务信息资源的规范化开发利用和共享开放，是我国政务信息化建设多年来的努力目标。2002年，《国家信息化领导小组关于我国电子政务建设指导意见》（17号）提出，编制电子政务信息资源目录体系与交换体系；启动人口基础信息库、法人单位基础信息库、自然资源和空间地理基础信息库、宏观经济数据库的建设；促进政务信息资源的互联互通、资源共享。2007年国务院信息化工作办公室组织编制了政务信息资源目录体系和交换体系国家标准，为开展政务信息资源规范化建设奠定了重要基础。2017年发布《政

务信息资源目录编制指南（试行）》，重点规范政务共享开放数据的目录编制，解决当前政务数据共享开放的难题，如表 5-2 所示。

表 5-2　2007 年《政务信息资源目录编制指南（试行）》

国标名称	代码
《政务信息资源目录体系　第 1 部分：总体框架》	GB/T 21063.1—2007
《政务信息资源目录体系　第 2 部分：技术要求》	GB/T 21063.2—2007
《政务信息资源目录体系　第 3 部分：核心元数据》	GB/T 21063.3—2007
《政务信息资源目录体系　第 4 部分：政务信息资源分类》	GB/T 21063.4—2007
《政务信息资源目录体系　第 6 部分：技术管理要求》	GB/T 21063.6—2007
《政务信息资源交换体系　第 1 部分：总体框架》	GB/T 21062.1—2007
《政务信息资源交换体系　第 2 部分：技术要求》	GB/T 21062.2—2007
《政务信息资源交换体系　第 3 部分：数据接口规范》	GB/T 21062.3—2007
《政务信息资源交换体系　第 4 部分：技术管理要求》	GB/T 21062.4—2007

（一）政务信息资源目录体系

1. 内涵

政务信息资源目录体系来源于图书馆目录体系，但由于资源主体和性质的多样性，该目录体系比图书馆的目录体系要复杂得多。一般来说，政务信息资源目录是通过对政务信息资源依据规范的元数据描述，按照一定的分类方法进行排序和编码的一组信息，用以描述各个政务信息资源的特征，便于对政务信息资源的检索、定位与获取。其中，元数据是描述信息资源特征的数据，核心元数据是描述数据基本属性与特征的最小集合，一般包括信息资源的名称、内容摘要、提供方、发布日期等。政务信息资源目录体系是由多个政务信息资源目录所构成的体系，是实现信息资源物理分散、逻辑集中的框架，以政务信息资源交换、共享和查找利用为基本目标。

2. 作用

政务信息资源目录体系对政府信息资源管理有重要作用，政务信息资源目录是实现政务信息资源共享、业务协同和数据开放的基础，是各政务部门之间信息共享及政务数据向社会开放的依据。首先，有助于政府信息资源定位、构建资源库。政府信息资源的纷繁广杂和不对称的特性，使政府信息资源的定位成为首要工作，目录体系可以将各部门的信息资源汇总定位，并且将分类汇总的信息资源存储在数据库中，便于以后加工利用。其次，有助于政府信息资源整合，加强信息共享。政务信息资源目录体系将为政府信息资源的整合提供更加方便的途径，按照一定的规则挑选、整理和加工利用信息资源，实现信息资源价值利用最大化。

3. 分类

政务信息资源目录分类方式包括资源属性分类、涉密属性分类、共享属性分类和层级属性分类等。

（1）政务信息资源目录按资源属性分为基础信息资源目录、主题信息资源目录、部门信息资源目录等三种类型。

基础信息资源目录是对国家基础信息资源的编目。国家基础信息资源包括国家人口信息资源、法人单位信息资源、自然资源和空间地理信息资源、社会信用信息资源、电子证照信息资源等。

主题信息资源目录是围绕经济社会发展的同一主题领域，由多部门共建项目形成的政务信息资源目录。主题领域包括但不限于公共服务、健康保障、社会保障、食品药品安全、安全生产、价格监管、能源安全、信用体系、城乡建设、社区治理、生态环保、应急维稳等。

部门信息资源目录是对政务部门信息资源的编目。部门信息资源包括：党中央、全国人大常委会、国务院、全国政协、最高人民法院、最高人民检察院的政务部门信息资源，省（自治区、直辖市）、计划单列市以及其下各级政务部门信息资源。

（2）政务信息资源目录按照信息资源涉密属性划分，可分为涉密政务信息资源目录和非涉密政务信息资源目录。

涉密政务信息资源目录和非涉密政务信息资源目录的梳理、编制、管理、应用等，应分别依托国家数据共享交换平台（政务内网）、国家数据共享交换平台（政务外网）开展。涉密政务信息资源目录和非涉密政务信息资源目录，应当按照指南的资源属性分类、元数据、目录代码等要求分别编制。

（3）政务信息资源目录按共享类型分无条件共享、有条件共享、不予共享三种类型。

可提供给所有政务部门共享使用的政务信息资源对应目录属于无条件共享类。可提供给相关政务部门共享使用或仅能够部分提供给所有政务部门共享使用的政务信息资源对应目录属于有条件共享类。不宜提供给其他政务部门共享使用的政务信息资源对应目录属于不予共享类。

（4）政务信息资源目录按其编制层级分为部门政务信息资源目录、国家政务信息资源目录。

部门政务信息资源目录由政务部门参照指南的相关要求编制。国家政务信息资源目录由国家发展改革委组织汇总编制。

4. 政务信息资源元数据

政务信息资源元数据包括核心元数据和扩展元数据。其中，核心元数据内容如表5-3所示，具体包括以下内容。

（1）信息资源分类。参照相关国家标准规定的基本原则和方法，对政务信息资源进行类、项、目、细目的四级分类。

（2）信息资源名称。描述政务信息资源内容的标题。

（3）信息资源代码。政务信息资源唯一不变的标识代码。

（4）信息资源提供方。提供政务信息资源的政务部门。原则上，中央政务部门细化到内设司局或所属行政事业单位，地方政务部门细化到内设机构和所辖政务部门。

（5）信息资源提供方代码。提供政务信息资源的政务部门代码。信息资源提供方细化到内设司局或机构的，其代码仍使用政务部门代码。代码采用《国务院关于批转发展改革委等部门法人和其他组织统一社会信用代码制度建设总体方案的通知》中规定的法人和其他组织统一社会信用代码。

（6）信息资源摘要。对政务信息资源内容（或关键字段）的概要描述。

（7）信息资源格式。对政务信息资源存在方式的描述。

（8）信息项信息。对结构化信息资源的细化描述，包括信息项名称、数据类型。

（9）共享属性。对政务信息资源共享类型和条件的描述，包括共享类型、共享条件、共享方式。

共享类型，包括无条件共享、有条件共享、不予共享三类。

共享条件，无条件共享类和有条件共享类的政务信息资源，应标明使用要求，包括作为行政依据、工作参考、用于数据校核、业务协同等；有条件共享类的政务信息资源，还应注明共享条件和共享范围；对于不予共享类的政务信息资源，应注明相关的法律、行政法规或党中央、国务院政策依据。

共享方式，获取信息资源的方式。原则上应通过共享平台方式获取；确因条件所限可采用其他方式，如邮件、拷盘、介质交换（纸质报表、电子文档等）等方式。

（10）开放属性。对政务信息资源向社会开放，以及开放条件的描述，包括是否向社会开放、开放条件。

（11）更新周期。信息资源更新的频度。分为实时、每日、每周、每月、每季度、每年等。

（12）发布日期。政务信息资源提供方发布共享、开放政务信息资源的日期。

（13）关联资源代码。提供的任一政务信息资源确需在目录中重复出现时的关联性标注，在本元数据中标注重复出现的关联信息资源代码。

表 5-3　政务信息资源核心元数据

信息资源分类	信息资源名称	信息资源提供方式	信息资源摘要	信息资源格式	信息项信息		共享属性			开放属性		更新周期	发布日期	关联资源代码
					信息项名称	数据类型	共享类型	共享条件	共享方式	是否向社会开放	开放条件			

5. 政务信息资源编码

政务信息资源代码结构由前段码、后段码组成。前段码由"类""项""目""细目"组成，是政务信息资源的分类码；后段码为政务信息资源的顺序码。图 5-3 所示为政务信息资源编码结构。

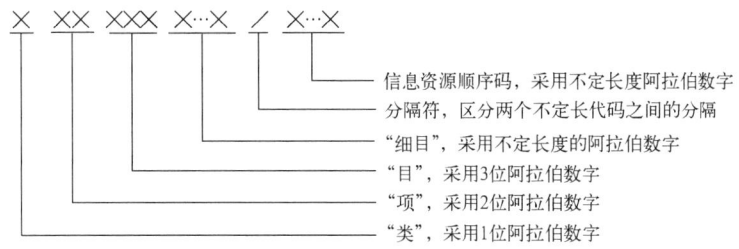

图 5-3 政务信息资源编码结构

（1）政务信息资源分类码。

① 信息资源"类"，即信息资源的一级分类，用 1 位阿拉伯数字表示。采用"政务信息资源目录的资源属性分类"规定的分类方法，"1"代表基础信息资源类，"2"代表主题信息资源类，"3"代表部门信息资源类。

② 信息资源"项"，即信息资源的二级分类，共 2 位，原则上用阿拉伯数字表示。如，基础信息资源类中的人口、法人信息资源等分类；主题信息资源类中的公共服务、全民健康、全民社保等分类；部门信息资源类中的党中央、全国人大常委会、国务院、全国政协、最高人民法院、最高人民检察院，以及省级地方（含计划单列市）等分类。

③ 信息资源"目"，即信息资源的三级分类，共 3 位，原则上用阿拉伯数字表示。

④ 信息资源"细目"，不定长度，原则上用阿拉伯数字表示，供信息资源提供方进行具体的信息资源分类。"细目"可根据需要设置多级分类。

（2）政务信息资源顺序码。

政务信息资源顺序码，采用不定长度，原则上以 1 为起始、连续的阿拉伯数字表示。

（3）政务信息资源分类码与政务信息资源顺序码组合，形成完整的政务信息资源代码。

政务信息资源分类和编码示例如图 5-4 所示。

（二）**政务信息资源交换体系**

政务信息资源交换体系是指由服务模式、交换平台、信息资源、技术标准与管理机制组成的整体，实现政务信息资源的交换与共享。政务信息资源交换体系建立在目录体系之上，用以实现不同业务应用对数据的传输，支持异地、异型、异构应用系统以及数据的交换和访问。政务信息资源交换体系围绕各类政务应用主题，满足部门间在线实时信息的横向交换和业务协同等需求，为各级政务部门的资源共享、政务协同等提供信息交换服务。

（三）**二者关系**

"政务信息资源目录体系"与"政务信息资源交换体系" 经常以"政务信息资源目录和交换体系"同时出现，它们在支持电子政务应用时是一个有机整体，但两者关注的政务信息资源的类型以及所面向的用户都有很大差别，是相互联系但又相对独立的两个概念，政务信息资源目录体系和交换体系两者密不可分，正确把握两者的联系与区别十分重要。

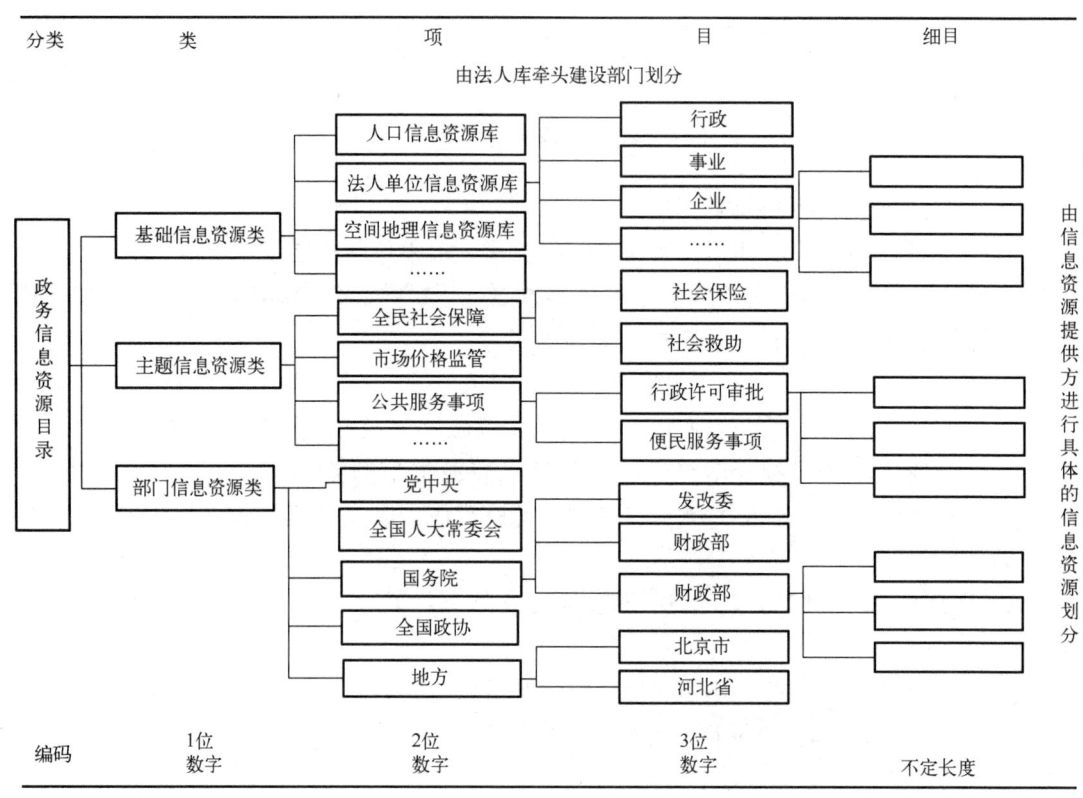

图 5-4　政务信息资源分类和编码示例

政务信息资源目录体系和交换体系都以政务信息资源为基础，依托国家统一的电子政务网络，通过不同的技术架构实现其各自的服务功能。在信息资源类别上，政务信息资源目录体系关注的是全部政务信息，政务信息资源交换体系关注的则主要是不公开的政务信息。在具体功能上，政务信息资源目录体系采用元数据对共享政务信息资源特征进行描述，形成规范的目录内容，提供政务信息资源的发现定位服务；而政务信息资源交换体系是一个支持跨域、跨部门政务信息资源交换与共享的信息系统，通过采用一致的信息交换协议，实现跨地区、跨部门业务应用系统之间的信息资源交换。政务信息资源目录体系明确了政务信息资源的范围和关系，政务信息资源交换体系实现了政务信息资源的传递。

（四）基于政务信息资源目录体系和交换体系的政务信息资源共享

政务信息资源目录体系和交换体系可以使一定范围内的政务信息资源通过"一个底库、两套目录、三个依托、有序交换"，以实现政务信息资源的有效管理和开发利用。

（1）一个底库：政务信息资源目录体系和交换体系将基于一个政府机构、一个区域、一个行业或一个国家统一的信息资源存储底库来实现；在资源底库中，信息资源之间按要求保持内容和形式方面的有机联系。

（2）两套目录：在"一个底库"的基础上，两套目录对信息资源实现多维的分类，以满足不同的管理和利用需要，这是体系的核心内容。针对信息资源管理者的管理需求，形成一套"资源管理目录"，对政务信息资源的实体进行分类，每类信息资源设置不同的责任者，并明确采集途径、更新频率、资源形式、共享范围、服务分类等元数据；针对不同用户的不同需求，编制不同的"资源服务目录"，按用户的需要对资源进行分类，为资源的检索和共享服务提供支撑。事实上，"资源服务目录"的分类即是"资源管理目录"中的"服务分类"元数据，通过这一元数据，实现管理目录和服务目录的对接和交换。

（3）三个依托：信息资源的管理也将依托统一的安全基础设施、网络基础设施，并遵循相关的标准规范，这是体系发挥作用的前提。一旦脱离了信息化基础设施和标准规范，政务信息资源目录体系和交换体系所规定的"有序"的目标就无法实现。

（4）有序交换：按照政务信息资源目录体系和交换体系的标准化要求，体系管理下的所有信息资源都能够按照既定要求实现有序交换，这是共享利用的基础。

第三节　政府信息公开

政府信息公开是信息化时代的全球趋势，世界各国以积极出台相关法律、法令的形式推进政府信息公开。美国于1966年通过《信息自由法案》、1976年颁布《阳光政府法案》、1996年提出《电子信息自由法》，法国于1978年制定了《行政文书公开法》，澳大利亚于1982年制定了《信息自由法》，加拿大于1982年制定了《信息公开法》确保政务公开机制。我国于2008年颁布《中华人民共和国政府信息公开条例》，2013年国务院制定了《关于进一步加强政府信息公开回应社会关切提升政府公信力的意见》，2019发布新修订的《中华人民共和国政府信息公开条例》。

一、政府信息公开概述

（一）含义

政府信息公开指为了在经济快速发展的过程中满足社会公众日益增长的信息需求，以信息资源的社会效益为主导，面向全体社会组织和公众提供的开放式信息服务，是政府信息资源共享体系中最为权威也最为基础的内容。

关于政府信息公开和政务公开的内涵及外延的界定一直存在争议。有的学者认为政务公开的内容是有关行政事务的事项，既有信息的公开也有行为的公开，信息公开是政务公开的一部分，是政务公开的核心内容。有的学者认为政务公开主要是指行政机关公开其行政事务，强调的是行政机关要公开其执法依据、执法程序和执法结果，属于办事制度层面的公开。广义上的政府信息公开的内涵和外延要比政务公开广阔的多，它不仅要求政府事务公开，还要求政府公开其所掌握的其他信息。

政府信息公开，既可以理解为一种行为，又可以理解为一种制度。从行为角度理解，《条例》对政府信息公开的定义为，行政机关依照法律规定的时间、范围、方式主动或依申请公开在履行职责过程中制作或者获取的，以一定形式记录、保存的信息的活动。从制度角度理解，政府信息公开是中央和地方各级国家行政机关，在行使国家行政管理职权过程中，通过法定形式和程序，将政府信息主动向公众或依申请向特定组织及公民进行公开的法规与制度。一般来说，政府是政府信息公开的义务主体，公众是政府信息公开的权利主体；政府信息公开相关部门通过一定的渠道和方式完成政府信息的传递工作；公众、媒体和监察部门在政府信息公开工作中拥有监督的权利。

（二）意义

政府信息公开承载着民主与法治、公平与正义等多元价值。政府信息公开是行政体制改革的重要组成部分，政府信息公开具有提升政府公信力、维护社会公平、提高行政效率、增进廉洁程度等重要作用。具体来说，信息公开有如下意义。

（1）有利于提升政府公信力。要求政府通过公开透明和积极回应公众诉求，建立公众对政府决策正确性的信心和对政府服务社会能力的认同，从而优化国家治理环境。

（2）有利于维护社会公平。政府对信息资源的公开将能信息资源上承载的经济利益和社会利益公平公开地分配给每一个社会成员，公开创造了程序上的公平和机会上的公平。

（3）有助于提高行政效率。对行政过程和结果的公开，有助于社会对行政机关加以监督，逐步扩大社会公众对行政决策的参与度。另外，政府应急管理是现代化政府的重要职能，政府信息公开能够提升行政部门的应急管理体系服务水平。

（4）有助于提高廉洁程度。在一些行政服务领域和行政审批领域开展政府信息公开，可以引导社会加大对办事程序、办事标准、人员要求、处理时限的监督，预防、遏制腐败和官僚主义。同时，对行政仲裁、行政处罚结果的公开，也能够为社会监督自由裁量权、特别是显失公正的裁量结果提供有效途径。

二、政府信息公开分类

我国政府信息公开在形式上分为主动公开和依申请公开。

（一）主动公开

主动公开是政府信息公开主体依据其职权，主动将其拥有的政府信息向社会公开。对涉及公众利益调整、需要公众广泛知晓或者需要公众参与决策的政府信息，行政机关应当主动公开。我国政府信息公开的发展历程一直伴随着以政务公开为特征的主动公开。

主动公开的流程如图5-5所示。

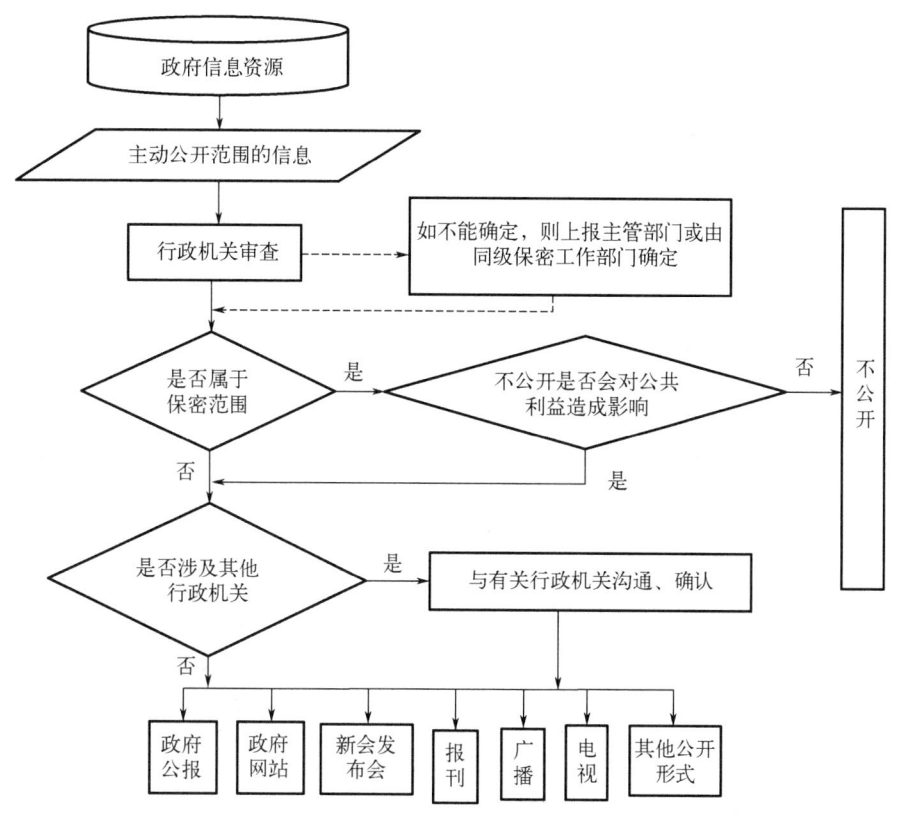

图 5-5 主动公开流程图

【《中华人民共和国政府信息公开条例》】

第二十条　行政机关应当依照本条例第十九条的规定，主动公开本行政机关的下列政府信息：

（一）行政法规、规章和规范性文件；

（二）机关职能、机构设置、办公地址、办公时间、联系方式、负责人姓名；

（三）国民经济和社会发展规划、专项规划、区域规划及相关政策；

（四）国民经济和社会发展统计信息；

（五）办理行政许可和其他对外管理服务事项的依据、条件、程序以及办理结果；

（六）实施行政处罚、行政强制的依据、条件、程序以及本行政机关认为具有一定社会影响的行政处罚决定；

（七）财政预算、决算信息；

（八）行政事业性收费项目及其依据、标准；

（九）政府集中采购项目的目录、标准及实施情况；

（十）重大建设项目的批准和实施情况；

（十一）扶贫、教育、医疗、社会保障、促进就业等方面的政策、措施及其实施情况；

（十二）突发公共事件的应急预案、预警信息及应对情况；

（十三）环境保护、公共卫生、安全生产、食品药品、产品质量的监督检查情况；

（十四）公务员招考的职位、名额、报考条件等事项以及录用结果；

（十五）法律、法规、规章和国家有关规定，规定应当主动公开的其他政府信息。

（二）依申请公开

依申请公开是基于当事人提出申请，政府信息公开主体公开申请人指定的政府信息。依申请公开制度是政府信息公开制度的主要组成部分，在政府信息公开中具有重要的地位和价值。

《中华人民共和国政府信息公开条例》明确了依申请公开的主体、条件、方式及程序，为申请人维护自身知情权提供了制度保障。依申请公开指除行政机关主动公开的政府信息外，公民、法人或者其他组织可以向地方各级人民政府、对外以自己名义履行行政管理职能的县级以上人民政府部门（含本条例第十条第二款规定的派出机构、内设机构）申请获取相关政府信息。

依申请公开的流程如图 5-6 所示。

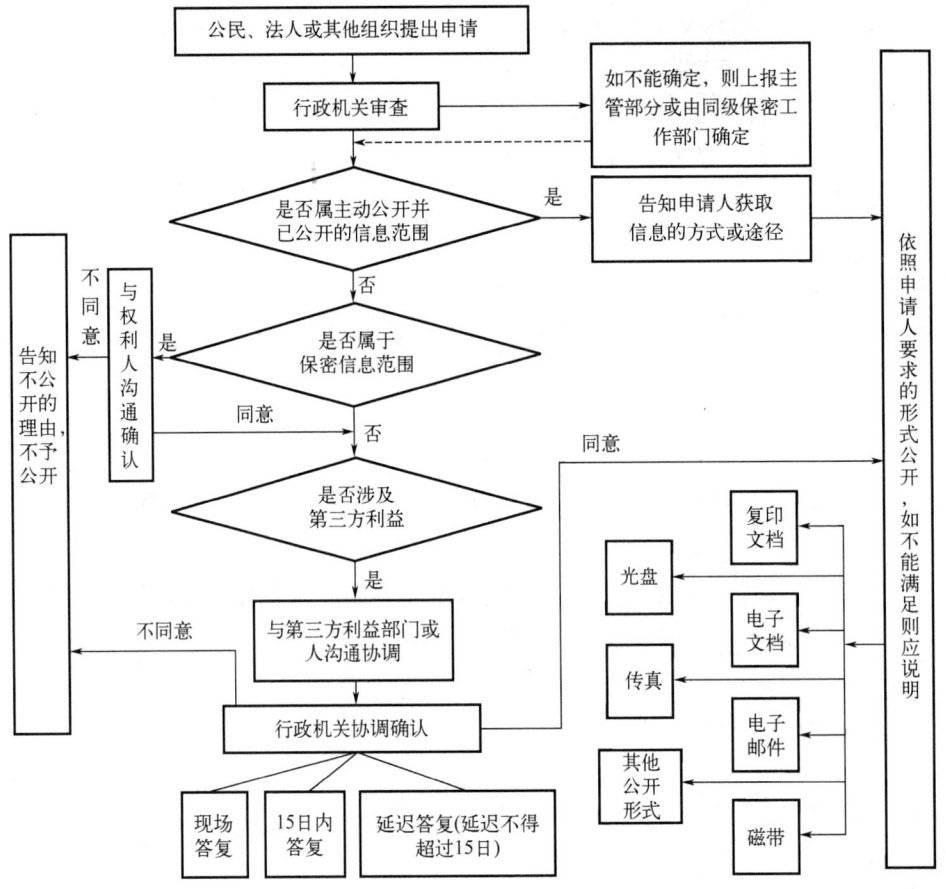

图 5-6 依申请公开流程图

三、政府信息公开实践

自 2007 年国务院通过《中华人民共和国政府信息公开条例》以来(以下简称《条例》),政府信息公开工作取得了很大进展,基本形成了涵盖省、市、县、乡四级七类的政府信息公开的目录体系,政府信息公开工作呈现全面推进、逐步深入、健康发展的良好态势。政府信息公开渠道具有较好的开放性,随着信息技术的发展不断更新,政府信息公开渠道的数量也不断增长。我国政府信息公开采取"线上+线下"并举策略,主要依靠政府网站、社交媒体(线上公开)和公报、统计年鉴(线下公开),政府信息公开的渠道主要有报刊、广播、电视、宣传册、档案馆、公共图书馆信息查阅点、政府公报、统计年鉴、政府网站、新闻发布会、政务微博、微信、政务客户端、政务服务平台、手机短信、公告栏、政府热线电话、电子政务平台、全国一体化在线政务服务平台等。具体方式如表 5-4 所示。

表 5-4 政府信息公开方式

公开类型	公开方式	具体形式
主动公开	政府网站	政府网站信息公开专栏
	新闻媒体	电视、广播、记者会、宣传栏、服务窗口、媒体采访、网络访谈等
	新媒体	政务微博、政务微信、政务 APP 等
	出版物	报刊、杂志、宣传手册、白皮书等
	档案	开放部门档案、图书馆等
被动公开	咨询服务	领导信箱、现场或留言咨询、邮件、传真、热线电话、意见征询、举报、投诉等
	依申请公开	信件、口头提出、书面形式

我国政府信息公开的发展主要分为"重点推进"阶段和"全面公开"阶段:在"重点推进"阶段中,随着《条例》的正式实施,政务公开与电子政务开始逐渐结合,政务公开的内容从办事信息拓展到行政的全过程,政府信息公开迈入发展的"快车道";"全面公开"阶段,公开的内容更加广泛,逐渐发展为全过程、全方位、全领域的公开。

地方政府根据实际情况进行了政府信息公开制度建设,2004 年上海在省级政府中率先进行政府信息公开制度建设,但由于对公开内容的理解、信息化发展的程度、管理水平等方面的不同,使得各地政务公开的程度、质量、公开数据的及时性以及公开的主动性等出现存在较大差异。各省级政府信息公开制度发布时间如表 5-5 所示。

表 5-5 省级政府信息公开制度发布时间

年份	东北	华北	华东	中南	西南	西北
2004	吉林		上海	湖北	重庆	甘肃
2005	辽宁、黑龙江	河北、北京		广东、海南		陕西
2006			江苏		四川	

续表

年份	东北	华北	华东	中南	西南	西北
2007						
2008	辽宁*	天津、河北*	上海*		四川*	新疆、甘肃、陕西
2009				广西、海南		
2010			山东			宁夏
2011					贵州	
2012			浙江			
2013					云南	青海
2014		北京*、山西				

注：*表示该政府在《条例》发布后重新修订了信息公开政策。

政府网站作为信息公开第一平台，是公众获取政府信息的重要官方渠道。我国 31 个省级政府网站该类目设置呈现出较为复杂的多样化特征，主要表现为"政务公开""政务信息"等。具体形式如图 5-7 北京市政府网站"政务公开"、图 5-8 河北省政府网站"政府信息公开"等所示。

图 5-7　北京市政府网站"政务公开"

【案例】新旧《条例》对比

2008 年《条例》颁布，对于政府信息公开的范围，公开的方式与程序，以及监督和保障等方面做出了明确规定。2019 年 4 月，新修订的《条例》发布，在法制框架内为新时代政府信息公开问责制的建构指明了方向。

在《条例》中，政府信息公开围绕着公开内容"所涉信息是否为政府信息"——公开范围"政府信息是否属于公开范围"——公开主体"属于公开范围的政府信息由谁公开"——公开方式"公开主体如何公开"的逻辑主线而展开。新条例坚持"公开为常态、不公开为例外"的原则，明确了各级行政机关对涉及公众利益调整、需要公众广泛知晓或者需要公众参与决策的政府信息应当主动公开,并对不公开的政府信息的具体情形进行了明确。新《条例》的发布有如下亮点。

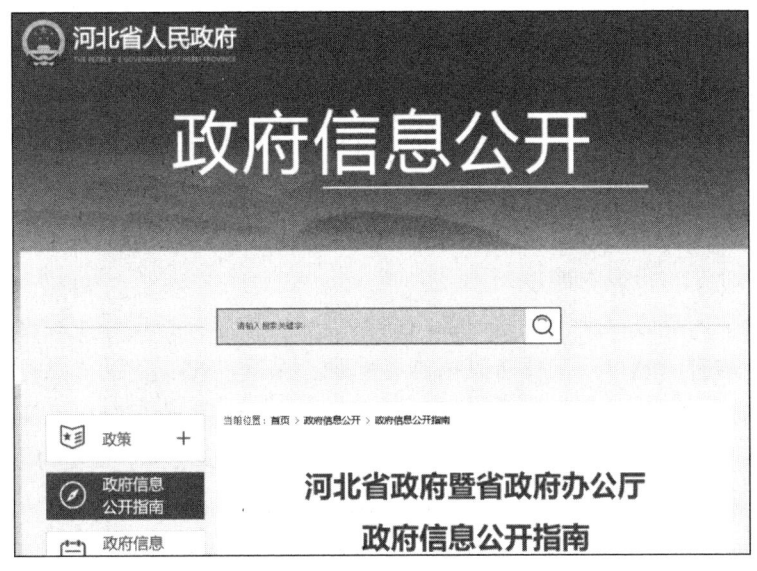

图 5-8　河北省政府网站"政府信息公开"

亮点一:首次明确信息公开的义务主体。

新《条例》进一步明确了作为公开主体的"行政机关"的含义,强调行政性、独立性和外部性。同时,调整了适用主体范围,将教育、医疗卫生等公共企事业单位的信息公开,作为主管部门的行政监管事项,交由其他相关法律法规和主管部门的文件进行调整,不再参照适用条例。

亮点二:扩大主动公开的范围和深度。

新条例将法定公开内容明确为 15 类信息,并规定基层政府还应当根据本地方的具体情况主动公开与基层群众关系密切的政府信息。

亮点三:厘清 6 类豁免公开情形。

新条例确立了若干豁免公开的情形。

亮点四:取消"三需要"门槛方便公众获取信息。

新条例取消了依申请公开"三需要"的限制条件,取消关于依申请公开收费的规定,明确行政机关依申请提供政府信息不收取费用。

亮点五:对不当行使申请权的行为予以规范。

新条例明确,申请人申请公开政府信息的数量、频次明显超过合理范围,行政机关可以要求申请人说明理由。同时,对于申请人以政府信息公开申请的形式进行信访、投诉、举报等活动的,行政机关应当告知申请人通过相应渠道解决。

亮点六:完善了依申请公开程序规定。

新条例明确了申请的提出、补正申请内容、答复形式规范、征求意见程序、提交时间起算等内容，并要求行政机关建立健全政府信息公开申请登记、审核、办理、答复、归档的工作制度，加强工作规范。

亮点七：提升政府信息公开在线服务水平。

随着网络化、信息化的快速发展，政府服务"网上办、马上办"成为发展趋势。新条例要求，各级人民政府加强政府信息资源的规范化、标准化、信息化管理，加强互联网政府信息公开平台建设，推进政府信息公开平台与政务服务平台融合，提高政府信息公开在线办理水平；加强依托政府门户网站公开政府信息的工作，利用具备信息检索、查阅、下载等功能的统一政府信息公开平台集中发布主动公开的政府信息。

亮点八：改革年报发布制度。

新条例明确，县级以上人民政府部门向本级政府信息公开工作主管部门提交本行政机关上一年度政府信息公开工作年度报告并向社会公布的截止时间，从原来的每年3月31日提前至1月31日。此外，县级以上地方人民政府的政府信息公开工作主管部门应当在每年3月31日前向社会公布本级政府上一年度政府信息公开工作年度报告。全国政府信息公开工作主管部门发布年度报告格式模板，进一步规范年度报告。

第四节 政府数据开放

政府数据开放是20世纪90年代中后期西方国家政府改革和信息技术发展相互作用、共同催生的产物。随着社会发展、信息技术进步以及开放政府理念的兴起，公众的数据素养与数据需求也在逐步上升，对政府开放数据的及时性和精确性要求越来越高，这必然会推动政府信息公开向政府数据开放的转换，政府数据开放共享已经成为全球政府治理变革的新趋势。在大数据时代，政府数据开放可以增强政府透明度，释放数据的公共价值，促进公众参与治理。

一、政府数据开放概述

（一）定义

关于政府数据开放的定义，目前尚未有统一的标准，不同组织和机构有不同的理解，归结起来主要涉及两个方面的内容：政府数据的范围，也就是哪些政府数据可以开放。数据怎么开放，以什么原则和标准进行开放。

开放知识基金会（Open Knowledge Foundation，OKF）和经济合作与发展组织（Organization for Economic Cooperation and Development，OECD）认为，政府数据开放（Open Government Data，OGD）是指数据由政府或政府控制的实体生产或授权的，可供任何人自由使用、再利用和重新发布。我国较早研究数据开放的学者郑磊认为，政府数据开放指任何人可以自由免费访问、获取、使用和分享政府数据。

概括来说，政府数据开放是指在保护国家安全、个人隐私和商业机密的前提下，政府利用集成的网络平台，主动向公众提供无须特别授权、可被机器读取、能够再次开发利用的原始公共数据,以提升政府治理水平、促进经济发展、创造社会价值的公共服务活动。

(二)意义与价值

一个国家有大量基础性、关键性的数据要素掌握在各级政府部门手中,这些数据是社会的公共资源,在保障国家秘密、商业秘密和个人隐私的前提下,将这些数据最大限度地开放出来,供社会进行开发利用,有利于释放数据能量,培育数据要素市场,推动数字经济发展,提升数据的经济和社会价值。

欧盟委员会对开放数据的价值链进行了描述:数据开放后对其进行分析和处理,提供有价值的信息或被可视化呈现,推动新的数据产品或数据服务的形成,然后在此基础上开发出多样化的、更具聚合性与综合性的产品或服务。

首先,政府数据开放能够创造经济价值,为经济发展注入新能量。政府开放数据本身并不是目的,使政府数据被有效利用并创造出社会和经济价值,才是使数据发挥其价值的关键。开放政府数据蕴藏着巨大价值,调查显示,欧盟、挪威开放政府数据每年约产生680亿欧元价值;2011—2012年,英国开放政府数据对客户、企业和公共部门产生的经济价值约为18亿欧元,若包括社会价值则约为62亿欧元。美国的经验证明,互联网、商业智能、咨询服务、零售业受益最大,医疗、卫生、交通、物流甚至生物科技、天文等领域也从数据开发应用中获益。

其次,开放政府数据还能创造社会价值,提升公众生活品质、公共服务质量、整体福利水平和公众满意度。政府开放数据是一种具有普遍社会意义的项目及服务体系,它的使用是为了增加社会成员的公共福利。政府不仅开放与公众日常生活息息相关的诸如教育、交通、医疗及气候等多领域高质量的数据和服务,还通过各种网络技术手段让公众更为快捷地分享和使用各类型数据资源,可以实现数据资源的便捷获取。这些精准及时的数据利于公众对生活进行准确的判断和创新应用,方便了人们的日常生活,改善了公众生活质量。

再次,政府数据开放促进政府改革,有助于提升政府整体治理能力。政府数据开放的一个重要目标就是实现政府的透明化,要求政府不仅要公开日常事务、文件报告等内容,更应当对政府所掌握的"原始数据"进行根本性的开放,从而保障公众的知情权和监督权。系统而全面的政府数据开放在限制政府权力、提升政府间竞争以及改善服务质量方面具有直接影响。开放政府各部门数据打破了部门间的信息壁垒,提升了各部门的协同合作能力和公共服务有效供给的效率,最终促进政府整体治理能力和竞争力的提升。

最后,政府数据开放可以更好地刺激社会创新,催生新兴的产业模式,产生创新性服务。政府数据开放共享与开发利用为创新创业实践开展提供了新契机,能够激发创新思维、开拓创业渠道。政府数据开放为我国高端智能产业的发展以及国家整体创新能力的提升奠定了基础。

二、政府数据开放与政府信息公开的联系与区别

政府信息公开与政府数据开放是一对既相互区别又相互联系的概念，既相辅相成，又各有侧重。政府信息公开主要是实现公众对政府信息的查询和了解，从而监督政府和参与决策。政府数据开放是以"开放型政府""服务型政府"为目标的开放政府运动的必然产物。政府信息公开走向政府数据开放经历了复杂而漫长的过程。

（一）联系

（1）政府信息公开和政府数据开放都是历史的产物，是时代发展的必然。政府信息公开为政府数据开放在法律上奠定了基础，是政府数据开放的前提；政府数据开放是政府信息公开在大数据时代的延伸和跃进，是充分发挥政府信息对社会服务作用的进一步深化，政府数据开放是更深层次的政府信息公开。

（2）政府信息公开和政府数据开放工作的顺利实施，都依赖于政府部门的统筹规划和各层级部门之间的协调联动，同时也需要各级财政部门的鼎力支持。

（3）两者均对于打造"透明的政府、智慧的政府、责任的政府"，实现政府职能转型，促进数据在社会的自由流动、知识向大众自由流动以及数据价值的释放过程中发挥着重要的作用。

（二）区别

1. 侧重点不同

政府信息公开侧重于"公开"，对于保障公众知情权，监督政府行为，降低行政成本，预防腐败滋生，提高政府的行政透明度和公信力等均具有重要作用，公开的是能够看得懂的政府信息，比如预决算信息、财政信息、"三公"经费等。

政府数据开放侧重于"数据集"，特别是"原始数据"的彻底无条件开放，是以保障公众的数据开发使用权为主要目的，政府部门和公共服务企事业单位履职过程中产生或搜集的共性的、基础性的、与社会公众生产生活密切相关的，且能为社会经济发展做出贡献的数据，比如测绘数据、交通数据、气象数据等。通过深层次地挖掘数据的潜在价值，实现数据价值最大化。政府数据开放将开放对象进一步提升到了原始数据的粒度。

2. 用户不同

政府信息公开的用户是普通公众，即公民、法人或其他组织，他们主要通过普通的政府网站所提供的简单数据查询服务来满足其信息需求，减少了政府与公众之间的信息不对称，政府信息的使用主体大多是需要了解政府办事流程或相关政策的个人或机构。

政府数据开放所面向的是有数据处理能力的用户、予以直接使用或从事各种服务开发的机构和个人，他们去分析、挖掘和利用政府数据资源，更好地监督政府的同时，也最大限度地增加了数据的附加值，让政府数据资源得以深度创新应用，从而减少政府与公众在数据处理能力上的不对称。

3. 运作方式不同

政府信息公开的主体是行政机关,在技术上的难度不大,可以采用法律、行政法规、政策等手段和方式进行"一刀切"式的布置和实施。

政府数据开放的主体是行政机关及其下属的公共服务型企事业单位,是各类数据库的实际建设者和维护者,是数据的真正拥有者,数据开放的目标是产生效益,而效益的产生与政府数据内容密切相关,只有公众关心的数据内容才会被增值型的信息服务企业所利用,才能开发出公众喜闻乐见的应用,所以不能仅靠政府行政手段来运作,还需要营造和构建开放数据生态系统来推动政府数据开放工作的良性发展。

4. 价值取向不同

传统的信息公开只关注政府层面的"公开";而现在的数据开放更关注公共价值的创造,"开放"本身并没有价值,只有将政府数据转化为信息,再将信息转化为知识,公众才可以充分利用这些知识进行决策制定、应用开发利用或服务享用等。

例如,北京市政府信息公开的平台是在"首都之窗"上设置的"北京市政府信息公开专栏",提供市政府组成部门、市政府直属机构等各部门公开的信息,例如预决算、批文、办事指南、公示等。而北京市政务数据资源网上提供的是方便公众下载和利用的原始数据以及应用,例如"随心停"手机APP是一款利用北京市交通委员会提供的备案停车站信息,其他还有"宠物身边""上下班路况"等。

总之,政府信息公开为政府数据开放奠定基础,政府数据开放是在信息公开基础上的政府信息利用,是政府信息公开的进一步发展,而政府数据开放为用户深层次挖掘数据价值提供基础支撑。

三、政府数据开放原则

政府数据开放的原则体现了政府数据开放的精髓,主要原则如下。

(一)开放政府工作组(Open Government Working Group)八项原则

2007年12月,30个开放政府的代表在美国加利福尼亚州举行的开放政府工作组会议(Open Government Working Group Meeting)上首次提出了政府数据开放的八项原则,成为目前各国制定政府数据开放原则的基础。政府数据只有以与下述原则相符的方式公开,才被视为开放。

(1)完整性:所有的公共数据均应公开(涉及隐私、安全和特别限制的数据除外)。公共数据的载体不应妨碍数据的开放,即非电子公共信息资源也应作为政府数据开放对象。

(2)原始性:开放的数据应当和被从来源处收集时一样具有最高的精细性,不是集合或处理过的数据。

(3)及时性:数据必须保证必要的及时性以保持数据的价值。

(4)可获得性:确保最多的使用人可基于最广泛的目的获取数据。数据须供网上获取以满足最多使用人和最广泛使用的需要。

（5）可机器处理：数据的结构合理，允许机器自动处理，政府应以促进数据分析和利用的格式以及方式开放数据。

（6）非歧视性：数据对所有人都可用，无登记要求，即使是匿名使用人，也有权获取政府数据。

（7）非私人的：数据是可获得的，任何人对开放数据均不享有排他的控制权。

（8）无须授权：数据不受版权、专利、商标或贸易保密规则的约束（涉及隐私、安全和特别限制的除外）。

（一）《开放数据宪章》开放数据五大原则

美国、英国、法国、德国、意大利、加拿大、日本、俄罗斯八国集团于2013年公布的《开放数据宪章》则将政府数据开放原则缩减为五项，具体内容如下。

（1）数据开放默许：八国集团政府认可政府应默许数据开放，此处的政府数据应在广义的意义上使用，包括国家、联邦政府、地方政府、政府间国际组织或其他公共部门所拥有的数据。同时，八国集团政府认可政府数据开放应遵循国内和国际关于知识财产、隐私权与敏感信息的立法。

（2）质量与数量：政府开放数据的多少、优劣会影响数据获取和利用的程度。八国集团政府承诺将提供高质量的数据，即实时、完整和准确的数据，确保数据中的信息以简单、通俗的语言记录，确保数据被充分描述以让使用人知晓数据的优劣、限制、安全要求和使用方式，以及尽早开放数据并允许使用人反馈，从而进行修正以保证开放数据符合最高质量标准。

（3）所有人可用：八国集团政府将以开放格式提供数据，以确保最多的使用人出于最广泛的目的获取数据。此外，八国集团政府尽可能提供更多的数据，包括以多种格式提供数据，而数据可由计算机进行处理且为人们所理解。

（4）开放数据以完善治理机制：八国集团政府认识到开放政府数据能够强化民主机制、提升决策水平以满足国民的需要。故此，八国集团政府将彼此和在世界范围内分享政府数据开放的技术知识和经验，以使所有人从数据开放中获益。八国集团政府亦将遵循透明度的要求，即通过网络公开数据的收集、数据标准和开放程序。

（5）开放数据以促进创新：八国集团政府认识到数据开放在推动创造和创新中的重要性，并一致认可使用开放数据的个人和组织越多，产生的经济和社会价值越大，不论商业或非商业使用。故八国集团政府将致力于提升开放数据的能力，并鼓励人们从事数据开放的推进工作以释放开放数据的价值。另外，八国集团政府将提供机读格式的数据以助力未来的数据创新。

四、国内外政府数据开放实践及评估

2011年9月20日，巴西、印度尼西亚、墨西哥、挪威、菲律宾、南非、英国、美国等八个国家联合签署《开放数据声明》，成立开放政府合作伙伴（Open Government Partnership，OGP），旨在分享各国的开放政府数据经验，以促进政府数据的增值利用，已有 79 个国家加入开放政府伙伴关系。2013 年 6 月，八国集团首脑在北爱尔兰峰会上签署《开放数据宪章》，明确了 5 项原则和 3 项共同行动，共同推动 14 个重点领域的数据开放。

（一）国外政府数据开放实践

2009 年美国颁布《开放政府指令》，强调透明、参与和合作是政府数据开放的基础，公开是联邦政府默认的原则。在美国开启政府数据开放实践先河，建立全球首个开放政府数据（Open Government Data，OGD）平台——Data.gov 之后，世界越来越多的国家陆续加入政府数据开放行列。数据开放引起了世界上大多数国家的重视，将政府数据开放共享上升到国家战略高度，纷纷通过颁布政府数据开放政策，建设开放平台以促进政府数据的开放、获取和利用。国外许多国家已形成较为成熟的政府数据开放平台、应用系统和推进体系。

1. 美国

2009 年 1 月，美国总统奥巴马上任伊始签署了《开放透明政府备忘录》，要求建立更加开放透明、参与、合作的政府，体现了美国政府对开放数据的重视。2009 年 12 月美国行政管理和预算局 OMB 发布了《开放政府指令》，文中明确指出开放政府的原则是透明参与和协作。同年，美国数据门户网站 Data.gov（图 5-9）上线，数据开放的范围涵盖了地理位置、文化、教育等多个领域。2011 年 9 月，奥巴马政府推出了"开放政府国家行动计划"，该计划设定了提高公众诚信、促进公众参与、管理公共资源、提高公共服务等 26 个具体目标。2012 年 5 月，美国联邦政府发布了《数字化政府政策》，政府数据开放是这一政策的重要组成部分。2013 年，美国政府发布了要求更高的《开放数据政策》行政命令，要求公开教育、健康、财政、农业等七大关键领域数据。2014 年 3 月，奥巴马政府确立了跨机构开放数据的优先目标用以评估联邦对于开放数据方面的努力。2014 年 5 月，美国发布了《美国数据开放行动计划》，计划在较为系统的政策框架基础上，对数据开放工作进行了全面总结，并提出了改进与完善的四项举措。2016 年 5 月，美国参议院和众议院分别通过了《开放政府数据法案》的提案，该提案旨在扩大政府对数据的使用和管理，以便增强信息透明度并提高政府管理的有效性。

Data.gov 的主要特点有：一是数据量大，类型丰富。该网站向社会公众公布了数以千计的政府数据库，源自美国政府各个机构的原始数据，包括农业、气候、教育、交通、经济数据等。截至 2023 年 7 月，Data.gov 提供了来自联邦政府、州政府、市政府、县政府、大学等不同部门、机构和组织的 252 579 个数据集。二是提供了多样的数据格式与工具，以便公众使用和分析。该网站上提供 XML、CSV、KML/KMZ、XLS 等多种格式的统计数据。三是数据来源统一且高度集中。各联邦政府机构将数据以及数据库上传至 Data.gov，再将所有的政府数据分类整合，通过浏览 Data.gov，社会公众能够获取所有公布的联邦政府数据。从这个角度看，Data.gov 是一个统一集中的数据来源，为社会公众查找所需的公共数据提供了充分的便利条件。

图 5-9　Data.gov

2. 英国

英国是世界上第二个实施开放政府数据的国家，2010 年英国政府 Data.gov.uk 的政府开放数据平台（图 5-10）正式推出上线，英国是世界上政府数据开放程度最高的国家之一。内阁办公室领导的"政府数字服务"工作组负责 Data.gov.uk 的建设、运营与维护。其英国的"开放政府数据"运动处于世界领先位置，连续四年（2013—2016 年）在"开放数据晴雨表"（Open Data Barometer，ODB）上高居榜首，得分为满分（100 分）。作为开放政府伙伴关系的发起国，从 2011 年开始，英国每两年都会发布一次国家行动计划。2011—2018 年英国政府连续实施三轮"开放政府国家行动计划"。其中，《2016 年至 2018 年英国开放政府国家行动计划》涉及教育、金融、交通、住房、医疗等众多领域，并且对公民参与、信息访问、技术与创新和政府账目提出了新承诺。

Data.gov.uk 既汇集了已经开放的数据又新增了大量开放数据，进一步方便访问者的查询使用，使政府数据更加透明化。Data.gov.uk 网站按主题分为 12 个大类，主要有主页、数据、应用程序、互动四个栏目，并将其细分为数据请求、网站分析、地理位置、数据集等九个子栏目。Data.gov.uk 网站开放的数据主要有环境、社会、健康、政府支出、教育、经济、运输等，内容详细且更新及时，并且提供 HTML、CSV、XML、FS、PDF 等多种下载格式，部分数据实现可视化，用户可以进行账号注册，使用 APP、RSS 进行订阅，政府对用户不收取任何费用。截至 2023 年 7 月，英国政府已开放 55 385 条数据。

（二）国内政府数据开放实践

我国政府数据开放平台建设始于地方政府层面。2012 年，上海市建立了我国首个政府数据开放平台"上海市政府数据服务网"，标志着我国开始了政府数据开放的实践。之后，随着《促进大数据发展行动纲要》(2015 年)、《公共信息资源开放试点工作方案》(2018 年)等相关政策的逐步颁布，越来越多的地方政府开始建立开放政府数据平台，并有序上线覆盖生态环境、政府机构、企业服务、交通运输、卫生健康等各个领域的数据集，国内不少地方政府迅速跟进。由上海、北京等地领衔的地方政府成为我国开放数据的主力军，相应的法律法规、组织架构、基础设施、技术规范等都在进程之中。截至 2020 年 10 月，我国已有 142 个省级、副省级和地级政府上线了数据开放平台，我国数据开放工作取得了显著进展。

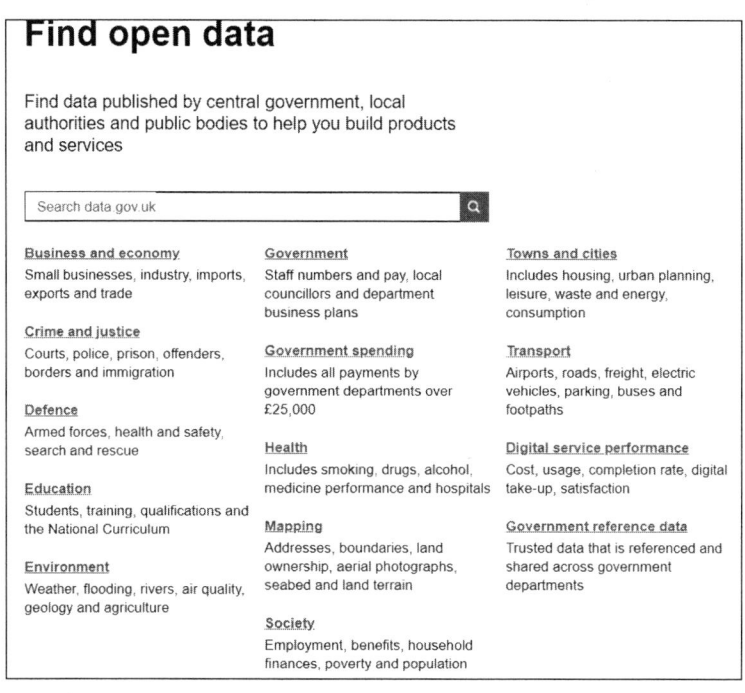

图 5-10　Data.gov.uk

2015 年，国务院印发《促进大数据发展行动纲要》，提出当前的主要任务是加快政府数据开放共享，推动资源整合，并提出在 2020 年底前，逐步实现信用、交通、医疗、卫生、就业、社保、地理、文化、教育、科技、资源、农业、环境、安监、金融、质量、统计、气象、海洋、企业登记监管等民生保障服务相关领域的政府数据集向社会开放。

2016 年 7 月，中共中央办公厅和国务院办公厅印发的《国家信息化发展战略纲要》中第 10 条对构建政府开放数据平台中的数据相关问题提出了要求，对数据分享机制、数据管理、数据存储、数据应用、数据质量、元数据提供了政策性的指导。

2017 年 5 月，国务院办公厅印发的《政务信息系统整合共享实施方案》中提出"建设统一规范、互联互通、安全可控的数据开放网站。

2022 年 9 月，国务院办公厅印发《全国一体化政务大数据体系建设指南的通知》，提出推进政务数据开放共享、有效利用。

国家陆续出台的一系列政策，不断推动数据开放的进程，可见我国开放政府数据政策扩散呈现出"地方创新—中央吸纳—中央辐射"的模式。部分省级数据开放平台如表 5-6 所示。

表 5-6 部分省级数据开放平台

北京市政务数据资源网	data.beijing.gov.cn
上海市公共数据开放平台	data.sh.gov.cn
天津市信息资源统一开放平台	data.tj.gov.cn
开放广东	gddata.gd.gov.cn
广西公共数据开放平台	data.gxzf.gov.cn
贵州省政府数据开放平台	data.guizhou.gov.cn
四川公共数据开放网	www.scdata.net.cn
福建省公共信息资源统一开放平台	data.fujian.gov.cn
浙江.数据开放	data.zjzwfw.gov.cn
江苏政府网站数据开放栏目	www.jiangsu.gov.cn
山东公共数据开放网	data.sd.gov.cn
湖北公共数据开放平台	data.hubei.gov.cn
湖南政务大数据公众门户	data.hunan.gov.cn
河南公共数据开放平台	data.hnzwfw.gov.cn
海南省政府数据统一开放平台	data.hainan.gov.cn
江西省政府数据开放网站	data.jiangxi.gov.cn

据《2022 中国地方政府数据开放报告》显示，截至 2022 年 10 月，我国已有 208 个省级和城市的地方政府上线了政府数据开放平台，其中省级平台 21 个（含省和自治区，不包括直辖市和港澳台），城市平台 187 个（含直辖市、副省级与地级行政区）。与 2021 年下半年相比，新增 15 个地方平台，其中包含 1 个省级平台和 14 个城市平台，平台总数增长约 8%。自 2017 年起全国地级及以上政府数据开放平台数量持续增长，从 2017 年报告首次发布时的 20 个到 2022 下半年的 208 个。目前，我国 74.07% 的省级（不含直辖市）政府已上线了政府数据开放平台，自 2015 年浙江省上线了我国第一个省级（不含直辖市）平台以来，省级平台数量逐年增长，目前已达到 21 个。

1. 上海市公共数据开放平台

上海市公共数据开放平台（见图 5-11）是由上海市人民政府办公厅、上海市经济和信息化委员会牵头，相关政府部门共同参与建设的政府数据服务门户，是中国成立最早的数据门户。于 2012 年 6 月开始运行，向社会提供政府数据资源的浏览、查询、下载等基本服务，同时汇聚发布基于政府数据资源开发的应用程序等增值服务。

截至 2023 年 7 月，上海市公共数据开放平台已开放 2 009 497 696 数据，44 103 个数据项，5 376 个数据集，51 个数据部门，132 个数据开放机构，73 个数据应用。从内容与设计上来看，网站分为首页、数据、接口、地理信息、应用、移动应用、互动交流七大栏目。其中，其中"地理信息"又分为养老机构、医疗机构、福利彩票等十大类目，每一类目都对应有地图显示、列表显示两种选择，设置非常人性化。"互动交流"分为最新消息、调查问卷、数据概览等七大类目。其中"数据概览"类目可以对数据进行可视化,主要涉及数据领域、数据类型等。在网页下方设置了数据、应用、接口、移动应用、最新数据快速通道,方便用户查阅。从数据开放内容方面看,该网站涵盖经济建设、资源环境、教育科技、道路交通、城市建设等领域,并且分为场景和领域两大块,方便用户浏览下载。在可下载数据集的格式上,采用 XLS、CSV、JSON、XML 等机器读取格式,但是也有部分 DOC、PDF、JPG 等非机读格式。

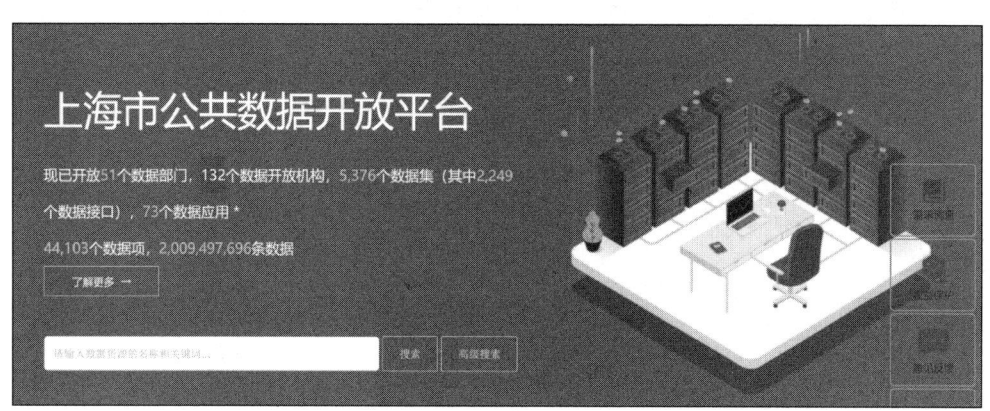

图 5-11　上海市公共数据开放平台

2. 贵阳市政府数据开放平台

贵阳市政府数据开放平台(见图 5-12)由贵阳市大数据发展管理委员会统筹,贵阳市信息产业发展中心承建,贵阳市各政府部门共同参与完成,于 2017 年 1 月开始试运行。该平台致力于提供贵阳市政府部门可开放的各类数据的查询、浏览、下载、API 调用等数据服务,为企业和个人开展政府数据资源社会化开发利用提供数据支撑,促进政府数据的增值利用,推动大数据"双创"及相关产业发展。

贵阳市政府数据开放平台虽然成立得比较晚,但是发展速度最快,取得的成效最明显。《中国地方政府数据开放报告(2020 下半年)》显示,贵阳 2020 年下半年开放数级位列第一等级,副省级与地级"数林匹克"累计分值上,贵阳分值最高,位列"优质数据集数量"指标第四。截至 2023 年 7 月,贵阳市政府数据开放平台已开放 358 个部门、2 987 个数据集,9 236 个文件。2018 年 4 月,贵阳市政府数据开放平台 3.0 版升级上线,此平台是全国首个地级市一体化政府数据开放平台,践行"政府主导、市场参与、产业推动、数据惠民"16 字方针。贵阳市政府数据开放平台共分为数据、应用、网站分析、资讯动态、互动交流五大类,提供元数据目录及检索栏目,方便用户查阅。在数据开放内容上,网站的重点领域主要有统计、交通、旅游休闲、商贸、医疗、教育等;全局图谱主要分为领域、部门、主题三个栏目;开放动态分为数据无限、数说贵阳、行业解读三个栏目,每个栏目下面都有对应的最新的文件;数据热点分为热门数据、最新数据、推荐数据三个栏目,为用户浏览和检索带来了极大的方便。可下载的数据集格式包括 CSV、JSON、XML、XLS。

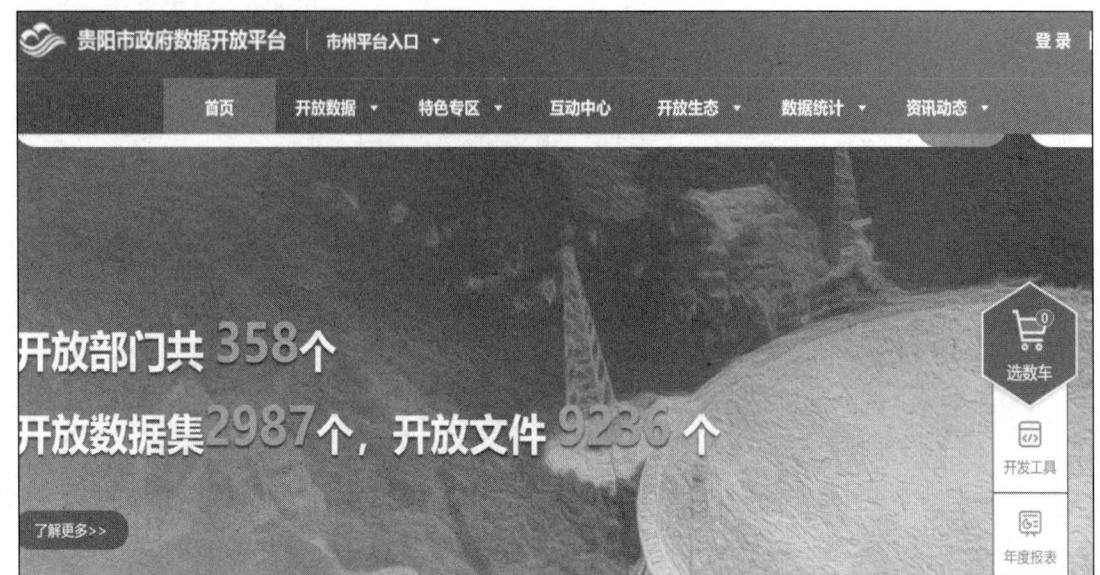

图 5-12 贵阳市政府数据开放平台

(三) 政府数据开放评估

1. 国外评估框架

为了分析全球开放数据发展趋势并对各国和地区数据开放程度进行评估,目前对政府数据开放评估影响力较大的项目有:世界银行开放政府工作组的"开放数据准备度评估"、世界经合组织的"开放数据指数"、万维基金会的"开放数据晴雨表"、英国开放知识基金会的"全球开放数据指数"、联合国经济与事务部的"电子政务调查"等。在这些调查的项目中,各有侧重,也都在不同目的的评估中得以运用。

经济合作与发展组织设计的开放政府数据指数评估框架重点研究了数据层面,即数据可用性、可访问性以及数据再利用等要素。

英国开放知识基金组织开展的"全球开放数据指数"被许多国家政府采用作为评价开放数据项目绩效的关键绩效指标,主要是针对数据集的调查,均从数据集存在与否、开放许可、可机读、免费获取、量级获取、更新、在线获取、数字格式、公共获取等九个方面进行评价。并构建了开放数据成熟度模型(Open Data Maturity Model),此模型基于数据管理流程、知识和技能、用户支持和参与、投资和财务绩效以及战略监督五个主题评估数据开放与利用水平。

万维网基金会组织开展的"开放数据晴雨表"是经各国政府和国际组织广泛认可的政府开放数据评估项目,也是全球首个全面系统地评价开放政府数据的项目,项目揭示了开放政府数据计划在世界各地的实际执行程度和影响,分析了全球开放政府数据的趋势,通过量化评估方法对国家和地区排名,其编制的《开放数据晴雨表》主要从准备度(35%)、执行度(35%)和影响力(30%)三个维度及九个二级指标来构建评价指标体系,如表 5-7 所示。

表 5-7 《开放数据晴雨表》指标体系

维度	二级指标	指标描述
准备度	政策与数据管理方法	政府是否制定完备的政策与协议以确保开放数据长期可获得
	国家及地方层面的政府行为	是否为各级政府利用开放数据打好基础
	公民权利与公民角色	公民与民间团体是否能利用开放数据参与政府决策制定
	企业与企业家精神	企业与企业家是否能充分利用开放数据带来的经济机遇
执行力	开放政府数据可获得性	计算不同类型数据集的开放度，主要包括：预算、支出、国家统计、公共交通、医疗、环境、地图、国际贸易、犯罪、选举、教育、合同、土地所有权、立法和企业 15 个类型的数据集
	开放政府数据质量	以可机读、批量、免费、开放式许可、更新、可持续、易于查找和关联数据 8 个开放数据属性评估上述 15 个类型的数据集
影响力	政治影响	透明度与问责制，以及提高的政府效率与效益
	社会影响	环境影响，以及促进对社会边缘群体的更大社会包容
	经济影响	对国家经济的综合贡献、对新创办与现存的企业提供支持

联合国电子政务调查以政府数据门户网站的建设、政府开放数据的主要范围、数据获取方式、信息立法及政府开放数据制度体系与架构完整性等几个维度，对各国政府开放数据的发展情况进行了比较。

根据联合国发布的《2020 年全球电子政务调查报告》，全球已有 153 个国家建立了政府数据开放门户，占联合国会员国总数的 80%，但只有 114 个国家制定了政府开放数据政策。59%的国家制定了政府开放数据政策，62%的国家拥有元数据或数据字典，57%的国家接受公众对新数据集的请求，52%的国家提供如何使用开放数据的指导，49%的国家开展了宣传工作，49%的国家开展了数据开放应用大赛。颁布开放政府数据政策以及建立政府数据门户网站是众多国家开放政府数据的发展路线。各区域提供数据开放领域如图 5-13 所示。

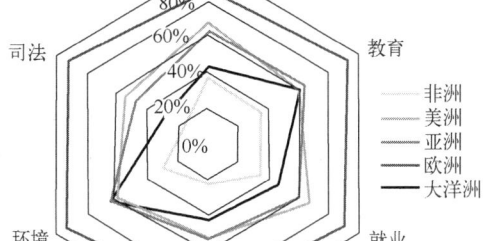

图 5-13 各区域提供数据开放领域

2. 国内评估框架

国内有些机构针对各地建立的政府数据开放平台实施了绩效评估。复旦大学数字与移动治理实验室发布的《中国地方政府数据开放报告》，是国内第一份专门针对地方政府数据开放平台评估的权威性、系统化的评估报告，评估指标体系覆盖数据利用者从借助平台发现数据、获取数据、利用数据，到与政府部门进行互动反馈，再到展示数据利用成果的全过程。

（1）评估指标

中国开放数据指数=准备度（20%）+平台层（20%）+数据层（38%）+利用层（22%）

评估指标体系共包括准备度、平台层、数据层、利用层四个维度及下属多级指标，内容如下。

① 准备度是"数根"，是数据开放的基础，包括法规政策、标准规范、组织推进等三个一级指标。

② 平台层是"数干"，是数据开放的枢纽，包括平台体系、开放协议、发现预览、数据集获取、社会数据及利用成果提交展示、使用体验、互动反馈等七个一级指标。

③ 数据层是"数叶"，是数据开放的核心，包括数据数量、开放范围、关键数据集质量、关键数据集规范、关键数据集安全保护等五个一级指标。

④ 利用层是"数果"，是数据开放的成效，包括利用促进、利用多样性、成果数量、成果质量、成果价值等五个一级指标。

（2）评估结果

2022年度全国省域开放数据的指数山东省和浙江省的综合表现最优，进入第一等级"五棵树"。贵州省也总体表现优秀，进入第二等级"四棵树"。其次是四川省、广西壮族自治区、广东省、福建省、海南省、江苏省、辽宁省等地。在四个单项维度上，山东省在利用层排名第一，浙江省在准备度和数据层排名第一，贵州省在平台层排名第一。

政府数据开放所带来的政治、经济、社会价值日益被认可和期待。但是，政府数据开放面临着安全与隐私立法缺失、信息不完整与不准确、用户利用动机不足和缺乏利用数据的知识等挑战。政府数据开放是一项系统工程，如何构建安全和谐、可持续发展的政府数据开放生态系统，实现数据价值的最大化效益，是各级政府部门面对的挑战。

【思考】

1. 叙述你对DIKW模型的理解。
2. 如何看待政府信息资源的价值？
3. 说说你对政府知识资源管理的认识。
4. 政府信息资源共享有什么意义？
5. 查询相关政府网站，总结政府网站信息公开的内容。
6. 叙述政府数据开放与政府信息公开的区别与联系。

第六章
电子政务系统建设

电子政务系统建设过程包括系统规划、系统分析、系统设计、系统实施、系统评价等阶段，并在这些阶段中呈现动态螺旋式递进的特征。政府首席信息官制度在许多国家电子政务建设过程中起到重要作用。另外，顶层设计和法律保障为电子政务的发展提供了重要的保障作用。

第一节 电子政务系统建设过程和模式

一、电子政务系统建设过程

电子政务开发过程主要包括系统规划、系统分析、系统设计、系统实施和系统评价等阶段。

（一）系统规划阶段

电子政务规划是指政府机构和部门根据政府自身和社会的长远信息化发展目标，明确电子政务建设的战略目标，并根据电子政务系统总体架构和系统各部分的逻辑关系，制定出实现目标的步骤与规范。换句话说，电子政务规划从政府改革和社会全局的战略角度出发，对电子政务建设的目标、实施措施和步骤等做出统筹安排。

电子政务系统规划对电子政务发展极为重要，电子政务系统规划的成败与否直接关系到电子政务项目的成败，完善的电子政务规划是电子政务成功的基石。

电子政务系统规划的步骤主要包括如下内容。

1. 建立有效的电子政务系统规划团队

电子政务建设是一项较为长期的系统工程，很大程度上会涉及政府部门之间及个人间利益的重新分配，要进行相关职能、政府业务流程调整优化，必须有完善有效的系统规划团队。电子政务系统建设的成功在更大程度上取决于有效的管理，而不是技术，包括协调各政府部门之间的利益和人际关系。这个团队由行业结构和知识结构合理的高层、主要政府领导、IT专家、第三方机构、用户等组成。国际上通行的做法是设立政府CIO，直接接受政府首脑领导，具体组织和指挥电子政务项目的实施，保证组织领导的有效性、持续性和稳定性。

2. 调研分析

调研分析指对电子政务发展的所有影响因素深入调研，主要任务是实现对电子政务规划决策情景的认知，通过资料收集法（包括网络数据收集）、问卷调查法、专家法、头脑风暴法等，实现对电子政务规划问题全面、清晰的描述。

调查结果包括对规划中需求、目标、任务和措施的细致调研，政府业务流程、政府业务流程结构化分解、逻辑化重组、人才、资金等内容，每一个细节问题都能确认，对本地区或本部门的电子政务建设的现状和问题及电子政务系统实现的约束条件等，具备清楚的了解和把握，形成可行性论证。

3. 需求分析

需求分析是展开电子政务系统规划的重要的一步。在充分了解政府业务流程和信息管理情况的基础上，制订出电子政务系统规划的需求方案。这是电子政务系统规划中的最重要环节，能否分析出合理的需求决定整个系统实施的成效。

需求分析是对上阶段现状调研结果的分析，内容包括：本地区政府目前的信息管理方式是否符合要求、政府的业务流程运行情况、政府信息资源整合、开发、利用的状况、现有信息系统分析、现有信息环境状况、政府人员信息化程度以及公众、企业、社会的需求。尤其需要注意的是，在进行具体需求分析时，要考虑企业和公众实际需求，考察哪些问题有可能通过利用现代信息技术得到比较好的解决，但要防止从技术层面分析需求。

4. 电子政务系统的总体规划

在上一阶段需求分析的基础上，对电子政务系统进行全面的分析和设计，包括业务应用体系、网络体系、技术体系、安全保障体系等，确定相应的开发应用标准、技术规范、应用平台、信息代码、指标体系等，确保各组成部分高效衔接运作。

（二）系统分析阶段

系统分析是决定电子政务系统开发成败的关键阶段。电子政务系统分析阶段的主要任务是在充分认识原有政府信息系统的基础上，通过详细调查、问题识别、可行性分析、系统化分析，分析现行系统的现状、局限性，确定新系统的基本目标和逻辑功能要求，完成新电子政务系统的逻辑方案设计。系统分析阶段的主要工作过程如下。

（1）详细调查。按照预先拟定的计划，遵循用户参与的原则进行详细调查，主要包括政府组织机构及功能，各政府职能单位的业务处理流程并对针对业务流程图中设计的输入输出、逻辑关系进行描述。目的在于了解现场存在的主要问题，找到现行系统的症结，发现薄弱环节，为新系统提供必要的基础资料，作为新系统设计的出发点。

（2）提出新系统的逻辑模型。具体包括确定新系统的目标，确定新系统边界和功能，确定新系统的主要功能（子系统划分），确定新系统的物理结构（计算机配置），提出组织方案，制定进度计划，进行预算并制订投资计划方案。

（3）可行性分析。所谓可行性分析，就是从技术、经济、管理、社会等方面是否可行进行分析，通过可行性分析确定电子政务系统开发的必要性和可行性。

技术可行性主要体现在现有技术能否实现提出的要求，包括计算机硬件、软件支持方面，还包括系统开发中涉及的关键技术问题，在当前是否成熟等。经济可行性主要是估计开发电子政务系统的成本和收益，分析经济是否合理。管理可行性主要是从组织管理上分析新系统开发的可行性。政府的主要领导，尤其是一把手是否对电子政务系统建设的充分肯定并积极参与，还有高层管理人员对新系统的支持程度，以及所涉及工作人员的态度。社会可行性包括从政策、法律、制度等多个社会因素认证电子政务系统开发的可能性和现实性。系统开发的方案在现实条件中是否可行，系统的运行环境是否符合要求，以及相关的信息管理制度和规章是否完善。

（三）系统设计阶段

系统设计阶段要解决电子政务系统"怎么做"的问题，即在系统分析的基础上，按照逻辑方案的要求，科学合理地进行电子政务系统的总体设计和详细设计，为系统实施提供支持。

1. 电子政务系统的总体结构设计

总体结构设计指将系统划分子系统和功能模块，确定每个模块或子系统的功能和调用关系。

2. 电子政务系统的详细设计

电子政务系统的详细设计指为各子系统选择合适的技术手段和处理方法，包括数据组织和存储设计、系统硬件环境配置、系统软件平台配置。

（1）数据组织和存储设计。数据的组织是系统设计的重点环节。本阶段除了完成系统的逻辑设计外，还有对数据的组织形式和存储形式进行分析和设计。

（2）系统硬件环境配置。硬件环境的配置直接影响到网络运行的性能。应切合实际，根据用户具体情况进行选择，保证当前效果并兼顾到将来的技术发展。如服务器的选择，服务器是电子政务系统的核心硬件设施。

（3）系统软件平台配置。主要包括网络操作系统、Web 服务器软件、电子政务系统软件开发技术（编程语言）等，其中网络操作系统是电子政务技术基础平台的最为基础的部分和核心部分。

（四）系统实施阶段

电子政务系统实施指把系统分析和系统设计的成果转化为可实际运行的系统，系统实施对于电子政务系统运行的质量、可靠性和可维护性有十分重要的作用。主要包括程序设计、系统测试、系统安装和新旧系统切换等。系统实施是一个极为复杂的过程,必须制定严密的实施计划,实施计划包括系统运行条件、数据准备系统投入顺序、系统运行方式等。

(五) 系统评价阶段

电子政务系统实施运行之后,要判断是否达到预期目标,必须通过系统评价才能确定。系统评价对电子政务系统的技术水平和效益进行全面衡量。事实上系统评价自始至终贯穿于系统开发的全部过程。

二、电子政务系统的建设模式

在电子政务系统建设时,必须确定建设模式。由于各种方式各有优缺点,需要对各种因素进行综合考虑和选择。自行开发方式适用于具有较强的信息技术专业队伍的政府部门,如大学、科学院所等。这种方式的优点是开发费用少,容易开发出适合本单位需求的电子政务系统,便于维护和扩展,缺点是要求技术人员的技术水平比较高,容易受业务工作的限制,若开发水平不高且队伍人员精力受限,对后期实施保障性不足。合作开发方式比较节约资金,需求分析较为明确,能简化系统维护工作,但不足是组织双方开发工作难度较大。购买软件方式能够节省费用和时间,系统专业技术水平较高,但专用性较差,很难满足政府的需求,因此,有时候需要二次开发。

目前,电子政务建设和运维中的公私合作即 PPP 模式(Public-Private-Partnership Model)较为普遍。PPP 指在电子政务发展过程中,通过市场化机制将部分工作交付给私营部门承担,由政府和私营部门共同提供公共产品或者服务的方式。PPP 是公共物品和服务供给的新模式,公私双方在合作中各负其责、优势互补、减少失灵,已经比较成熟地应用于市政、交通等领域。

按照私有化程度由低到高,电子政务建设 PPP 模式可分为外包、特许经营和民营化三大类,政府和私营部门在不同类别具有不同的权限,电子政务建设 PPP 模式的主要类型如下。

(一) 外包类

外包(Outsourcing)是指组织为维持核心竞争力,将非核心业务委托给外部的专业化公司,以降低运营成本、提高品质、集中人力资源、提高公众满意度。

电子政务外包的原因在于,信息技术及系统开发模式的迅猛发展,电子政务系统本身的复杂性且技术专业人才缺乏。根据 Gartner 公司的报告,大于 60%的政府机构需要两家或更多的外部服务提供商来协助达成其电子政务目标。国内外实践表明,电子政务建设是一项庞大的系统工程,在电子政务建设中引入外包模式是提高效率、降低成本、降低政务部门的技术风险、保证其专业化的有效途径。外包已成为政府电子政务系统建设开发的首选。

PPP 中的外包是政府将实现目标的整体工作中的部分任务交给私营部门,由其提供某种服务、履行某项职能,政府支付给私营部门相关费用。项目所有权和管理经营权属于政府,是 PPP 中私有化程度最低的类型。

1. 服务外包(Service Outsourcing)

公共部门将整个电子政务系统建设和运维中的部分服务或特定任务交给私营部门承担,如电子政府某子系统的后台维护服务,大部分工作仍由公共部门负责。私营部门在提供服务时,要严格按照公共部门的要求,满足其特定需求,并有权利在提供合格的服务后获取费用,费用由政府承担,属于政府购买服务的范畴。

2. 租赁—建设—运营(Lease-Building-Operation,LBO)

LBO 属于外包中的租赁外包。公共部门拥有电子政务项目的所有权,私人部门通过租赁,付给政府租金,在特定期限内获得项目管理权和收益权。私人部门建设电子政府的系统、设施并组织运营维护,提供公共服务,通过设计合理的收费机制,获得相应收益。

(二)特许经营类

政府通过特许经营,将公共项目的部分管理经营权转移给私营部门,在特许期内,私营部门是项目的主要责任人。在该模式下,公私双方采取特定的合作形式,共享收益、共担风险,政府享有项目所有权,特定期限内的管理经营权属于私营部门。该模式私有化程度位于外包和民营化之间。以下主要介绍建设—经营—转让(Building-Operation-Transfer,BOT)模式。

BOT 模式是一种应用范围最广和相对成熟的 PPP 模式。政府授予私营部门特许经营权,私营部门依据授予权限,负责项目筹资、建设、运行维护等一系列工作,提供电子政务服务、收取合理费用、承担运营风险。特许权期满后,再将相应管理权转让给政府,由政府承担原先分发给私营部门的工作。

BOT 模式由于大幅度降低了政府投资的风险,在政府大型基础设施建设项目上得到较多运用。该模式既能使政府在没有更多投入的情况下免费拥有一套电子政务系统,又能减轻财政压力;同时,外包机构也可通过产品开发、技术咨询与服务、数据的商业开发等而获得利润,使电子政务系统建设进入可持续发展的良性循环。

如青海省劳动和社会保障厅的青海劳动保障信息网项目就采用了 BOT 模式,由清华同方股份有限公司一揽子承包这个项目由青海省劳动和社会保障厅提供信息资源、政策指导和政策保障,清华同方股份有限公司负责投资建设、运营和维护信息系统,并拥有投资部分所形成的资产所有权。清华同方股份有限公司的这部分投资将通过发售社会保障卡及收取使用费等方式回收,回收部分的产权将在特许期满后相应移交给青海省劳动和社会保障厅。

(三)民营化类

项目的所有权、产权和管理权都属于私营部门,政府通过支付费用获得服务,并承担宏观协调和监管责任,民营化类是 PPP 中私有化程度最高的类型。以下主要介绍建设—拥有—经营(Building-Owning-Operation,BOO)模式。

BOO 模式指由企业投资并承担电子政务系统的设计、建设、运行、维护、培训等工作，硬件设备及软件系统的产权归属企业；政府部门负责宏观协调、创建环境、提出需求，通过与企业签订服务协议明确应用需求，授权企业进行筹资建设和经营管理，每年只需向企业支付系统使用费即可拥有硬件设备和系统使用权。BOO 模式中，私营部门不仅拥有项目所有权，还承担运营任务。政府在 BOO 模式中提出需求并承担宏观管制职能。北京市政府门户"首都之窗"的建设管理过程就采用了 BOO 模式，公共部门将较多职能转移给私营部门。企业负责项目融资、规划、基础建设等前期工作，并随之拥有硬件设备及软件系统的产权，而政府只是服务的购买者。承载着近 600 万人口医疗保险业务的北京市医疗保险信息系统、连接 1 300 多家市级行政单位的北京市统一电子政务网络、覆盖市、区和街道三级社区服务中心的北京市社区服务公共信息平台也采用 BOO 的模式。

【案例】Healthcare.gov 门户系统

在美国，Healthcare.gov 门户系统的建设一直被许多系统开发学者视为信息技术应用的失败案例。该系统是患者保护与平价医疗法案 PPACA，通常简称"ACA"或"奥巴马医改"的核心系统，其设计由美国联邦医疗保险暨补助服务中心（CMS）监督，并由多个联邦承包商建立。该网站投资高达 8 亿美元，但系统上线以后就故障不断，经历过许多挫败性的大事件，如项目超预算、延期、系统不能应付大负载、不稳定、CIO 离职等等，甚至被黑客攻击。政务系统网站汇聚的用户信息越多，其遭受安全攻击后可能造成的风险就越大。

美国医疗信息管理系统协会（HIMSS）主席，医疗信息安全公司 CynergisTek 的首席执行官 McMillan 在博客中指出，缺乏测试时间造成开发者仓促赶工，最终会导致 Healthcare.gov 成为一个彻头彻尾的失败项目。

作为软件工程的典型失败案例，Healthcare.gov 在安全开发、安全审计和安全管理等方面的怠慢和草率更是为其他政府网站项目敲响警钟。

McMillan 最后指出，美国医保网站项目暴露出的安全问题还具有广泛的警示作用，因为美国很多政府部门的网站都将与联邦数据总线（Federal Data Hub）集成，方便公众获取政务大数据，这些网站项目都面临类似的安全隐患，随着政府网站涉及的敏感信息增多，安全攻击导致的后果也将更加严重。

第二节 政府 CIO

随着政府电子政务的普及及政府信息化的不断深入，政府信息化过程中出现的种种问题开始得到关注，政府开始重视政府 CIO 的制度建设。

一、政府 CIO 的含义及职责

首席信息官是组织中负责信息技术战略策划、规划、协调和实施的高级官员，通过谋划和指导信息技术资源的最佳利用来支持组织的目标。CIO 在组织的最高领导层占有一席之地，在"一把手"的领导下，参与组织的战略决策。

（一）CIO 产生背景

CIO 的起源有概念和职位之分。作为概念的 CIO 出现于 20 世纪 70 年代末 80 年代初，主要是信息资源管理理论（Information Resource Management，IRM）研究与发展的产物。美国信息系统专家戈拉伯及辛诺在 1981 年发表的《信息资源管理：80 年代的机会和挑战》指出："信息是一种必须加以全面管理的有价值的共享性资源，为了将这一共享性资源加以集中管理使其发挥更大的效益，负责此项工作的信息资源管理者必须由 CIO 来担任。"CIO 的建立对企业而言是至关重要的，同时在书中第一次诠释了 CIO，即 CIO 主要是针对企业信息政策以及标准制定的高级行政官员，同时有权控制和管理企业的信息资源。

作为职位的 CIO 则于 20 世纪 80 年代中期在美国政府部门出现。1980 年美国政府制定了《文书工作削减法》，其中明确指出了"政府信息资源管理"的意义，确立了"信息资源管理"的法律地位，确定在美国政府部门及机构设置"高级文书削减和信息管理官员"（这一职位已具备了 CIO 的某些特性），从组织上保障本部门政府信息资源管理的正常运转。1996 年颁布的《信息技术管理改革法修正案》中明确提出建立 CIO 制度，并规定了 CIO 的地位，即 CIO 是一个高层官员，并要求成立 CIO 委员会（The CIO Council）来指导与协调 CIO 的有关事务。随着对信息资源管理的重视，美国政府各个机构部门已普及使用信息技术，CIO 的诞生使美国政府部门的信息管理工作得到空前改善，如此成功之举在短时间内便聚集了众多大型企业的关注，一些企业引入该职位，以此来增强企业本身信息管理水平，推进了企业 CIO 的发展。

（二）政府 CIO 的含义

CIO 从产生至今对其定义众说纷纭，始终没有一个统一的定义。美国信息系统专家戈拉伯及辛诺次给了 CIO 一个明确的定义："CIO 是负责制定组织的信息政策、标准、程序，并对组织的信息资源进行管理和控制的高级行政管理人员。"美国权威杂志《CIO》对 CIO 下的定义是：CIO 是负责一个公司信息技术和系统的所有领域的高级官员。他们通过指导对信息技术的利用来支持公司的目标。他们具备技术知识和业务过程两方面的知识，是个综合型人才，常常是将组织的技术调配战略与业务战略紧密结合在一起的最佳人选。

总的来说，所谓政府 CIO，就是全面负责本部门政府信息资源管理、开发、利用以及与信息技术应用有关事宜的专职高层管理人员，负责组织战略相关的信息管理活动，具有组织协调和资源整合权力。

美国是世界上最早建立政府 CIO 制度的国家，其良好的制度实施效果及其成熟的制度建设经验，使美国的政府 CIO 制度成为其他国家尤其是发达国家发展电子政务的制度模板。

（三）政府 CIO 职责

美国信息系统专家戈拉伯及辛诺指出政府 CIO 的职责是负责组织的信息政策、管理、控制和标准，并提到了五个基本的功能：参与组织的政策规划；负责信息系统规划；制定组织的信息政策；管理组织的信息资源；研发新的信息系统。此外，还把政府 CIO 跟以前传统的信息系统角色进行比较，特别强调政府 CIO 的领导和管理的技能、远景规划能力、把技术转化为战略资源的能力以及管理计算机和通信的能力。这个功能描述涵盖了政府 CIO 的职责。

归纳起来，政府 CIO 的主要职责包括以下几项：（1）参与高层管理决策，领导组织信息战略的制定；（2）根据组织的发展目标，制定适当的信息制度和信息政策；（3）负责建设和管理政府信息系统；（4）负责协调和监督各政府职能部门的信息工作，协调各部门的信息需求，负责组织的信息集成；（5）负责组织和领导本机构政府信息资源管理具体业务工作，为其他部门提供信息咨询和服务，提升员工的信息素养。

二、对我国政府电子政务建设的启示

（一）美国政府 CIO 制度特点

政府 CIO 制度在美国电子政务发展中有效发挥了作用，美国的政府 CIO 具备三大能力，即信息技术能力、业务管理能力和战略规划能力。美国各级政府及部门通过设立 CIO 制度有效解决了多头领导问题，提高了政府的行政效率。

1. 有相关法律的支持

1995 年美国国会通过的《信息技术管理改革法》中明确授权在政府部门设立负责信息技术的高级官员，其主要职责包括提供信息政策方面的建议、制定信息资源管理规划、评测信息技术计划等。1996 年，美国国会又通过了《信息技术管理改革法修订案》，明确规定每个联邦机构都要设立 CIO 职位，并规定了 CIO 的地位，即 CIO 是高层级人员，直接参与最高决策管理。2002 年颁布的《电子政务法》也规定，电子政务建设由总统管理委员会领导，负责具体的建设目标、发展规划、政策法规的起草；组织实施则由首席信息官委员会（由联邦政府各部门和地方政府的首席信息官组成）统一负责。

2. 有相应组织架构的支持

根据 2002 年颁布的《电子政务法》，联邦政府在管理与预算办公室内设立了电子政务办公室，具体负责监督电子政务建设的实施进展。电子政务办公室主任由总统任命，向管理与预算办公室主任汇报工作。此外，政府各个部门均设 CIO 职位，各州政府也都设有相应的 CIO 职位，还设立有 CIO 委员会这一管理和议事机构，专门监督政府信息化的执行情况。美国政府 CIO 组织架构具体如表 6-1 所示。

表 6-1 美国政府 CIO 组织架构

机构（人员）	职责
总统管理委员会和国会信息委员会（政府信息技术服务小组）	负责电子政务的指导和审批，包括技术推动、政策法规建议、投资管理、改善服务和业绩评估等
管理与预算办公室（OMB）	负责日常事务，由该办公室负责信息技术和电子政府的专职副主任主管具体项目，副主任直接对主任负责
政府各部门及各州政府首席信息官（CIO）	负责实施电子政务建设计划

3. 有一套完整的关于政府 CIO 培训、选拔及绩效评估的制度，还有与之相匹配的职责范围的界定和对政府 CIO 的监督机制

政府牵头政府、院校和实业界的专家制定了培养政府 CIO 的知识体系，并由各政府机构、大专院校组织力量根据知识体系编写教材，整理典型案例和最佳实践，组织对政府 CIO 的培训。同时，依据 1993 年美国国会通过的《政府绩效与结果法》，推出了绩效参考模型 FEA，定期用既定的指标体系对政府 CIO 进行考核。

（二）启示

纵观世界各国电子政务的发展历程，建立政府 CIO 制度，由政府 CIO 及其相应的管理机构负责电子政务的总体规划、具体实施和全面管理，是比较通行和成熟的做法。目前，世界上已有 100 多个国家和地区确立了政府 CIO 制度。政府 CIO 是很多发达国家发展电子政务的一项基本制度安排，它对于加强政府信息资源管理、提升电子政务建设的效率和效能、保证政府信息化协调发展具有非常明显的支撑作用。

以 1999 年上海市政府启动 CIO 制度试点为标志，我国部分地方政府相继进行了有关实践。在我国各级政府中，虽没有明确设立 CIO 的职位和部门，但 CIO 始终是相应部门的职责。各级政府承担 CIO 部门职责的是各级政府网络安全与信息化办公室、政府办公室、电子政务办公室、信息中心、发展和改革委员会、工商、信息管理部门等。在中央政府中，中央网络安全和信息化领导小组办公室、国家发改委办公室、国务院办公厅和中共中央办公厅在各自的职责范围内进行。在地方政府中，信息化建设和管理由上述一个或几个部门承担，每个 CIO 机制的设置因地而异。

发达国家在政府 CIO 体系建设方面，明确 CIO 的义务、责任与权利，建立与健全其选拔、培训、任免、待遇等规范管理体系，已经成为现代政府信息资源管理的一项基本而重要的工作。这对于发展和完善我国政府 CIO 制度，推进政府信息事业发展有着积极的借鉴意义。主要经验包括：在职能定位方面，明确界定政府 CIO 应当具备的职能或能力，这些能力包括信息技术能力、业务管理能力和战略规划能力。在运行环境方面，制定各项法律法规，保障政府 CIO 机制的正常运转，提高政府服务的便利性和效率性。在制度安排方面，将政务信息资源管理纳入各级政府部门的权限范围之内，明确职责权限和相应的管理主体。在管理机制方面，将电子政务建设事业所需资金纳入经常性财政预算体系，同时建立资金的绩效管理机制。在电子政务人才建设方面，建立人才的培养、进入、退出、激励和约束等机制，为推进政府 CIO 制度奠定扎实的基础。

【案例】我国政府 CIO 制度的发展

伴随着我国政府信息化与信息资源管理的不断发展，我国政府 CIO 的设立也是大势所趋。目前，广东、上海、浙江、北京等地区已经先后开始施行政府 CIO 制度。

2011 年 7 月 28 日下午，"佛山市首席信息官（CIO）联盟"正式成立。佛山市 CIO 联盟是在佛山市信息产业局的指导下，由佛山市信息协会与广东省信息化与工业化融合创新中心佛山分中心牵头发起的一个非营利性组织。成员主要来自信息领域的相关企业、科研机构；企业 CIO；政府部门信息化相关负责人等。

2016 年 5 月 16 日，上海市浦东新区正式启动政府 CIO 试点工作。副区长担任区级 CIO，另外，在新区区府办、经信委、环保局、卫计委、市场监管局、建交委、文广局、规土局和城管执法局等九家单位设立部门 CIO，希望借此突破浦东在电子政务建设中面临的瓶颈。

2018—2023 年，由国家信息中心主办、CIO 时代学院承办的"第十一届、第十二届、第十三届、第十四届、第十五届、第十六届政府 CIO 班"成功举办，来自全国各地多名政府信息化负责人共同参加。

三、政府首席数据官

目前，越来越多的国家在中央政府层面任命各种数据主管，如首席数据官负责政府数据战略制定与数据资产管理，首席数字官负责推进政府数字化转型，首席数据分析官侧重政府数据挖掘与分析利用等。

政府首席数据官最早出现在美国（见图 6-1），2009 年科罗拉多州成为美国第一个设置政府首席数据官的州。在联邦政府层面，2013 年美联储任命了首席数据官，紧接着交通部、美国国际开发署、消费者金融保护局、商务部、总务管理局等也先后设置了首席数据官职位。2016 年，美国的一项调查显示，政府首席数据官正在改变联邦大数据的运营——拥有首席数据官的联邦机构比那些没有首席数据官的机构更有可能成功管理大数据。国内广东、贵州、浙江等省市纷纷设立政府大数据管理局来强化政府各部门数据资源的协调与开发。2021 年 4 月，广东省人民政府印发的《广东省首席数据官制度试点工作方案》（以下简称《工作方案》）选取了广州等 10 个地级市以及省公安厅等 6 个行政部门作为政府首席数据官建设的第一批试点，正式拉开了我国探索政府首席数据官制度的序幕。随后，深圳市也在 2021 年 8 月颁布《深圳市首席数据官制度试点实施方案》，要求建立首席数据官工作机制，推进智慧城市和数字政府建设。

首席数据官与首席信息官的联系与区别体现在：从职责权限角度判断，政府首席数据官与首席信息官之间在目标使命、活动领域、方法手段等方面存在诸多共同点，均聚焦于政府数据领域，强化数据技术在政府管理中的应用，注重跨部门、跨领域、跨层级、跨媒介的政府数据共享与智慧管理路径的创建，以增进政府数据信息的开发利用。但同时，二者在任务职责、重心领域以及作用方式等方面还有一定差异，既有一定的业务合作与互为支撑，也有一定的替代与超越。一方面，首席数据官与首席信息官之间有着互为支持的密切合作关系。另一方面，首席数据官是数据驱动型政府的引导者。

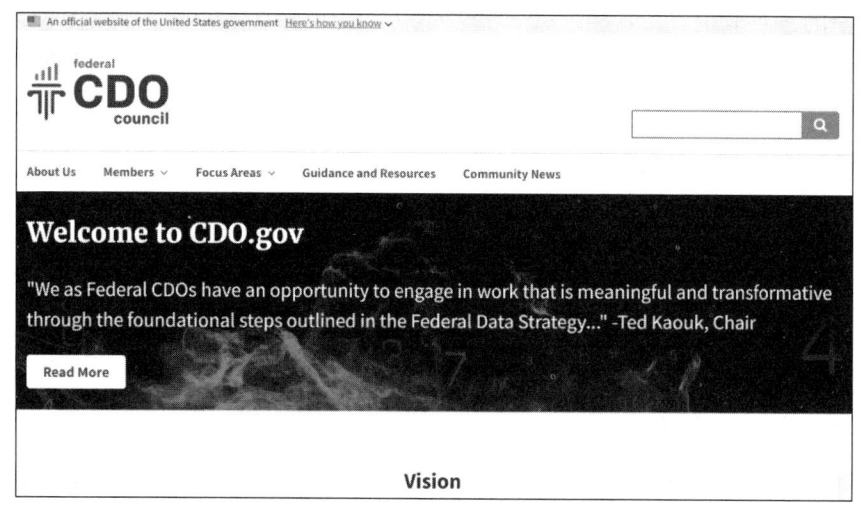

图 6-1　美国联邦首席数据官理事会网站

首席数据官的应运而生折射出组织模式在当前以及未来政府数据开发利用中的潜力与方向，既能够将数据治理战略连同公共部门的数据价值实现紧密联系在一起，也能够更好地担负起政府数据治理重心下移的组织者、监督者职责。

第三节　顶层设计

一、电子政务的顶层设计

顶层设计是指从全局视角出发，围绕着某个对象的核心目标，统筹考虑和协调对象的各方面和各要素，对对象的基本架构及要素间运作机制进行总体的、全面的规划和设计。

所谓电子政务顶层设计就是利用系统的观点，按照科学的理论、方法和步骤，从多角度、多视图上对全局范围进行分析、描述和设计，建立政府信息化的总体架构。电子政务顶层设计的真正含义就是把整个政府而不是单独的部门看作一个整体，在各个局部系统设计和实施之前就进行总体架构分析和设计，从而让各分系统有着统一的标准和语言（包括业务和技术）参照。通过顶层设计架构，各分系统就能够知道如何去与其他系统进行合作，知道与哪些系统需要进行信息共享或互操作，从而解决跨部门、跨系统的合作。

总之，电子政务顶层设计以服务对象为中心，从整体和全局的角度出发，提供具体、可实施的设计蓝图和相应的实现路径，内容至少同时包含业务、技术、政务等相关范畴，通过实现信息共享和业务协同，达到向社会提供综合性、一体化服务的目标。

在经济合作与发展组织的调查报告《电子政务势在必行：主要发现》中提出，一项成功的电子政府规划需要从愿景与政治意愿、共同框架与协作、顾客导向以及责任四大维度予以推进，其中"愿景与政治意愿"就是强调电子政府顶层领导架构对政府信息化建设过程中的领导职能。

电子政务顶层设计在当前电子政务建设和研究中日益受到重视。在国外，与电子政务顶层设计较为相近的概念是"政府总体架构"，与电子政务设计相关的研究和实践也主要体现在总体架构理论在政府部门的应用上。

二、顶层设计模型

有关电子政务顶层设计的总体架构主要是从约翰·扎科曼的组织架构（Enterprise Architecture，EA）理论发展而来，并形成了美国联邦组织架构模型、英国电子政务互操作框架以及欧洲的政府体系架构等电子政务设计框架。

（一）联邦电子政务架构（Federal Enterprise Architecture，FEA）

美国在电子政务总体设计和规划方面，其理论体系是较完善的。它最主要的思路采用企业 EA 的思想。EA 就是指一种有关集成业务战略规划和信息战略的方法。将整个联邦政府看作一个有机的整体从而开发一个基于整个联邦政府的统一的集成化的信息体系架构，这一信息体系架构被称为联邦电子政务架构，在世界范围内具有相当影响力，成为各国纷纷效仿的对象。

2002 年，为了使联邦政府向以客户为中心、面向结果、基于市场的行政管理模式转变，美国管理与预算办公室推出了联邦政府电子政务架构。FEA 是一个用于改善政府工作、基于业务的框架。FEA 通过一系列相关的参考模型来构建，设计这些参考模型的目的是方便跨机构分析，识别联邦机构跨部门合作机会。FEA 包括绩效参考模型（Performance Reference Model，PRM）、业务参考模型（Business Reference Model，BRM）、服务构件参考模型（Service Component Reference Model，SRM）、数据参考模型（Data Reference Model，DRM）以及技术参考模型（Technology Reference Model，TRM）五个相互关联、层次分明的基本参考模型。FEA 参考模型自 2002 年发布以来，不断调整更新，并每年用于联邦政府电子政务项目的预算管理过程。美国 FEA 主要组成如表 6-2 所示，FEA 组件之间的逻辑关系如图 6-2 所示。

表 6-2　FEA 主要组成

参考模型类型	内涵及主要功能
绩效参考模型（PRM）	衡量主要 IT 投资绩效及其对项目绩效贡献的标准化框架
业务参考模型（BRM）	描述联邦政府机构所实施的但与具体的政府机构无关的业务框架
服务构件参考模型（SRM）	业务和绩效基础功能性框架，依据其支撑业务或绩效目标对服务构建分类
数据参考模型（DRM）	描述支持项目计划与业务运行过程的数据与信息，及发生在联邦政府与其各类客户、选民和业务伙伴之间的信息交换与相互作用的类型
技术参考模型（TRM）	一种分级的技术架构，描述传输服务构件与提高服务性能的技术支撑方式

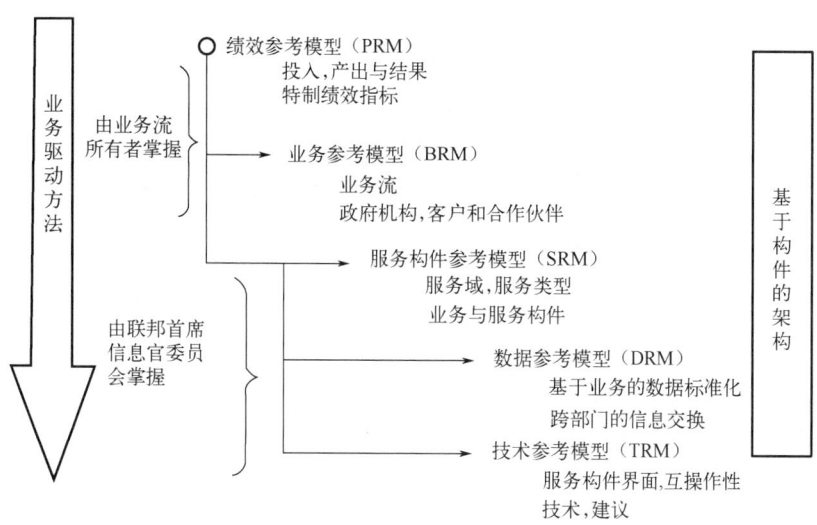

图 6-2　FEA 组件之间的逻辑关系

（二）英国电子政务互操作框架

为了加强政府公共部门之间数据和信息的互操作性，建立一种在公共部门之间能够以一种无缝隙的、前后一致的方式进行相互可操作的体系框架，英国内阁电子特使办公室在 2000 年便开发了"电子政务互操作框架（e-Government Interoperability Framework，e-GIF）"。e-GIF 主要是定义跨政府和公共领域信息流的技术政策和规范，是一个对所有英国公共部门都强制使用的标准。

e-GIF 包含以下内容：总体框架，具体内容包括政府高层的政策文件、技术政策以及管理、实施和法规遵从制度；e-GIF 的注册管理，具体内容包括电子政务元数据标准（e-GMS）、政府目录表（GCL）、政府数据标准目录（TSC）、XML 标准、技术标准目录。

作为国家电子政务顶层架构，e-GIF 仅侧重于数据交换，没有强调政府的业务模型，因此在避免 IT 投资的重复性，促进机构间协作和方案重用等方面发挥的作用有限。

随着 EA 理念和方法在英国公共部门内部的普及，很多部门都开始开发和维护自己部门的 EA。为提高各部门的架构设计能力、实现部门之间的互操作，从而为公众提供更好的服务，英国首席技术官委员会（CTO Council）制定了"政府跨部门总体架构"（cross-Government Enterprise Architecture，xGEA），并发布了一系列政府跨部门业务架构的参考模型（见表 6-3）。xGEA 旨在支持转型政府战略，它为政府提供了一个业务和 IT 的蓝图，以促进开发通用架构，改进风险管理，使业务和 IT 功能之间持续保持一致，通过对共享标准的认可实现机构之间更好的内部协作。

三、我国电子政务顶层设计

《国家电子政务总体框架》（国信〔2006〕2 号）中提到，"十一五"期间电子政务建设要围绕优先支持的业务，以政务信息资源开发利用为主线，以政务信息资源目录体系与交换体系为支撑，兼顾中央和地方的信息需求，统筹规划应用系统建设。

表 6-3 GEA 总体模型

整体	政府管理系统领域模型（Government Management System Domain Model）	
	描述公共政策	提供服务
	支持活动	
对象	整体对象模型（Overall Object Model）	
	公共政策描述对象模型 （Public Policy Description Object Model）	提供服务对象模型 （Provide Service Object Model）
过程	整体过程模型（Overall Process Model）	

《"十二五"国家政务信息化工程建设规划》（发改高技〔2012〕1202号）围绕"十二五"期间国民经济和社会发展的主要任务，坚持科学规划工程项目，支持跨部门、跨区域业务协同和信息资源共享。

2016年出台的《国家电子政务"十三五"规划》（国发〔2016〕73号）是"十三五"期间各地区、各部门信息化工作的行动指南。

2016年，《国家信息化发展战略纲要》根据新形势对《2006—2020年国家信息化发展战略》（中办发〔2006〕11号）进行调整和发展，是规范和指导未来10年国家信息化发展的纲领性文件，是信息化领域规划、政策制定的重要依据。

《"十三五"国家政务信息化工程建设规划》（发改高技〔2017〕1449号）中提出，数据共享的建设依托政务内网和政务外网，构建国家政务信息资源共享目录服务系统和标准规范体系，规范数据共享的内容、质量和方式。

另外，在党的报告中也多次提及电子政务顶层设计。党的十六大报告提出："进一步转变政府职能，改进管理方式，推进电子政务，提高行政效率，降低行政成本，形成行为规范、运转协调、公正透明、廉洁高效的行政管理体系"，为电子政务的发展提出具体要求。党的十七大报告中指出"要加快行政管理体制改革，建设服务型政府"。党的十八大提出"深化行政体制改革，建设职能科学、结构优化、廉洁高效、人民满意的服务型政府"，和"加快健全基本公共服务体系，加强和创新社会管理"。党的十九大提出"转变政府职能，深化简政放权，创新监管方式，增强政府公信力和执行力，建设人民满意的服务型政府"，"提高保障和改善民生水平，加强和创新社会治理"。这些都为电子政务的发展提供了发展方向和制度基础。

我国在顶层设计的研究上还没有一套属于自己的顶层模型来指导和规范我国的电子政务建设。可以借鉴其他国家在政府总体架构实践中取得的经验，为中国电子政务顶层设计的推进提供有益启示。

对于中国电子政务建设而言，进行顶层设计的主要目的，就是要完善电子政务工作的体制机制，深化电子政务统筹协调发展，加强政务与技术融合，解决资源冗余和重复建设等问题，缓和条块矛盾，实现信息共享和业务协同，向社会提供综合性、一体化的服务。

第四节 法律保障

电子政务立法是发展电子政务的关键要素,通过立法来保障及促进电子政务的发展已经成为各国的共识。电子政务立法的问题主要体现在两方面:有没有电子政务的专门立法;已有的法律法规对电子政务建设与应用相关的覆盖范围如何。

国外针对电子政务实施制定的与之配套的相关法律也较多,电子政务立法有统一立法与单行法相结合的模式和分散模式。大多数国家和地区的电子政务立法都采取了分散模式,即分散在有关计算机系统、数据保护、信息安全、行政程序、标准化、电子签章法等单行法律中。电子政务法是专门调整现代信息技术在公共行政中应用的范围、条件、方式、地位和效力等事项的法律规范的总称,是行政法体系中一个相对独立的部门。

一、国外电子政务立法

(一)美国电子政务立法

美国是实施电子政务较早、发展较快的国家,美国在推动电子政务发展的过程中,注重电子政务法律体系建设,出台了一系列的法律和文件,有着强有力的立法背景,初步形成了电子政务相关法律体系的基本框架,实现了电子政务建设行为的法制化。

美国出台了一系列的法律和文件,其中包括以信息为主要内容的《电子信息自由法案》《联邦信息资源管理法》《公共信息准则》《削减文书法》《消费者与投资者获取信息法》等,还有属于信息安全立法(如《网上电子安全法案》《电子签名法与认证法案》《个人隐私权保护法》)、促进基础设施建设的立法(如1996年《电信法》)、有关电子商务与网络知识产权的立法(如《统一电子交易法》《国际国内电子签名法》)以及一些政策性文件(如《国家信息基础设施行动议程》与《全球电子商务政策框架》),这些构成了电子政务的法律基础和框架。

美国于2002年12月17日通过的《电子政府法》,是一套较完善的电子政务法律体系,主要内容包括:健全电子政务的组织机构;建立电子政务基金,以保证电子政务建设经费的拨付;重申《康复法》508条款;网页指南;保护个人隐私;信息技术人才储备;改进《节余分享计划》;开发地理信息系统;信息安全保障。法案的意义在于:通过在管理与预算办公室内设立一个新的电子政府办公室行政官,为联邦政府推进电子政府服务提供有效的指导;推进使用互联网及其他信息技术,为公众参与政府提供更多的机会;通过整合相似职能提升对公众服务的质量并推进跨部门的业务交流与合作;提升完成机构任务和实现项目绩效目标的政府能力;在政府机构内部与政府机构之间推进使用互联网及其他新兴技术,提供以公众为中心的政府信息与服务;降低企业以及其他政府实体的成本与负担;推进政策制定者做出更科学的决策;推进通过多渠道获取高质量的政府信息与服务;使联邦政府更为透明和负责;通过借鉴公、私营部门的成功经验,改善机构的运作;促进个人隐私保护、国家安全、残疾人使用以及其他相关法律的贯彻实施。

这部法律不仅建立了美国电子政府的管理与推进体制，还提出了明确的电子政务各项目的实践目标，带领美国政府进入了一个崭新的电子化时代。

（二）日本电子政务立法

日本政府为推进电子政务的发展，制定和实施了范围广泛的法律法规，初步形成了一个与电子政务发展相关的法律体系，在电子政务技术和设计理念以及法制传统方面与欧美国家相比具有较大的差异。日本政府已颁布的电子政务相关法律法规大约有30多项，主要有1989年施行的《个人信息保护法》（全称为《关于保护行政机关保留的利用电子计算机处理的个人信息的法律》，2001年施行的《信息公开法》（全称为《关于公开行政机关所保有的信息之法律》，2001年施行的《形成高度信息通信网络社会基本法（IT基本法）》等。另外，2002年制定了《关于电子签名及认证业务法》，2003年制定了《关于保护行政机关保留的个人信息的法律》《关于保护个人信息的法律》等。

二、我国电子政务立法

法律法规的陆续出台是根据不同阶段电子政务发展中出现的问题不断完善的过程。通过总结国内已有的部分实践，以及国外电子政务的相关立法与经验，可归纳我国在电子政务立法方面所取得的成就。

2004年8月28日第十届全国人民代表大会常务委员会第十一次会议通过了《中华人民共和国电子签名法》（以下简称《电子签名法》），并于2005年4月1日起正式施行。这部法律是中国信息化发展进程的必然要求和有力保障，它标志着我国首部"真正意义上的信息化法律"正式诞生。《电子签名法》为电子商务和电子政务的发展创造良好的法律环境，对我国信息化的发展产生了巨大的促进作用。依据《电子签名法》，符合条件的电子文件有了与传统纸张文件同等的法律效力。

随着电子政务的发展，政府采集、存储、传播信息的范围越来越广，在此过程中不可避免地涉及国家、政府、商业以及个人隐私保护的问题，因此需要不断寻找政府信息公开与隐私保护的平衡点。2008年5月1日起《条例》开始施行，《条例》的颁布标志着中国的政府信息公开开始进入了法制化轨道，推进了我国电子政务发展进程。《条例》明确了信息公开范围、公开的方式和程序。

《中华人民共和国网络安全法》的出台具有里程碑意义，阐明了我国的网络空间主权和国家安全，促进经济社会信息化健康发展。

2019年，《中华人民共和国政府信息公开条例》（国务院令第711号）经修订后公布，进一步扩大了政府信息主动公开的范围和深度，明确了政府信息公开与否的界限，完善了依申请公开的程序规定。

总体上说，我国电子政务立法还处于"无纲领性立法、无确定立法规则、无有效的立法评价及监督机制"的三无状态，现有法律法规的法律效力层次低，规章占大多数，至今我国尚未出台关于电子政务的纲领性立法以及明确的立法，因此急需对法律法规进行完善。

【思考】

1. 如何进行电子政务系统规划？
2. 电子政务系统开发过程是怎样的？
3. 电子政务建设的模式有哪几种？
4. 政府 CIO 的职责有哪些？
5. 说说你对电子政务顶层设计模型的理解。

下篇　应用篇

第七章　电子政务服务

第八章　电子参与

第九章　电子政务评估

第十章　电子政务发展

第七章
电子政务服务

电子政务服务是电子政务的关键环节,政府网站、政务服务网、政务微博、政务微信、政务APP等为电子政务服务提供了渠道和途径。"互联网+政务"标志着我国政务信息化从"电子政务"迈入"政务服务"新阶段,同时,未来政务服务模式应该是建立在线上、线下有机融合基础上的电子政务服务O2O模式。

第一节 电子政务服务概述

一、电子政务服务含义、特征及理念

(一)电子政务服务含义

电子政务服务,也称电子政务公共服务,指政府等公共部门通过信息、通信、网络等技术为公众、企业及其他利益相关者提供公共服务的过程和结果。近似概念有电子化公共服务、在线政务服务等。电子化公共服务除了强调提供服务的方式是通过电子化以外,从范围上看,电子化公共服务包含电子政务服务。在线政务服务主要侧重在通过政府网站提供公共服务。这些概念其侧重点有所不同,但所指内涵基本一致,故本书不做具体区分。

电子政务服务是改善政府公共服务水平和质量的重要途径,电子政务服务的主要对象是社会公众,而公众对政府在线信息、在线办事和在线参与的需求是电子政务服务的关键影响因素。电子政务服务是电子政务的关键环节,电子政务的本质就是公共服务电子化。公共服务是电子政务建设的出发点和落脚点,公共服务的广度和深度直接影响电子政务建设的实效,不断完善以服务对象为中心,按照生命周期设计服务内容,采用多样化服务手段的电子政务服务体系,是推进电子政务建设的核心内容。

电子政务服务有助于带动政府内部管理的完善，推动政府职能转变和政府流程的优化；有助于缩小数字鸿沟；有助于公众充分享受政府公共服务的便利和效率，提高公民参政、议政的积极性；有助于树立廉洁、公正、高效的政府形象。

目前，我国电子政务的总体发展水平仍旧不高，无论是信息的实用性、完整性还是实质性的电子政务服务功能，与公众期望都存在较大差距。我国电子政务服务有巨大的发展空间和发展潜能，无论在广度还是深度上，都会有一个较大的、较快的发展。

（二）电子政务服务特点

电子政务服务，具有泛在性、开放性、交互性、便利性等技术特性，实际上，它应更多地具有追求公共利益、负载公共价值、追求社会公平、实现公共效益最大化等公共行政特征。另外，电子政务服务也具备服务流程的标准化、服务过程的可控性、服务需求的可预测性等特点。

1. 流程标准化

对电子政务服务来说，服务对象和范围、服务内容和程序、服务标准以及服务的衔接和系统性，应由国家和行业主管部门制定并发布统一标准，要求从事政务服务的相关组织和人员必须在规定的时间内按标准进行服务。当前，国家在推行"互联网+政务服务"的过程中，在政务服务标准化方面，围绕服务事项清单标准化、办事指南标准化、审查工作细则标准化、考核评估指标标准化、实名用户标准化、线上线下支付标准化等问题展开工作。

2. 过程可控性

在整个电子政务服务供给过程中，可借助于信息技术手段实现对各政府流程、环节和节点处的业务运行状况和人员操作情况的跟踪、监控、审计、分析，实现对服务过程中业务中间流转状态与服务结果的跟踪查询，实现对服务质量、时效、过程的全程、可视化管控与实时监督，促进政府运行的规范化、标准化、透明化和公开化，加强政府对政府电子政务服务过程的可控性。

3. 需求可预测性

通过政府信息平台整合与公共数据互联开放共享，响应公众多样化与个性化需求。在政府电子公共服务平台，从服务申请、服务获取到结果反馈，累积了大量基础数据、业务数据、公众行为数据，对这些数据进行分析、处理和整理，从而对公共需求做出准确预测和预警，实现精准服务推送，提升公共服务供给效能及监管水平，增强政府公共服务的主动性、精确性、便捷性，做好个性化精准推送服务。

（三）电子政务服务理念

电子政务服务理念（见图7-1）包括以公众为中心、惠及所有人、无处不在、无缝、开放、响应、变革、集成等，将服务理念和追求嵌入到政府电子公共服务的功能内容及其运作过程当中，以达成供给主体与客体之间的理解与信任。具体包括如下内容。

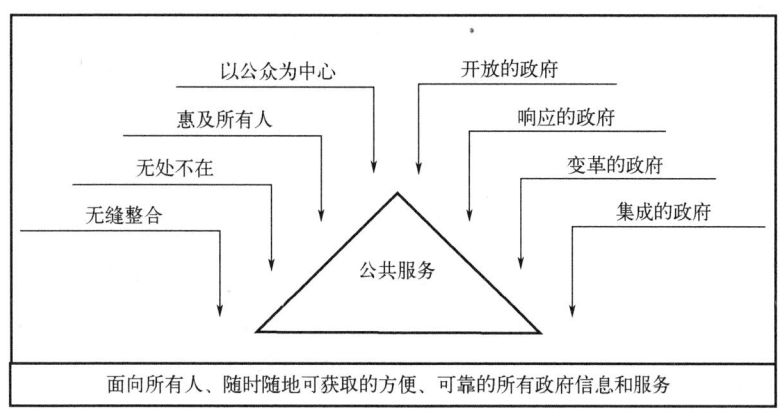

图 7-1 电子政务服务理念

1. 以公众为中心

"以公众为中心"是电子政务服务建设的首要原则。"以公众为中心"意味着,一切以方便公众使用和满足公众需求为出发点。

"以公众为中心"这一理念的重要程度和主要内容可以用五句话来论述。第一,"以公众为中心"是电子政务服务的核心理念;第二,重视公众利益,一切"以公众为中心"是 21 世纪政府管理创新的基本理念;第三,联合国报告显示,越重视公众服务的国家,其电子政务水平越高;第四,以公众为中心,而非以政府机构为中心;第五,公众就是政府的客户,以公众为中心就是以客户为中心,引入客户关系管理是许多政府的做法。

2. 惠及所有人

"惠及所有人"还有另外一个说法"一个都不能少"。这一理念是与"为所有人服务"这一目标相对应的。联合国、欧盟都大力倡导这一理念。

这一理念的主要内涵是电子政务服务的提供应面向包括老年人、残疾人、边远地区居民、少数民族等在内的所有群体;电子政务服务应通过多种渠道提供,这些渠道能够被大多数人承担、选择和使用;电子政务服务应能促进电子包容(e-Inclusion)。

众所周知,信息化时代面临着"数字鸿沟"的挑战,而且,随着信息化建设的不断推进,"数字鸿沟"有加大的趋势。电子政务服务不应扩大和加剧"数字鸿沟",而应通过政府的力量来使所有人受益,为弥合"数字鸿沟"发挥积极的作用。

3. 无处不在

最先倡导"无处不在"理念的是日本,日本在"e-Japan"战略后提供了"u-Japan"的理念,韩国随后也提出"u-Korea"的概念,主旨都是建造无处不在的网络环境,进而提供无处不在的公共服务。

"u-Japan"中的理念可以概括为 1 个大"U"和 3 个小"u"。大"U",即无处不在(Ubiquitous),其核心是基础设施建设,通过技术发展引导和带动基础设施建设,并以泛在基础设施连接所有的人和物,构筑任何时间、任何地点、任何人都可以方便地上网办理任何事务的环境。第 1 个小"u",即大众普及(universal),主张通过推广普及性的设计理念,实现普通服务。第 2 个小"u",即用户导向(user-oriented),主张通过贯彻"用户至上"的观点,实现"用户导向融合型社会"。第 3 个小"u",即独具特色(unique),主张通过充分发挥信息技术的潜力,培育充满个性与活力的社会。

4. 无缝整合

资源实现无缝整合,基于信息技术的高度智能化使得政府趋于零成本运作,为每个用户提供个性化的服务,并且对用户需求进行即时响应,这一理想境界被命名为"无缝"。

这一理念描绘的正是未来电子政务服务的理想。就目前的认识水平而言,"无缝"可以定义为"政府职能和服务实现超越行政和部门界限的完全电子化整合"。

5. 开放的政府

开放的政府也称为"透明的政府",指通过电子政务服务促进政府对公众的开放,提高政府行为的透明度。

韩国是推行"开放的政府"较为成功的国家之一,成为"世界上最好的开放政府"是韩国电子政务建设的总体目标,通过互联网、移动电话等多种方式,通过政府门户网站、上访中心、部门网站等渠道,通过集成处理平台,使用户能够获得多个政府部门的公共服务,并且能够参与到政府的决策中,使政府的效率和透明度提高。韩国"开放的政府"主要目的为创新服务提高,提高行政效率和透明度,促进公众参与。为了实现这三个目的,韩国提出了三个实施路径和目标:建设基于网络的政府,建设基于知识的政府,建设共享民主的政府。

6. 响应的政府

澳大利亚提出"响应的政府"的理念,强调通过建设互联的政府,使公共服务满足公众的需求,其核心在于能够积极主动地为公众提供所需服务,呈现出政府的新姿态。响应的政府,其益处不仅是为公众提供更高效的服务,更是要建立互联的政府,提供更好的服务,建设更好的政府,换言之,即建设响应的政府。不难看出,"响应的政府"这一理念着重强调的是,通过建设互联的政府,使公共服务满足公众的需求。这一理念是对政府业务流程、服务方式的综合规划设计。

7. 变革的政府

"变革的政府"理念,要求不仅要通过技术改造政府,更要建立并保持政府对创新及新技术的接受和利用能力,随着技术的发展及时、高效地从中受益。这一目标包含三个层次的具体含义:一是按需设计,二是共享文化,三是专业化。按需设计的主旨是深化对用户需求的理解和认识,并寻找现代化的服务渠道,积极促进渠道间的融合与切换。共享文化则是指通过资源再利用和投资共享的方式推行服务共享,在政府中形成服务共享文化。专业化是指加强政府的专业化水平,包括领导和治理、项目管理等方面。

8. 集成的政府

"集成的政府"是一个跨越部门界限、协同地向公众提供信息、充分理解用户需求并智能化地向公众提供服务的政府。在服务的前台,公众获得的是"集成的服务",即公众可以通过统一的渠道和界面获得公共服务；在服务的后台，服务的提供是跨越部门界限的，是能够协同办公的政府部门。因而"集成的政府"是在实现了政府互联以及服务集成之后的新超越。"集成的政府"这一理念的提出，标志着以新加坡为代表的电子政府领先国家的电子政府建设重点正在从前台向后台转移。这一理念代表了我们所理解的电子政务公共服务发展的高级境界。

二、电子政务服务模式

自登哈特夫妇于20世纪90年代提出新公共服务理论以来，政务服务创新也日益成为政府关注的重点和追求的目标。电子政务服务创新是一个通过对新技术的应用构建服务平台、创新服务模式的过程，作为一项系统性的复杂工程，内容涉及方方面面。电子政务服务创新不仅涉及新思维、新技术的运用，也包括资源整合、模式转变、流程再造等环节。在电子政务服务创新的基础上，电子政务服务的主要创新模式如下。

（一）主动式推送服务

传统的政务服务流程通常是公众提出服务请求，政府接受后提供审批等政务服务，即被动接受式的服务模式。主动式推送服务模式是指政府能主动、深入地了解海量的服务对象，使用决策分析和数据分析工具对其进行特征分类和挖掘分析，再有针对性、积极主动地实施政务服务。由传统行政服务中的"人找服务"转向电子政务服务中的"服务找人"，即公众对政务服务的需求由"被动接受"向"主动感知"转变。供应推动模式变为需求拉动模式，即由政府对公众需求的主观预测变为主动提供实时的服务流和信息流，更加高效地满足了公众需求。

借助快速发展的云计算、大数据及物联网技术对数据的管理功能，使得政府可以将数据作为资产进行统一管理，通过对数据的处理和挖掘，提前进行预测和分析，实现"事后管理"向"事前预测"的转变，为政府开展政务主动服务提供了技术和平台支撑。通过智能手机、平板电脑、智能穿戴设备等多种渠道为不同公众群体提供主动政务服务，将用户事务办理的中间状态信息、最终结果信息等主动告知公众。

（二）个性化政务服务

欧盟第七次在线公共服务评估报告中指出："政府提供在线服务的能力分为五个阶段，其中最高阶段为个性化需求阶段。"在未来的电子政务服务中，个性化政务服务已成为必然趋势。

个性化政务服务彻底改变了以往"我提供什么，用户接受什么"的服务机制，改为"用户需要什么，我就提供什么"。个性化政务服务以公众满意为中心，提供差异化服务。该模式通过对公众的信息服务使用习惯、偏好和特点进行分析，将真实需求感知嵌入服务供给过程，对服务方式、服务职能、服务渠道、服务内容等方面进行全面整合，建立个性化服务需求分析模型，制定出相应的服务策略和服务内容，按照用户的个性化信息需求开展服务，为公众提供"量身定制"的政务服务。借助云计算、大数据技术，对用户隐藏的兴趣和群体用户的行为规律、特征数据进行挖掘，将公众需求多维度、多层次细分，把表面需求判断变为对需求细节的感知，甚至可利用自然语言解密软件进行情绪分析推送个性化、人性化的公共服务。

（三）场景式政务服务

场景指特定的情形或情景，是指用于描述一个实体所处状态的相关信息，包括实体所在位置、时间、周围环境、活动和偏好等。场景式服务是以人为本、因人而异、因情而异的服务。场景式政务服务指针对特定的服务主题，模拟公众办事的实际情况，主动为公众提供服务的一种方式。它是一种新的政务服务模式，其目的是为公众提供人性化、个性化、专业化的服务。针对特定主题或公众群体，为公众提供多项场景选择，主动为公众界定需求、提供服务通道，公众可根据自己的实际情况选择进入相应的场景，享受政府提供的具有高度针对性的服务。场景式政务服务是一种引导性服务，它通过模拟真实办事场景，使公众可以像在现实中办事一样，快速找到自己需要的信息。场景式政务服务使公众能够在不了解业务的情况下，顺利地获取到所需服务资源。场景式政务服务是一种资源节约型的、符合公众需求习惯的高交互性的政府服务提供模式。

场景式政务服务的要素包括用户细分、服务流程、跨部门资源整合、在线办事（查询、提交等）和实时咨询等。场景式政务服务作为一种新理念和新方式，表现出如下特点：①模拟办事场景，注重公众体验感受。根据服务主题和群众办理业务等特点，在分析访问公众需求的基础上，依据网上服务大厅的业务流程和相关信息资源，通过模拟真实的办事场景，制作一些直观的动画画面，使得办理业务的群众可以在视觉上更直观方便地查找所要办理业务的服务窗口。②跨部门流程重组，全方位整合资源。场景式政务服务围绕某一办事事项，将办事指南、表格下载、政策解读、在线查询、在线申报等一系列服务整合在一起，提供与服务主题相关的办事、查询或咨询服务，使公众可以清楚地了解与该事项相关的政策法规、时事新闻等，知晓该事项的办事流程，实现部分或全部在线办理，提高办事效率。

政府门户网站的建设实践中，部分地区就已经探索了基于场景的在线服务，许多政府网站都已推出了按用户对象和流程导航设计的场景式服务，并正引导着一种新的趋势。比如广州市越秀区曾设置"特色场景"，引导公众在人性化的虚拟服务大厅中办事。

（四）无障碍政务服务

电子政务的出现并不意味着每个人都能成功地利用政府在线提供的信息和服务，如残障人士、有官能障碍的老年人及其他因素导致的无法利用网络者，他们在利用网络的过程中都会遭遇到不同程度的障碍。信息无障碍服务是指任何人（不论健全人还是残疾人，年轻人还是老年人）在任何情况下都能平等、方便地获取、利用信息服务。

有研究表明，在对无障碍需求方面，政府排列第一位，其余依次为教育、图书馆、新闻组和在线期刊、公共设施、交通、医院、银行等。因此，国外进行了大量专门针对政府网站无障碍的研究和实践。自网站无障碍提出以来，各国组织都积极按照网站无障碍标准进行网站设计，我国许多政府、残疾人网站也达到了无障碍建设的标准。针对老年人、视觉障碍者等群体提供无障碍信息浏览服务，通过调整字体、利用纯文本模式、改变页面配色、增加阅读辅助线、显示屏放大功能、指读或连读功能、语音导航等辅助功能来满足各种特殊服务需求，是政府提供无差别公共服务的探索和尝试。

我国在政府网站无障碍建设方面进行了一些理论探讨，也有一些实践探索。北京、上海、广州等地在一些重大活动中积极推进网站无障碍的建设和发展，开展了良好的服务示范，取得了良好的社会效益。

【案例】《2020联合国电子政务调查报告》残障人士在线服务平台

在以人为本的政府服务框架内，特别关注弱势群体。例如，为了满足残障人士的需求，北京一直致力于通过推广创新在线应用程序改善社会保障和公共服务系统。其中之一是一种特殊的应用程序，它允许残障人士直接从政府网站申请辅助设备。辅助设备服务将提供给所有已在北京进行户口登记认证的残障人士，因此在使用此类服务时无需提交残障证明。残障人士可以在服务平台上获得至少50%的相关补贴，其中低收入、没有收入或在工作年龄没有工作的人，16岁以下的儿童以及16岁以上的学生有权获得100%的补贴。该应用程序使用简单、便利，残障人士只需在家登录北京残障人士在线服务平台或北京市行政服务中心网站，并在线提交申请，平台通过数据共享自动识别候选人和相应的补贴后，行政部门将在线完成审批流程。辅助产品可以在互联网上购买，以满足实际需要，并在一个星期左右送达人们的家中。这一程序取消了所有认证和中间程序，使残障人士能够在家中进行所有交易。

第二节 电子政务服务途径

通过公共服务平台的一站式服务，完整呈现实时、动态、透明的服务过程和全面、及时、准确的服务内容，以实现一站式、无缝隙并泛在的服务愿景，提高电子政务服务的效率、效益、质量，达到公众满意的效果。

政府门户网站将逐渐成为政府提供公共信息和公共服务的"第一平台"，代表和反映政府电子公共服务供给的状况。随着信息通信技术的进一步发展和移动终端的日益普及，微信公众号、政务微博服务矩阵以及政务APP逐渐发展起来。政府门户网站均不同程度地提供了政务微博、政务微信、移动客户端等新媒体服务手段（表7-1），有近85%的政府门户网站提供了至少两种新媒体服务手段，不同程度地实现了与"两微一端"新媒体的融合，表明电子政务服务手段应用更加广泛了。

政府充分利用微博、微信等社交媒体平台，构建起新媒体时代的政府公共服务体系，从而实现了传统政府公共服务的转型和电子政务功能的拓展与升级。不同的政务服务渠道在满足服务需求方面的能力会有所差异。

电子政务

表 7-1 电子政务服务途径

	政府门户网站	政务服务网	政务微博	政务微信	政务 APP	政务短视频
元年	2003	2014	2011	2013	2014	2018
信息公开	强	强	中	中	强	中
政务服务	中	强	弱	中	强	弱
互动交流	弱	中	强	中	强	中
平台属性	政府	政府	新浪	腾讯	政府或企业	企业
影响力	弱	中	中	中	弱	强

一、政府门户网站

（一）政府网站概述

政府网站是随着电子政务的发展而产生，政府网站作为公共服务的电子化平台，是电子政务的重要组成部分，政府网站是电子政务运行的平台和载体。图 7-2 所示为中华人民共和国政府网站。政府网站的发展水平已经成为衡量该国家或地区电子政务进程的重要标志，政府网站是实现政务信息公开、服务社会、互动交流、提供在线政务服务的重要渠道，增加了公众办事的便利性，降低了公众参与的成本，为公共服务提供了广阔的前景和空间。政府网站的创建是为社会公众提供更多更便利的政府服务。

1998 年青岛政务信息公众网成为国内首个政府网站，此后我国政府网站建设进入稳步发展阶段。政府网站数量在 2011 年达到峰值 31 981 个，此后开始下滑，这种数量缩减现象并非自然生长的结果，而是政府自身治理和调控的结果。随着网络技术发展和政府网站建设经验的累积，政府不断对分散独立的部门网站进行规划整合。国务院办公厅 2017 年发布了《政府网站发展指引》，其中提到了政府网站的基本原则和主要功能。

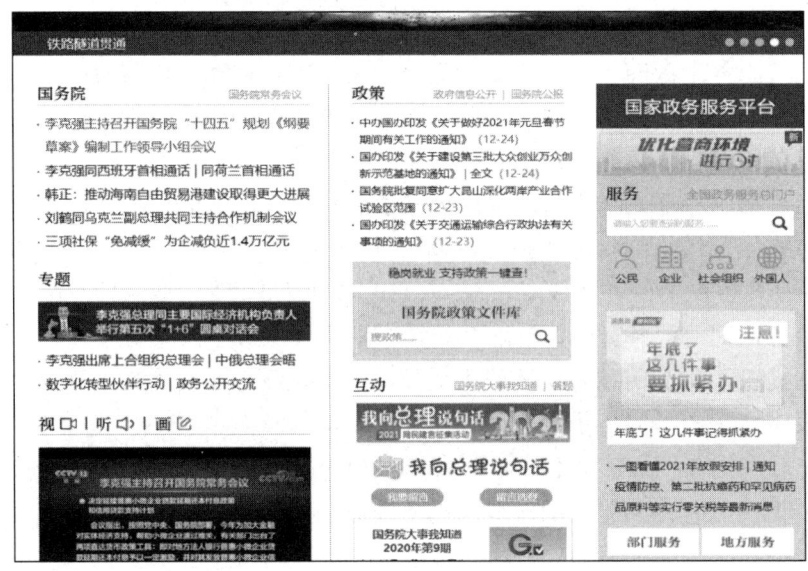

图 7-2 中华人民共和国政府网站

1. 政府网站的基本原则

(1) 分级分类。根据经济社会发展水平和公众需求，科学划定网站类别，分类指导，规范建设。统筹考虑各级各类政府网站功能定位，突出特色，明确建设模式和发展方向。

(2) 问题导向。针对群众反映强烈的更新不及时、信息不准确、资源不共享、互动不回应、服务不实用等问题，完善体制机制，深化分工协作，加强政府网站内容建设。

(3) 利企便民。围绕企业群众需求，推进政务公开，优化政务服务，提升用户体验，提供可用、实用、易用的互联网政务信息数据服务和便民服务。

(4) 开放创新。坚持开放融合、创新驱动，充分利用大数据、云计算、人工智能等技术，探索构建可灵活扩展的网站架构，创新服务模式，打造智慧型政府网站。

(5) 集约节约。加强统筹规划和顶层设计，优化技术、资金、人员等要素配置，避免重复建设，以集中共享的资源库为基础、安全可控的云平台为依托，打造协同联动、规范高效的政府网站集群。

2. 政府网站的主要功能

政府网站的主要功能包括信息发布、解读回应和互动交流，政府门户网站和具有对外服务职能的部门网站还要提供办事服务功能。

(1) 信息发布

概况信息。发布经济、社会、历史、地理、人文、行政区划等介绍性信息。

机构职能。发布机构设置、主要职责和联系方式等信息。在同一网站发布多个机构职能信息时，要集中规范发布，统一展现形式。

负责人信息。发布本地区、本部门、本机构的负责人信息，可包括姓名、照片、简历、主管或分管工作等，以及重要讲话文稿。

文件资料。发布本地区、本部门出台的法规、规章、应主动公开的政府文件以及相关法律法规等，应提供准确的分类和搜索功能。如相关文件资料发生修改、废止、失效等情况，应及时公开，并在已发布的原文件上做出明确标注。

政务动态。发布本地区、本部门政务要闻、通知公告、工作动态等需要社会公众广泛知晓的信息，转载上级政府网站、本级政府门户网站发布的重要信息。

信息公开指南、目录和年报。发布政府信息公开指南和政府信息公开目录，并及时更新。信息公开目录要与网站文件资料库、有关栏目内容关联融合，可通过目录检索到具体信息，方便公众查找。按要求发布政府信息公开工作年度报告。

数据发布。发布人口、自然资源、经济、农业、工业、服务业、财政金融、民生保障等社会关注度高的本地区本行业统计数据。加强与业务部门相关系统的对接，通过数据接口等方式，动态更新相关数据，并做好与本级政府门户网站、中国政府网等网站的数据对接和前端整合。要按照主题、地区、部门等维度对数据进行科学合理分类，并通过图表图解、地图等可视化方式展现和解读。提供便捷的数据查询功能，可按数据项、时间周期等进行检索，动态生成数据图表，并提供下载功能。

数据开放。在依法做好安全保障和隐私保护的前提下，以机器可读的数据格式，通过政府网站集中规范向社会开放政府数据集，并持续更新，提供数据接口，方便公众开发新的应用。数据开放前要进行保密审查和脱敏处理，对过期失效的数据应及时清理更新或标注过期失效标识。政府网站要公开已在网站开放的数据目录，并注明各数据集浏览量、下载量和接口调用等情况。国家政府数据统一开放平台与中国政府网要做好数据对接和前端整合，形成统一的数据开放入口。

（2）解读回应

政府网站发布本地区、本部门的重要政策文件时，应发布由文件制发部门、牵头或起草部门提供的解读材料。通过发布各种形式的解读、评论、专访，详细介绍政策的背景依据、目标任务、主要内容和解决的问题等。国务院文件公开发布时，应在中国政府网同步发布文件新闻通稿和配套政策解读材料。

政府网站应根据拟发布的政策文件和解读材料，会同业务部门制作便于公众理解和互联网传播的解读产品，从公众生产生活实际需求出发，对政策文件及解读材料进行梳理、分类、提炼、精简，重新归纳组织，通过数字化、图表图解、音频、视频、动漫等形式予以展现。

政府网站应做好政策文件与解读材料的相互关联，在政策文件页面提供解读材料页面入口，在解读材料页面关联政策文件有关内容。及时转载对政策文件精神解读到位的媒体评论文章，形成传播合力，增强政策的传播力、影响力。

对涉及本地区、本部门的重大突发事件，要在宣传部门指导下，按程序及时发布由相关回应主体提供的回应信息，公布客观事实，并根据事件发展和工作进展发布动态信息，表明政府态度。对社会公众关注的热点问题，邀请相关业务部门做出权威、正面的回应，阐明政策，解疑释惑。对涉及本地区、本部门的网络谣言，要及时发布相关部门辟谣信息。回应信息主动向各类传统媒体和新媒体平台推送，扩大传播范围，增强互动效果。

（3）互动交流

政府门户网站要搭建统一的互动交流平台，根据工作需要，实现留言评论、在线访谈、征集调查、咨询投诉和即时通信等功能，为听取民意、了解民愿、汇聚民智、回应民声提供平台支撑。部门网站开设互动交流栏目尽量使用政府门户网站统一的互动交流平台。互动交流栏目应标明开设宗旨、目的和使用方式等。

信息发布、解读回应和办事服务类栏目要通过统一的互动交流平台提供留言评论等功能，实现数据汇聚、统一处理。

政府网站开设互动交流栏目，要加强审核把关和组织保障，确保网民有序参与，提高业务部门互动频率、增强互动效果。建立网民意见建议的审看、处理和反馈等机制，做到件件有落实、事事有回音，更好听民意、汇民智。地方和部门网站对中国政府网转办的网民意见建议，要认真研究办理、及时反馈。

对收集到的意见建议要认真研判，起草的舆情信息要客观真实反映群众心声和关切重点，有参考价值的政策建议要按程序转送业务部门研究办理，提出答复意见。有关单位提供的回复内容出现敷衍推诿、答非所问等情况的，要予以退回并积极沟通，督促相关单位重新回复。

做好意见建议受理反馈情况的公开工作，理清受理日期、答复日期、答复部门、答复内容以及有关统计数据等。开展专项意见建议征集活动的，要在网站上公布采用情况。以电子邮箱形式接受网民意见建议的，要每日查看邮箱信件，及时办理并公开信件办理情况。

定期整理网民咨询及答复内容，按照主题、关注度等进行分类汇总和结构化处理，编制形成知识库，实行动态更新。在网民提出类似咨询时，推送可供参考的答复口径。

(4) 办事服务

各省（区、市）人民政府、国务院有关部门要依托政府门户网站，整合本地区、本部门政务服务资源与数据，加快构建权威、便捷的一体化互联网政务服务平台。中国政府网是全国政务服务的总门户，各地区、各部门网上政务服务平台要主动做好对接。

政府网站要设置统一的办事服务入口，发布本地区、本部门政务服务事项目录，集中提供在线服务。要编制网站在线服务资源清单，按主题、对象等维度，对服务事项进行科学分类、统一命名、合理展现。应标明每一服务事项网上可办理程度，能全程在线办理的要集中突出展现。对非政务服务事项要严格审核，谨慎提供，确保安全。

办事服务功能要有机关联文件资料库、互动交流平台、答问知识库中的信息资源，在事项列表页或办事指南页提供相关法律法规、政策文件、常见问题、咨询投诉和监督举报入口等，实现一体化服务。省级政府、国务院部门网站建设的文件资料库、答问知识库等信息服务资源应主动与中国政府网对接，形成互联互通的政务信息资源库。

整合业务部门办事服务系统前端功能，利用电子证照库和统一身份认证，综合提供在线预约、在线申报、在线咨询、在线查询以及电子监察、公众评价等功能，实现网站统一受理、统一记录、统一反馈。

细化规范办事指南，列明依据条件、流程时限、收费标准、注意事项、办理机构、联系方式等；明确需提交材料的名称、依据、格式、份数、签名签章等要求，并提供规范表格、填写说明和示范文本，确保内容准确，并与线下保持一致。

全程记录企业群众在线办事过程，对查阅、预约、咨询、申请、受理、反馈等关键数据进行汇总分析，为业务部门简化优化服务流程、便捷企业群众办事提供参考。

（二）国内政府网站

从 1999 年国家启动政府上网工程开始，各级政府和部门相继建立基于互联网的政府网站。2002 年，中共中央办公厅、国务院办公厅联合转发《国家信息化领导小组关于我国电子政务建设指导意见》，明确提出将政府门户网站建设列为我国电子政务的重要建设内容。2011 年，国务院办公厅下发《关于进一步加强政府网站管理工作的通知》，将政府网站功能定位为"发布政府信息、提供在线服务、与公众互动交流"。2017 年，国务院办公厅印发《政府网站发展指引》，提出政府网站应具备"信息发布、解读回应、办事服务、互动交流"四大功能，并对政府网站集约化平台建设提出倡议要求，推动各级地方政府门户网站及部门网站向省级政府门户网站集中，而省级政府门户网站将成为未来政府电子公共服务的主要门户。2018年1月，《国务院办公厅关于做好政府网站年度报表发布工作的通知》发布。

截至2020年12月，我国共有政府网站14 444个，主要包括政府门户网站和部门网站。其中，中国政府网1个，国务院部门及其内设、垂直管理机构共有政府网站894个，省级及以下行政单位共有政府网站13 549个。迄今为止，无论在服务数量、服务内容还是服务质量上，省级政府门户网站在现有的众多政府公共服务提供渠道中表现最为突出、效益最为明显，服务功能也更为丰富，代表着我国政府网站电子公共服务的发展水平。

现在的服务功能大多遵循2011年国务院提出的政府网站三大功能定位设置，依据《政府网站发展指引》提出的四大功能建设扩充目前还未完全显现，总体情况是，我国省级政府门户网站在信息发布、办事服务、互动交流三大功能建设上已基本实现了全覆盖，其相应栏目在政府门户网站首页的辨识度较高。

我国政府网站的服务对象主要是个人和法人，政府门户网站还通过政府信息公开指南，公示政府主动公开信息查询、依申请公开受理等渠道。本书根据政府网站"信息发布、解读回应、互动交流、办事服务"四大功能，对广东省政府网站、贵州省政府网站进行分析。广东省、贵州省政府网站在2020年省（自治区）政府门户网站评估中，名列第一、第二。

1. 广东省政府网站

（1）信息发布

广东省政府网站的"政务公开"板块（见图7-3），其信息发布主要包括省政府领导、省政府机构、政府工作报告、数据发布、政府信息公开指南、政府信息公开、信息公开年报、重点领域；文件库；公示公告；人事任免；政策解读等。

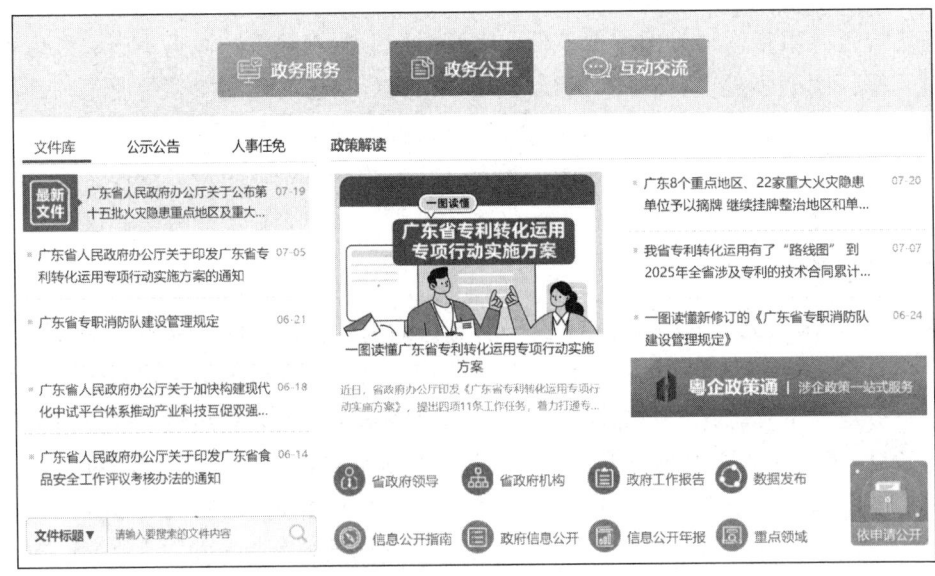

图7-3 广东省政府网站"信息发布"板块

（2）解读回应

广东省政府网站的"政策解读"板块（见图 7-4）在"政务公开"板块中，其主要内容包括媒体解读、其他解读（视频解读类、新闻发布会等形式）、国内政策解读、省内政策解读、地市政策解读等。

图 7-4　广东省政府网站的"政策解读"板块

（3）互动交流

广东省政府网站"互动交流"板块（见图 7-5）的主要内容包括我有话对省长说；网上咨询、网上信访、网上举报、答问库；国务院"互联网+督查"、广东省"互联网+督查"；新闻发布会；回应关切；征集调查等。

（4）办事服务

广东省政府网站"政务服务"栏目（见图 7-6）的主要内容包括个人服务和法人服务。该板块的所有服务均可通过左上角的"广东政务服务网"链接实现。此板块中列出了常用的服务链接，如工程建设项目"一网通办"、广东省"跨省通办"等栏目；以及个人服务的常见服务内容，如护照及通行证、社保、户政、税务、就业创业、职业资格、教育服务、水电气等。

电子政务

图 7-5　广东省政府网站"互动交流"板块

图 7-6　广东省政府网站"政务服务"板块

2. 贵州省政府网站

近年来,贵州高度重视政府网站建设、管理和发展,以政府网站集约化试点为契机,采用"基础平台统一建设、共性应用统一支撑、特色应用整合接入、运维服务自主选择"的省级统建模式,采取"一朵云"承载、"一个库"汇聚、"一平台"支撑、"一张网"服务、"一套标准"管理的"五个一"创新做法,政府网站建管水平显著提升,实现全省政府网站100%整合迁移上线、100%域名集中解析、100%数据资源归集。

(1) 信息发布

贵州省政府网站"政务公开"板块(见图 7-7)主要包括省政府工作机构、省政府常务会议、政府工作报告、省政府文件、政策解读、建议提案办理、应急管理、政务公开工作要点、回应关切等内容。

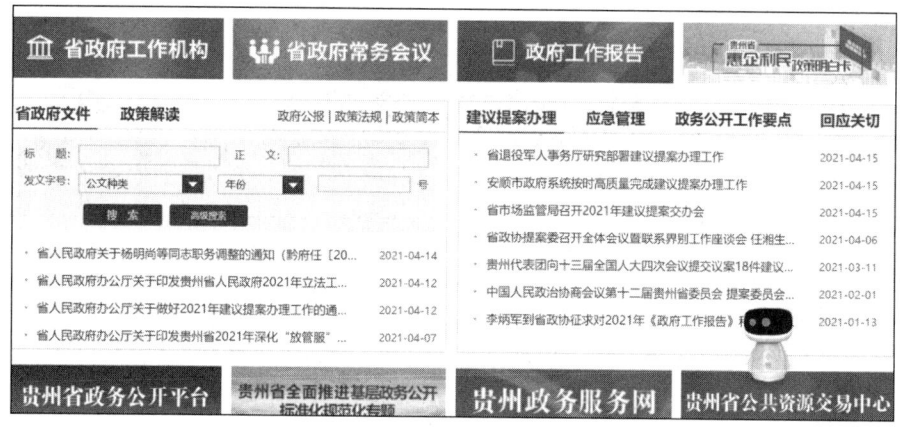

图 7-7 贵州省政府网站"政务公开"板块

(2) 解读回应

贵州省政府网站"解读回应"板块(见图 7-8)主要包括回应关切、图解政策、政策解读等。

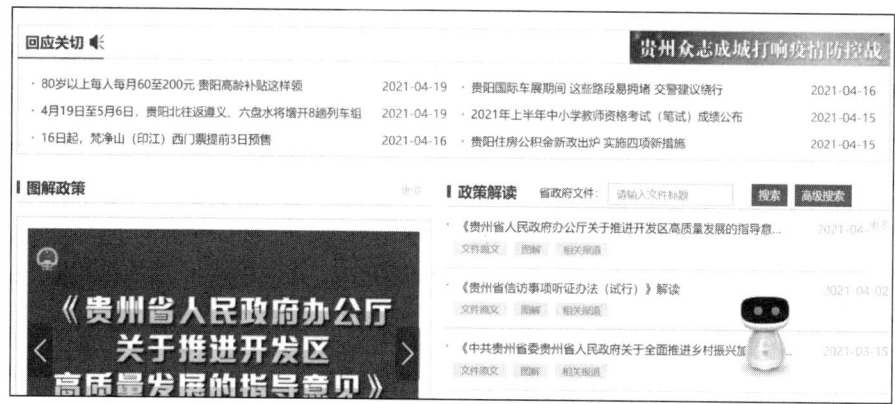

图 7-8 贵州省政府网站"解读回应"板块

（3）互动交流

贵州省政府网站"互动交流"板块（见图 7-9）主要包括省长—群众直通交流台、政民互动常见问题知识库、我要留言、留言统计、省委省政府扶贫专线、服务民营企业省长直通车、意见征集等内容。

图 7-9　贵州省政府网站"互动交流"板块

（4）办事服务

贵州省政府网站"办事服务"板块（见图 7-10）主要包括服务清单、个人办事、企业办事、互动交流、好差评、智能导办、数据统计、中心门户、便捷申报等。

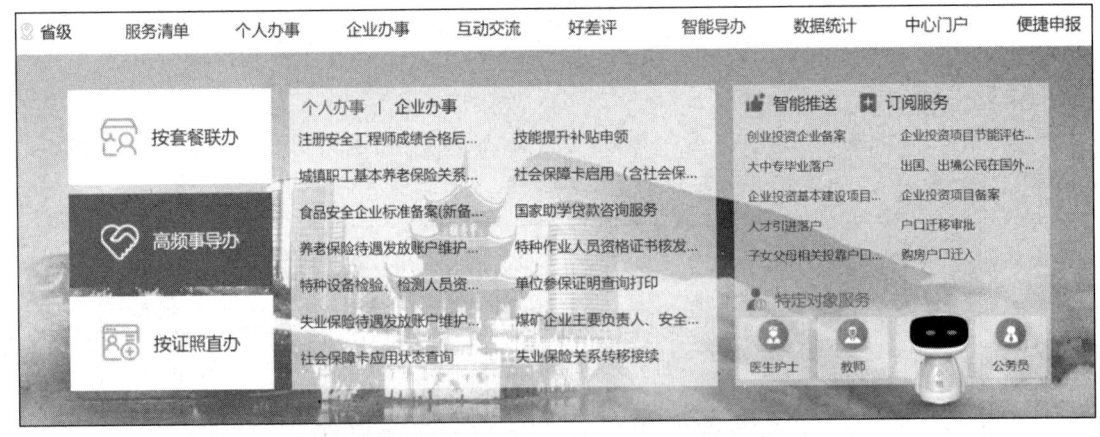

图 7-10　贵州省政府网站"办事服务"板块

（三）国外政府网站

政府网站内容基本要素为信息公开、在线办事、互动交流。国外部分政府网站相继进行改版，也是朝着这几个要素进行变革。本书以英国政府网站为例。

1994 年 10 月，英国建立了首个中央政府门户网站"OPEN.Gov.uk"。2000 年 12 月，英国政府推出 UK online.gov.uk 门户网站，截至 2006 年，英国中央政府网站已经达到 900

多个。2007年1月，为了使政府所提供的公共服务可集成化，英国政府决定关闭90%以上的政府网站，将已有的951个网站缩减为26个，其中已关闭网站持续相关性的信息转移到"Direct gov"和"businesslink.gov.uk"两个门户网站。2012年10月起，包括英国首相办公室在内的英国24个中央部委网站被整合，2013年2月，英国政府网站实施改版，将Direct gov和businesslink.gov.uk整合成一个官方网站www.gov.uk。2013年4月，由英国政府的数字服务部GDS负责设计的英国政府网站Gov.uk因优雅与简洁的设计获得了英国2013年度设计大奖，该奖项相当于设计界的奥斯卡。2013年5月，英国所有24个部级部门及其他28个组织全部迁移至Gov.uk，该网站在2014年完全整合了各种政府机构和公共部门，形成政府服务的单一在线访问入口，给公众和企业提供方便有效的在线公共服务和相关信息。英国政府网站Gov.uk如图7-11所示。

英国政府网站页面简洁、结构清晰，根据业务特点和用户需求，按照主题组织资源，将所有的服务资源都按照交通出行、教育学习、个人纳税、择业就业、家庭社区、旅游运输、企业开办、缴税退税、国际贸易等主题进行整合，分类明确合理。英国政府门户网站主要包括四大部分：搜索工具栏、服务和信息、部口和政策、其他。围绕本国公民实际需求提供在线办事、信息发布和互动沟通。网站导航条上包括交流联系、在线处理、新闻库、视频四个栏目，网站首页显著位置是网站面向本国公民提供的具体服务索引。服务索引主要按照两种方式提供，一是按照服务主题提供了监管、教育和学习、税收财务、家庭社区、旅游运输、护理、环境保护、政治权利等类别；二是按照用户类型进行划分，主要是按照父母、劳动者、年轻人、残疾人、老年人等多种用户对象提供服务。

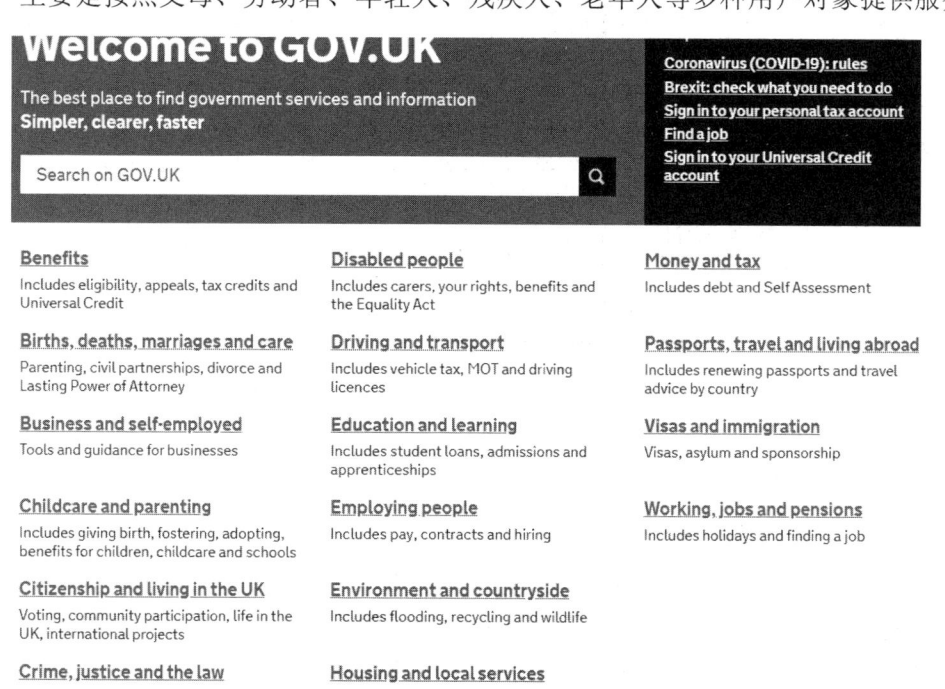

图7-11 英国政府网站Gov.uk

二、政务服务网

近年来，地方政府政务服务的内容体系建设方面有两个亮点较为突出，即以广东、浙江、上海、贵州等省市为代表的服务事项清单纵向一体化建设，以及以社保、住房保障、身份证办理等代表的便民服务事项内容建设。"服务事项清单纵向一体化"，是指以省级统一平台为基础，建设涵盖省、市、县等多级政府政务服务的内容体系。

2019年5月，国家政务服务平台上线试运行，联通32个地区和46个国务院部门，标志着以国家政务服务平台为总枢纽的全国一体化政务服务平台框架初步建成。按照全国一体化平台建设统一工作部署，32个省级政务服务平台（见表7-2）已经与国家政务服务平台实现全面对接，通过打造功能更强大、服务更便捷、保障更到位、安全更可靠的全国政务服务"一张网"，全国一体化平台标准规范体系、安全保障体系和运营管理体系基本建立，政务服务数据共享水平显著提升，为推进全国政务服务"一网通办"提供了基础支撑。

表7-2 省级政务服务平台

地区	政务服务网	地区	政务服务网	地区	政务服务网
北京	北京政务服务网	湖北	湖北政务服务网	安徽	安徽政务服务网
天津	天津网上办事大厅	湖南	湖南政务服务网	福建	福建政务服务网
河北	河北政务服务网	广西	广西数字政务一体化平台	江西	江西政务服务网
山西	山西政务服务网	广东	广东政务服务网	山东	山东政务服务网
内蒙古	内蒙古河北政务服务网	海南	海南政务服务网	河南	河南政务服务
辽宁	辽宁政务服务网	重庆	重庆市网上办事大厅	甘肃	甘肃政务服务网
吉林	吉林省网上办事大厅	四川	四川政务服务网	青海	青海政务服务网
黑龙江	黑龙江政务服务网	贵州	贵州政务服务网	宁夏	宁夏政务服务网
上海	上海市一网通办总门户	云南	云南政务服务网	新疆	新疆政务服务网
江苏	江苏政务服务网	西藏	西藏政务服务网		
浙江	浙江政务服务网	陕西	陕西政务服务网		

浙江政务服务网在《省级政府网上政务服务能力调查评估报告（2020）》省级政府网上政务服务能力总体指数排名第1（已连续4年排名第1），上海位列第2。本书以浙江政务服务网、上海一网通办对政务服务网进行解读。

（一）浙江政务服务网

浙江政务服务网（见图7-12）作为浙江省政府打造全省统一架构、五级联动的智慧政务平台，于2014年6月正式开通，是浙江"最多跑一次"改革成果的核心承载。

浙江是较早推进"互联网+政务服务"工作的省份，自2014年以来，浙江以"四张清单一张网"改革为引领，不断深化全省统一架构、五级联动的一体化电子政务平台建设，形成了全省事项清单统一发布、网上服务一站汇聚、数据资源集中共享的"互联网+

政务服务"体系。特别是从 2017 年以来，浙江以群众和企业到政府办事"最多跑一次"为目标，持续拓展网上政务功能、优化服务体验、推进模式创新，力求形成用数据代替人跑腿，线上线下良性互动的局面。

图 7-12 浙江政务服务网

2014 年 8 月，浙江政务服务网客户端 APP 上线，2014 年 12 月，统一公共支付平台上线，2016 年 3 月，浙江政务服务网实现全省乡镇（街道）服务站全覆盖，2017 年 2 月，全省"最多跑一次"办事事项清单发布，2017 年 8 月，浙江政务服务网注册用户突破 1 000 万，2019 年 2 月，浙里办 APP 及浙里办支付宝小程序上线。

浙江政务服务网主要服务如图 7-13 所示。

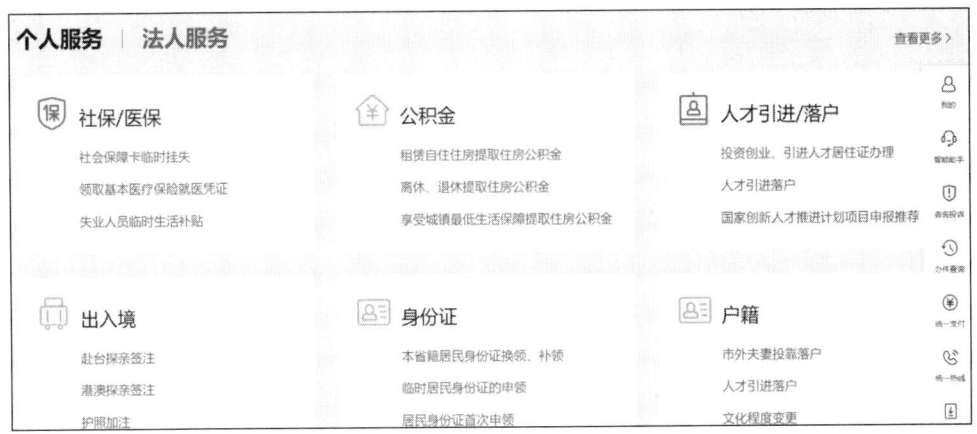

图 7-13 浙江政务服务主要服务

在浙江政务服务网平台上，省、市、县（市、区）政府部门均设立服务窗口，乡镇（街道）、村（社区）均设立服务站点，并逐步实现全省政务服务统一导航、统一认证、统一申报、统一查询、统一互动、统一支付、统一评价。该服务网紧贴公众网上缴费的需求热点和堵点，整合线上线下各类支付渠道，建设政务服务网统一公共支付平台，覆盖交通违章罚款、执业考务费和学费、社会保险费等缴纳项目。

电子政务

在政务服务网设置有个人服务和法人服务，个人服务主要有社保/医保、公积金、人才引进/落户、出入境、身份证、户籍等多类重点专题，法人服务主要有职工社保/医保/公积金、企业开办、企业经营、企业变更、企业注销等内容。

（二）上海一网通办

《2020 联合国电子政务调查报告》中，上海"一网通办"经验作为经典案例被写入报告，并在联合国全球城市电子政务评估排名中，上海首次进入前十，位列第九，达到了"非常高"水平。

2018 年 4 月，上海市推出了《全面推进"一网通办"加快建设智慧政府工作方案》，方案围绕全面建成"一网通办"总门户、建立高效协同办理机制、推进政务数据互联互通、强化管理资源支撑等方面做出了全面的战略部署。即加快推进政务服务统一受理平台建设，要求面向企业和群众的所有线上线下服务事项，逐步做到一网受理、只跑一次、一次办成。同年 7 月 1 日，"一网通办"总门户在"中国上海"门户网站（图 7-14）上线试运行，46 个市级部门、16 个区、220 个街镇网上办事服务入驻，实现了全市通办、全网通办、全覆盖。

图 7-14　上海一网通办

上海"一网通办"秉承以用户为核心的服务理念，依托"中国上海"门户网站为总门户，以"随申办"市民云 APP 为移动服务载体，搭建起全流程一体化在线政务服务平台，实现政务服务事项的一窗受理、集成服务、一网通办，为用户提供高效、便捷的一体化政务服务。从实施的技术路径看，上海"一网通办"平台的核心架构可概括为"一网、一窗、一库、一云、多应用"。

（1）"一网"是指依托"中国上海"门户网站为总门户，提供统一的政务事项咨询、申请、受理、查询、评价等全流程的在线服务平台。

（2）"一窗"即网上政务大厅窗口。上海"一网通办"实行统一的市、区网上政务大厅"单一窗口"，并与区级行政服务中心、街镇社区事务受理中心线上线下业务联动，实现上至市、区两级政务服务、下至街镇社区受理事务，均可"一窗通办"。

（3）"一库"是指构建包含人口、法人、空间地理、信用状况等公共信息数据库。实施"一网通办"的关键在于打通数据通道，实现部门间信息数据的共享应用。上海成立了上海市大数据中心来牵头负责对全市公共信息数据进行汇集共享，并形成人口、法人、地理空间、信用信息、电子证照、宏观经济等若干个基础数据库和主题数据库。

（4）"一云"即电子政务云。上海按照"云网合一、云数联动"的规划理念，打造了市、区两级电子政务云平台。云平台的建设采取"集中+分布"的原则，依托政务外网，以政府购买服务的方式，为市、区各职能部门提供统一云服务。市级云的架构主要由设施资源层（政务外网、硬件设备、灾备中心等）、中间平台层（数据共享交换平台、云管理与服务平台）、业务应用层（审批服务、行业监管、通用类服务等）组成，通过各类用户终端，为政府职能部门和社会公众提供统一的云服务。

（5）"多应用"即多元化的平台拓展功能。"一网通办"平台不仅能解决前端业务统一受理和政务数据共享资源池建设的问题，还将提供多场景的平台拓展功能应用。如事中事后综合监管、公共信用信息服务、城市公共安全管理、城市精细化管理、经济社会发展综合数据服务、公共资源交易服务等，打造集信息查询、协同监管、联合惩戒、社会参与、研判分析等多功能于一体的综合应用平台。

三、政务微博

随着社交媒体用户数量的极大提升，社会化媒体已成为包括政府机构在内的各种组织发布信息、传播形象和提供公共服务的多功能平台，政务微博应运而生。

政务微博是指政府机构、组织及其官员在微博平台实名注册并实名认证的、与公共事务活动有关的官方微博账号，是政府部门借助新一代信息技术提升政府管理和国家管理的方式。政务微博是各种政务新媒体中起步最早、氛围最开放、发展最成熟的平台，2009年我国第一个政务微博"湖南常德桃园县人民政府官方微博"开通后，政务微博发展速度极快，2011年政务微博呈现爆发式增长，被称为政务微博元年。截至2020年12月，经过新浪平台认证的政务机构微博为140 837个。目前，我国31个省（区、市）都已经开通政务微博，河南省以拥有10 130个政务微博账号居全国第一，其次为四川省，为9 381个。以"平安北京""上海发布""中国气象科普"为代表的微博账号成为政务微博的典范。在政务微博中，又以公安和团委的微博数量最多。截至2020年4月底，"共青团中央"的粉丝数达到1 585万人，而公安类政务微博"中国警方在线"（公安部新闻中心、公安部治安管理局官方微博）的粉丝量则达到3 169万人，位居政务微博粉丝量榜首，单日的阅读量可达到百万次以上。这些数据说明政务微博拥有巨大的传播力、引导力、影响力。政务微博与意见领袖微博、媒体微博和企业微博一起，成了微博舆论的主导力量。

（一）政务微博功能

政务微博的诸多功能与电子政务相近，甚至在某种程度上超越了传统的电子政务模式，有学者指出，政务微博不过是电子政务的诸多表现形式之一，是电子政务的有益补充而不是替代。随着政务微博数量的逐渐扩大，其功能不断扩展，应用不断深化，政务微博的发展逐渐对政府和社会管理产生了一定程度的影响。

政务微博的功能发展是一个循序渐进的过程，由最初单一的信息发布、到现在的公共服务、政民参与互动、舆论引导、塑造政府形象、提高政府公信力等，政务微博甚至促进了政府功能优化和组织结构调整并提高了政府行政效率，为新媒体时代的公众提供了政务服务、搭建社会化参政、议政、问政的网络交流互动平台，充分发挥了政务微博在政务公开、舆论监督、回应公众关切、应急救援、应对社会风险等方面非常重要的作用。政务微博从其诞生开始，凭借着即时传播和交流互动方面的突出优势，形成了"信息公开、在线服务、公众参与"的有机结合。

概括来说，政务微博的作用与职能包括信息发布、政民互动和舆论热点回应、公众参与。从广义的角度来看，信息发布、政民互动和舆论热点回应、公众参与都属于政府公共服务的范畴。

1. 信息发布

政务微博作为实时更新的短信息发布工具，提供公共信息以及政务公开是其最基本的职能。政务微博是政府与民众进行信息公开和交流的主要平台之一，是获取新资源和有效信息的重要途径，因而受到政府和公众的广泛青睐。目前的信息社会中，政府是否能够通过政务微博对权威信息进行第一时间的发布，以及如何引导舆论，这是最为关键的地方。

在2013年四川雅安芦山地震时，地震灾害发生后仅仅1分钟，我国地震台网速报的官方微博就依靠自动测定功能，公布了地震信息。

2. 政民互动和舆论热点回应

基于政务微博的社交属性，其不仅仅是单向信息传播的工具，更是政民互动的新途径，还可以通过政务微博政民互动的职能来引导舆情，舆论热点事件（如食品安全、民生权益、吏治反腐、社会治安等）发生后，通过社交媒体的传播更容易出现群体极化效应，为了保证公众的知情权并进行舆论引导，就需要政府部门发出权威的声音，进行引导和应对。由于政务微博的官方性和权威性，来自政务微博的信息对社会热点事件传播的走向和趋势发展至关重要。

3. 公众参与

以政务微博为代表的社会化媒体成为公众参与公共事务的新途径，创新了公众参与和实现网络民主的形式，提升了利益相关者公众参与的深度，对推动公民参与政治活动具有一定的意义。

（二）政务微博特点

不同的政务微博风格各异、内容侧重点也各有不同。政务微博可分为宣传型、问政型和综合型三种类型。宣传型政务微博主要为民众提供信息发布、政令宣传等信息服务；问政型政务微博主要利用微博交互性强的特点广泛即时地收集民众对于政府政策的意见与建议，提高政府执政的透明度和民主水平；综合型政务微博则兼具上述两个特点，既是信息发布又是民众沟通交流的平台。

与政府网站和传统媒体相比，政务微博拥有一些明显的优势。政务微博的受众面更广，可以覆盖平时不常接触传统媒体的人群。政务微博作为微博在网络公共空间的特殊存在形式，既具有微博的一般共性，如"随时、随地性"、裂变式传播等，同时，政务微博由于其主体和目的的特殊性，也有其自身的特性，主要表现如下。

（1）政务微博的权威性明显。

政务微博肩负着政府职能的履行，其功能不仅是日常政务信息的发布、政民沟通的桥梁，更着力于服务型政府的建设、公众的政治认同感的增强、政府形象的良好塑造等深层次目标。政务微博信息传递速度快、效率高、受众面广、权威性强，这一特点使其在应急管理领域发挥着重要作用，能迅速识别突发事件的影响并采取措施予以应对。

（2）政务微博政民的互动性。

政务微博一方面是官方权威信息的发布平台，另一方面其以日常方式与公众实现跨越时空和距离的限制进行直接性交流、协商和沟通，最终达到引导公众主动地参与、理解认同的目的，从而实现社会共治格局。

（三）政务微博发展

目前，政务信息传播的渠道广泛而多元，除了政务微博，政府网站、政务微信等都具有政务信息传播功能，信息同质化明显。在快速发展的同时，政务微博也暴露出许多问题，如总体质量不高、发帖频率低、更新不及时、内容不相关、与民众沟通互动少等。政务微博"形式化、空心化、名利化问题明显"，"存在着定位不够清晰的问题"，"发展缺少合理运行机制"等现象表现突出。这些问题的累积导致政务微博的竞争力开始下沉。要解决这些问题，除了需要政府职能的转变和机制的保障外，还需要深挖政务微博的社交化媒体平台新时代的运行规律，使政务微博朝着专业化、精细化、纵深化、垂直化的方向发展。

（1）政务微博矩阵

相对孤立的单个政务微博联合起来，"集群化"发展，形成纵向与横向相互连通的虚拟组织机构或体系。政务微博矩阵指一定行政区域内的党政机构及其职能部门的政务微博账号，根据行政层级和职能的不同，通过线上的互相关注和互动以及线下的协同合作，发布政务信息、加强网民互动和提供公共服务的微博账号体系。政务微博矩阵的不断发展，极大地推进了政务公开的力度、提升了应对突发公共事件的反应能力。

截至2017年，北京的政务微博集群覆盖全市各区县、委办局共73家单位和105位新闻发言人，"北京微博发布厅"累积发布信息近百万条，总粉丝数超过1.35亿人，发布厅拥有100万人以上粉丝的账号就有28个，有35家单位已建立了二级微博矩阵，其他各区和委办局也都纷纷开设了二级矩阵。

（2）微博政务办事厅

政务微博已经由信息平台和问政平台发展为基于"微博政务办事厅"的综合办事平

台。以政务微博中的佼佼者"平安北京"为例，该微博多年的发展体现了政务微博从政民互动进化到互联网政务平台的过程：2010年7月，北京市公安局开通官方微博"平安北京"，迅速吸引了20万粉丝，但由于该微博主要发布工作动态、缺乏互动性，有的博文的转发量甚至不足20次，留言不足5条；2010年10月发生了德云社相声演员殴打北京电视台编导的热点新闻，该微博就此案持续及时发布客观公正的消息，引起好评和关注，从此"平安北京"开始着重强调互动性建设；2012年7月北京突发暴雨事件中，"平安北京"又联手北京市政府新闻办和气象局的官方微博一起及时发布互动信息，效果显著；2014年8月，"平安北京"正式开通粉丝服务平台，下设便民服务、线索举报、业务指南三个栏目，在从政民互动向政务服务的转变之路上更进一步；2016年8月"平安北京"的粉丝量超过1 000万，常年位于全国政务微博影响力排行榜的前列。

【案例1】社会治理式微博：问政银川

2011年7月，银川市委办公厅和市政府办公厅开设了官方微博——"@问政银川"（见图7-15），在中国众多政务微博中脱颖而出，成为其他省市政府部门学习的典范。自2011年成立以来，经@问政银川转办督办事件超过20万件，年均办结率超过95%。2011年中国首份政务微博报告中将"问政银川模式"单列出来，与"公安微博多元模式""政府微博发布厅模式""突发舆情应对模式"等并列，认为其"为政务微博问政探索出一个可复制的有效模式"。在《2020年度政务微博影响力报告》中，"@问政银川"为全国十大服务中心微博。作为三线城市的银川市在政务微博领域体系走出了一条独具特色的发展道路。

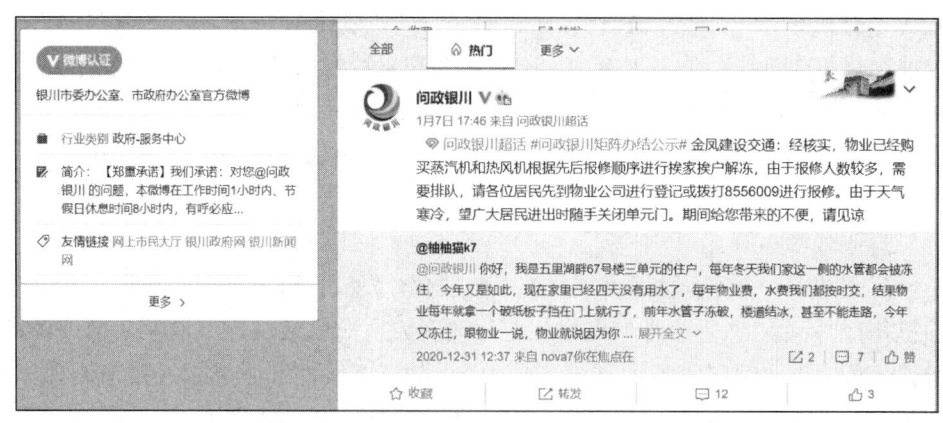

图7-15 政务微博——@问政银川

"@问政银川"的定位是一个公共服务平台，主要功能是督促督办，受理市民的一般性事务性投诉及重要事项。"@问政银川"是政府解决由公众提出的一般性事务投诉的平台，起到转发、监督的第三方作用。通过信息转办的方式，直面公众的利益诉求；同时通过督导的方式，促使政府各职能部门、公众和各利益相关者以合作方式在平台上解决具体问题。

"@问政银川"具有明确的领导体系和组织结构。"@问政银川"管理着各级部门在新浪网开通的党务政务微博达到 512 家,形成了一个庞大的为公众服务的政务微博矩阵,并联合企事业单位共同构建了市、县区、乡镇三级政务微博平台组织体系和水、电、暖、燃气、公交等关乎民生的公共服务体系。

"@问政银川"具有一个完善的监督体系。平台实行内部监督和外部监督相结合的方式。外部监督是以新闻媒体、公众的舆论监督为主的方式,"@问政银川"处理每一件公众反馈的问题时,都将问题转发给媒体,使得每一个问题的处理全过程曝光于公众视野。

"@问政银川"具有完善的考核体系。对各部门、各层级单位的政务微博,从信息公开、互动交流、微访谈、议程设置、回复网民求助、部门协作、突发事件处理、网民评价等指标设计出切实可行的考核体系。

【案例2】政务微博影响力报告

人民网舆情数据中心发布、新浪微博提供数据支持的"政务微博影响力"从传播力、互动力、服务力和认同度四个维度对政务微博进行全方位的评测,指标体系完善,在业界具有很大影响力。

(1)传播力指标:表征政务微博发布信息的传播情况,传播力指标越高,说明政务微博的内容被越多的网民看到。该项指标依据微博阅读数和视频播放量来计算。

(2)服务力指标:表征政务微博一对一服务网民、为民办事的情况,服务力指标越高,说明政务机构通过微博平台服务了越多的网民。该项指标依据发博总数、原创发博数、视频发博数、专业发博数、主动评论数、主动转发数、私信数来计算。

(3)互动力指标:表征政务微博发布信息的影响情况,互动力指标越高,说明政务微博的内容引发了越多的网民响应。该项指标依据微博被转发数、被评论数、被@数、收私信数计算。

(4)认同度指标:表征网民对于政务微博发布信息的认同情况,得分越高,说明网民对于该政务微博发布信息的认同度越高。该项指标依据微博被赞数和微博阅读数计算。

四、政务微信

信息技术的进步推动了新媒体时代的到来,政务微信无论从数量和质量上都取得了飞速的发展,政务微信的兴起是新媒体时代政府提升治理能力的必然选择。

政务微信,是指由各级政府及相关部门在微信平台上开设的公众号,利用文字、图片、语音、视频等多种传播形式,发布政务性、事务性信息,为公众提供互动交流、网络管理和在线办事等信息服务,是政府部门借助移动网络提供公共服务的政务新媒体。政务微信是政府进行信息公开、网络问政、政务互动、实时管理和服务的移动新媒体平台。

自 2012 年我国第一个政务微信号"广州应急—白云"开通后,各级政府机构开通的政务微信在全国范围内迅速发展,并发挥着越来越大的作用,其影响力与日俱增。2013年被称为政务微信元年。截至 2019 年 6 月,微信城市服务累计用户数达 6.2 亿。微信城市服务平台目前已扩展至全国 31 个省级行政区,集纳多种民生服务查询和办理功能,覆盖交管、医疗、教育、出入境等多个公共服务领域,作为政务发展得力的数字化助手,服务覆盖的广度、深度和服务稳定性不断增强。

(一) 政务微信功能

政务微信的定向传播理念和精准传播方式适合政府部门公共服务信息发布和政务信息公开,能够有效提高政府公共服务水平和管理效率。政务微信已经成为各个政府部门发布权威信息、提高公共服务效率、密切政民关系、引导社会舆论、提升管理服务能力的一个重要新兴平台。政务微信可以丰富政府公共服务的渠道,积极创新服务模式、完善公共服务体系,努力提高政府公共服务的能力和水平,逐渐实现了政府公共服务体系的"新媒体化"。

目前我国广泛应用的政务微信公众号具体分为三类,第一类是以信息发布为主的订阅号,如宣传部门、共青团等发布;第二类是以公共服务业务办理为主的服务号,其发布主体主要是民生服务部门,如社保、医保、公积金、税务等,通过服务号为公众提供一对一的服务;第三类是具有支付功能的服务号,由具有支付要求的政府部门发布,如交警、卫生局、水电气等部门,借助微信的移动支付功能为公众提供各种缴费类服务。

较于政务微博,政务微信的指向性和功能性更强,信息相对不容易沉没、互动形式也更为丰富,二者的功能定位既有重合又相互补充。

1. 信息发布

政务微信发布的内容具有大众化、社会化和宣传导向的特点,比如国家方针政策、法律法规、经济和社会发展的重要动态、重大突发事件的应急处理办法等。信息发布是政务微信最基础最重要的功能。

2. 在线服务

政务微信最突出的优势是在线服务功能。政务微信主要由各级政府或相关部门开通,目标受众主要为当地居民,其本身具有受众黏性强、服务本地化的特征,这直接决定了政府可以有针对性地为公众提供公共服务、了解公众的真实需求以及解决公众日常生活中所面临的实际问题。通过开通政务微信的线上办事功能,即可实现用户在线查询、业务咨询、缴纳费用等民生服务。这种"一对一""点对点"的个性化服务模式,增加了政民互动频率,提升了政务服务的个性化、透明化和精准化。地方性的政务微信账号立足本土化服务态势,更多地关注地方民生服务需求,针对本区域公众的实际需求提供区域化服务。如"广州公安"微信公众号,不仅可以了解到警方动态,还具有查询汽车违章、户口迁移、出入境办理等功能,力求满足公众需求。

3. 互动交流

政府通过政务微信可随时与公众交流互动。政府通过政务微信提供线上服务,及时的传递政务信息、通过公众留言、意见征集快速回应公众诉求,公众可以随时通过政务微信获取大量的政务信息,也可以通过微信平台表达利益诉求。

（二）政务微信特点

政务微信作为微信公众平台的一种，有着微信公众号固有的特征，如精准性、即时便捷性、移动性、互动私密性；同时，它作为电子政务新媒体，还有着政务新媒体的特征和其他优势特征。其主要显著特征如下。

（1）权威性。政务微信公众号的主体是政府部门或者事业单位等公共部门，所以政务微信本身就具有官方性和权威性。发布的政务信息可信度更高，舆论引导性强。

（2）互动性。政务微信成为政府与公众之间的沟通平台，能实时了解公众的需求和呼声，以及信息公开之后的社会效果与影响，通过这个平台回应问题、解疑释惑，消除虚假信息、谣言等对社会产生的不良影响，同时政府也树立了良好的服务型政府形象。

（3）服务性。政务微信最大的特点是服务性。将政府办事服务窗口转至移动平台，公众通过手机等终端可以在移动环境中完成过去需要在多地多部门才能完成的政务服务项目，极大地提升了政府的服务效率和质量。政务微信还具有即时支付功能，用户在关注该公众号的前提下，只需绑定自己的银行卡，设置支付密码即能通过微信支付方式缴纳水电费等日常所需。

（三）政务微信发展

政务微信日益承担并发挥着移动化的民生服务平台、精准化的信息传播载体、零距离的政民互动频道、创新型的公共服务空间等功能。政务微信平台虽然发展迅速，但仍存在定位不清、发展不平衡、内容质量参差不齐等问题，并且多数是以信息发布为主的资讯型平台，政民有效互动不足，距离服务型平台差距较大。探索政务微信发展的主要途径如下。

1. 政务微信服务提升

积极关注地方民生需求，紧紧围绕服务对象即公众的需求科学设置信息内容主题，整合并优化各项服务内容和项目，努力提高发布信息内容的针对性和精准性，提升政务信息的有用性和价值，让公众直接体验到政务微信公众平台推送的信息能够满足其需求、真正解决实际问题，从而更使其感知政务微信办事服务的实用性和便捷性。公众需求的获取需要提高政务微信平台的数据统计分析能力，分析用户的留言内容、高频使用功能和推文点击率等内容，从而更清晰地了解用户的实际需求，根据分析结果改善相关功能和增加用户感兴趣信息的发布，便于政府提供更加精准的服务，以期提高用户的使用满意度和感官体验。

2. 与其他政务平台联动

政务微信的特质在于以公众需求为导向提供政务服务。根据公众需求，通过政务微信平台连接政府门户网站、政府微博、政务 APP 等其他平台，形成合作与互补的"伙伴型媒介"，实现多平台、多系统、多部门以及线上线下服务的联动、信息共享、优势互补，建立多元化、多层次、多功能的服务体系，打造多平台联动的政务服务，实现全方位、一站式的服务。

【案例】政务微信——"上海发布"

以"上海发布"（见图 7-16）为代表的城市政务微信在平台关注人数、发文数量、文章平均阅读量等方面均处于政务类微信公众号的前列，具有很强的代表性。"上海发布"于 2013 年 6 月 8 日正式上线，在人民网舆情中心发布的政务微信排行榜中屡居榜首，内容特色、运营模式方面都表现抢眼。

图 7-16　上海发布政务微信号

上海政务微信形成了以"上海发布"为头雁的雁阵，包括各区、委办局、重要机构三类，其中各区包括"浦东发布""上海黄埔""上海静安"等 16 个政务微信，委办局包括"上海发展改革""上海教育""上海经信委"等 37 个政务微信，重要机构包括"上海人大""上海检查"等 33 个政务微信，以政务资讯发布与公众服务为基本动力，逐步向专业化资讯平台与政务服务平台转化。此外，"上海发布"在微信对话界面还设置了"市政大厅"的菜单栏，用户单击后可快速进入公交实时到站、交通违法、路况查询、入学信息查询等 23 个子栏目服务平台，大大提高了政府办事效率，也为上海市民的日常生活带来了极大便利。自 2015 年 4 月以来，上海政务微信矩阵中的部门已从最初的 48 个变成现在的 77 个，覆盖面越来越大，诸如信息查询、服务办事等事项可以在这里一站式完成。当前上海的政务微信矩阵形成了以独立官方微信为依托、以"上海发布"为流量平台的协同合作的局面。

作为政务微信矩阵旗舰的"上海发布"发挥了标杆作用，成为上海市政务微信向前发展的引领。"上海发布"政务微信业已发展成为一个信息矩阵平台，初步实现了跨部门、跨系统的综合政务信息发布与政民互动。

"上海发布"的功能定位有两方面：一是推送与宣传重大市政信息；二是提供市民所需的便民服务信息。2014 年 10 月"上海发布"推出"市政大厅"服务功能。此项功能开通后粉丝数大幅度增加，吸引了大量公众使用。截至 2018 年 6 月，"市政大厅"已开通了 19 项民生服务功能。这 19 项民生服务功能涉及交通、旅游、教育、天气、社保、民政、社区事务等与市民生活息息相关的内容。

五、政务 App、政务小程序

伴随着移动互联网的快速发展，我国移动网络用户持续增长，越来越多的用户热衷于使用手机等移动智能终端处理各项事务。在政务服务领域，越来越多政府部门积极利用信息技术将政务服务事项向网络端和移动端延伸，也更好地满足了社会大众的需求。移动政务 APP 的出现，提供了较为复杂的政务服务功能，加快了移动互联网与政务服务的融合，实现了线上和线下的结合。"APP+小程序"正在成为移动政务服务的主流模式。

（一）政务 APP

移动政务客户端（Mobile Government Application），又称政务 APP，是政府部门面向公众或部门员工提供服务的移动应用程序。政务 APP 是地方政府做好公共服务必须采用的工具和平台，也是政府向公众提供全面、及时、细致服务最为便捷的手段和途径之一。作为一个服务平台，政务 APP 能够展示地方政府的良好形象，增强政府与公众的互动，提升政府服务能力和扩大服务范围。

2015 年以来，政务 APP 作为政务新媒体的迅猛发展，从而形成了以"两微一端"为代名词的政务新媒体发展新模式。中央党校（国家行政学院）电子政务研究中心发布的《2019 移动政务服务发展报告》显示，截至 2019 年 7 月 1 日，全国 31 个省、自治区、直辖市和新疆生产建设兵团已建设 31 个省级政务服务移动端，具体如表 7-3 所示。

表 7-3 各省级政务 APP

地区	政务 APP	地区	政务 APP	地区	政务 APP
北京	北京通	湖北	鄂汇办	安徽	皖事通
天津	津心办	湖南	新湘事成	福建	闽政通
河北	冀时办	广西	广西政务	江西	赣服通
山西	三晋通	广东	广东政务服务	山东	爱山东
内蒙古	蒙速办	海南	椰省事 APP	河南	豫事办
辽宁	辽事通	重庆	重庆市政府	甘肃	甘快办
吉林	吉事办	四川	天府通办	青海	青松办
黑龙江	全省事	贵州	云上贵州多彩宝	宁夏	宁政通
上海	随申办	云南	办事通	新疆	新疆政务服务
江苏	江苏政务	西藏	西藏政务服务		
浙江	浙里办	陕西	陕政通		

政务微博、政务微信和政务APP作为政府移动政务服务的途径，各有其特点。政务微博重在及时快速地进行信息发布；政务微信旨在便捷地为群众提供轻量化的服务，更适用于交流互动；而政务APP具有政务门户网站不具备的移动性、互动性、便捷性，契合公众获取信息的行为习惯，可以更好地整合政务功能、优化政务服务，提供更为全面完善的服务，也能够更好地保护个人信息，解决群众办事慢、办事难等实际问题，打造出"指尖上的网上政府"。

政务APP在政务公开、公共事务办理、舆情引导、民意通达和政务大数据积存乃至政府形象塑造与维护等方面都发挥了积极作用。但与此同时，不少政务APP还存在"政务"属性不突出、服务功能不健全、运营维护不完善，以及用户体验不佳等问题，导致其下载量、留存率和活跃度偏低。

（二）政务小程序

政务小程序因其"轻、便、易"的应用理念，与公共服务普惠化的理念不谋而合。自微信推出小程序开始，支付宝、百度、今日头条等也接踵推出小程序。随着"互联网+政务服务"的深入推进，小程序正在成为引领新一轮政务服务创新的重要平台。截至2019年2月，目前有超过3万个政务小程序为微信用户提供服务。全国15个省市政务服务小程序入驻支付宝，累计办件量近3亿件，支付宝16个省市的"一网通办"小程序入驻支付宝，接入率高达90%。2019年6月，中国政务服务小程序正式上线运行，接入了46个国务院部门、32个地方政府的142万项政务服务指南，用户可在线办理查询、缴费、申领证件等近200项政务服务，进一步实现不用"进多站、跑多网"。

中央党校（国家行政学院）电子政务研究中心发布的《2019移动政务服务发展报告》显示，截至2019年7月1日，全国31个省（自治区、直辖市）和新疆生产建设兵团中，共计14个地区开通了政务小程序（表7-4），占比为43.75%。其中9个地区开通了支付宝小程序，占比为64.29%；11个地区开通了微信小程序，占比为78.57%；6个地区同时开通了支付宝小程序和微信小程序，占比为42.86%。1个地区开通了百度小程序，占比为7.14%。

表7-4 部分省级政务小程序

地区	小程序	地区	小程序
山东	爱山东	四川	四川政务服务
江西	赣服通	重庆	渝快办
福建	闽政通	河北	冀时办
安徽	皖事通	海南	海南政务服务网
浙江	浙里办	广西	广西政务
陕西	陕政通	广东	粤省事
江苏	江苏政务服务	河南	豫事办
贵州	贵人服务		

【案例1】"浙里办"APP

根据中央党校（国家行政学院）电子政务研究中心发布的《省级政府和重点城市网上政务服务能力调查评估报告（2022）》显示，目前在省级政务服务平台（包括APP）中，北京、上海、江苏、浙江等16个地区的网上政务服务能力总体指数为"非常高"（总体指数超过90）。浙江"政府数字化转型"等创新经验，已经成为全国一体化政务服务平台建设的典型标杆，在全国发挥了较强的引领和示范作用。

"浙里办"APP（见图7-17）是基于浙江政务服务网一体化平台建设的全省掌上办事官方唯一的入口，作为浙江全省掌上办事的核心载体，其界面简洁、操作简便，通过掌上办事、掌上资讯、掌上咨询三大板块，为企业和个人在线提供近百种功能服务，践行着"以人民为中心"的政务理念。

图7-17 "浙里办"APP

自2014年上线以来，"浙里办"APP下载量超过2 300万，"浙里办"服务层级已经延伸到省、市、县三级，提供300多项便民应用、数万个办事事项，包括社保、公积金、医疗和交通出行等主要高频事项。《省级政府和重点城市网上政务服务能力调查评估报告（2022）》显示，"浙里办"为企业和群众办事服务总入口，构建线上线下全面融合的政务服务体系，围绕个人从出生到死亡、企业从准入到退出两个"全生命周期"，打通国家部委、省市县319套业务系统，集成1 500个便民惠企服务，实现全省363 851个政务服务事项无差别受理、同标准办理。

"浙里办"APP主要创新经验如下。

"一端集成，多端输出"。"浙里办"将原各部门自建的政务APP全面整合到一起，建成全省"掌上办事"的统一入口，实行统一用户、统一认证、统一登录，推动行政权力和公共服务事项掌上运行。目前，"浙里办"APP已汇聚"电子社保卡申领""房屋权属证明"等便民服务应用320个，掌上可办事项省、市、县平均330项。同时，借助支付宝使用频率高、覆盖面广的资源优势，将全部便民应用纳入支付宝"浙里办"小程序，群众和企业只要登录支付宝，即可办理。

"智能服务"。"浙里办"从群众和企业需求侧出发，转变服务理念，变"人找服务"为"服务找人"，同时深度运用大数据分析，探索量大面广，与群众和企业关系密切的事项"无感智办"，在群众和企业想办未办或未想到要办时就将事情办成。

"浙里办"实现了以"数据跑腿"代替"人工跑腿"。用户数据进入后台之后，将和浙江省各委办局实现链接，并在政府平台和应用系统之间不断流通。看似简单的过程，其背后是覆盖省、市、县三级数以千计的政府部门。据浙江省办公厅统计，假如数据全面代替了人"跑腿"，全省每年累计可为办事对象节约108万个小时，约等于123年。

上线五年来，"浙里办"已成为浙江省的政务服务主要品牌，并产生了如下长期价值。

（1）为中国的数字政务输出了政务服务体验新模式。

现在所谓"政务淘宝""政务超市"，大多是源自"浙里办"在政务服务模式上的创新衍生品。"浙里办"的出现之于政府办事即是一种"定义性的政务服务体验"，并且随着区块链、人工智能等技术的发展而被不断演绎。

（2）"浙里办"首次为在线政务服务注入"产品运营观"。

通过线上线下的事件运营、活动运营和数据运营，不断拓展了政务服务的半径与用户覆盖数量，在倚重运营、依靠用户的在线政务服务时代，政务服务品牌是用户认同感与获得感的起点。此外，"浙里办"率先在国内上线了政务服务星级评价体系与用户积分体系，开创了政务服务在线评价先河，并建立了公民在线成长的初始化轨迹，其价值可见。目前各省正在推行的"好差评"制度，以及城市APP的积分运营体系，或多或少均受其影响。

【案例2】微信小程序"粤省事"

2018年5月，全国首个政务服务微信小程序"粤省事"（见图7-18）正式上线，是全国首个"民生服务大集合"式的微信小程序，"粤省事"三字一语双关，既凸显出广东的地方特色，也是"越来越省事方便"的谐音，亮出政务服务本地化和便捷性的特色。在上线之初就推出了便民的线上办事小程序，同时配合同名公众号进行服务引导。用户可通过微信客户端的"城市服务"窗口、"粤省事"官方微信公众号、扫描小程序码等多种方式，快捷地找到平台入口，实现多项政务服务事项随时预约、随地办理，是一个"有效传播+精准服务"的政务新媒体。

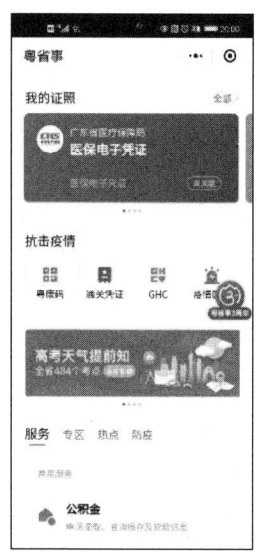

图 7-18 "粤省事"小程序及界面

"粤省事"平台实现了以侧重产品内容的公众号，以及以侧重办事服务的小程序之间的相互协调，将"粤省事"打造成为以政务服务功能为主、资讯发布功能为辅的，覆盖全广东省及粤港澳大湾区的移动民生政务服务平台。

"粤省事"移动民生服务平台注册用户目前突破一亿人，成为全国服务最全、用户最多、活跃度最高的省级移动政务服务平台。其服务涵盖了社保、公积金、护照通行证、交通、户政证件、交通出行、不动产登记查询、法律服务、社会救助、婚姻、新生儿、电子证照关联等多个领域。"粤省事"自上线以来接连创下多个全国第一：上线全国第一个适老化设计移动端老年人服务专区；签发全国第一张出生医学证明的电子证照；在全国率先推出居民身份电子凭证，并与江西省、北京市实现互认；通过"粤康码"与澳门健康码互转互认，"粤省事"成为全国首个实现跨境转码互认的健康码平台等。2020 年，"粤省事"累计业务量达 48 亿笔，上线 1 632 项服务、87 种电子证照，其中 1 113 项服务实现群众办事"零跑动"，群众的办事便利度与体验感均大幅提升。

六、其他途径

2020 年发布的《中国互联网络发展状况统计报告》显示，政务新媒体已经覆盖政务服务整体搜索、政务微博、政务头条号、政务抖音号等板块。"政务+互联网"的平台早已从最初的门户网站走向"两微一端"、抖音、今日头条等多元化平台，形成了强有力的矩阵形式。随着短视频用户群体的爆炸式增长，抖音等平台迅速崛起，政务服务也开始向短视频平台延伸。在短视频领域出现了许多平台，比如抖音、快手、西瓜、火山、哔哩哔哩（bilibili，简称 B 站）等。本书以政务短视频为例。

与微博、微信等新媒体平台不同，政务短视频以其超文本的媒介形式，为用户提供了更加多样化的政务服务。全媒体时代，图片、直播、短视频、VR 等新型媒介形态再次冲击政务新媒体的发展。在日渐视觉化、碎片化、颗粒化的今天，政务短视频以新颖形式和平等视角给大众带来新体验，形成了政务创新风潮。这些短视频通常使用当下流行的网络元素，采用接地气的表达策略，一改往日政务宣传严肃刻板的印象，拉近了与普通受众尤其是年轻人的距离。

就政务短视频而言，抖音是最为值得关注的应用平台。以政务抖音号为典型代表，越来越多的党政机关和事业单位使用短视频来发布信息和互动交流。政务抖音是指党政机关在抖音平台开通的、并经过抖音平台实名认证后，发布政务信息和政策宣讲，促进政民良性互动，更好地为公众提供公共服务的抖音短视频账号。政务抖音继政务微博和政务微信之后成为当前政务新媒体的重要组成部分。政务抖音在应用与发展过程中，以其短视频的特征在信息的发布数量、传播方式等方面，较之于政务微博和政务微信有了显著不同。

政务短视频兴起于 2018 年，抖音平台于当年 4 月推出首批政务账号。2018 年 3 月，中央政法委在抖音开通"中国长安网"账号（见图 7-19），成为第一个入驻抖政务抖音的政务号，随即引发政务短视频的爆炸性增长，并使 2018 年成为"政务短视频元年"。在官方认证的政务抖音账号中，不乏"北京 SWAT（北京特警）""中国长安网""江苏网警"等粉丝量超百万、点赞量近千万的网红账号，使得政民间形成良性互动，政务舆论场更具弹性。可以预见，未来的政务新媒体还将不断迭代更新，在技术赋能下继续实现创新跨越。截至 2020 年 12 月，各级政府共计开通政务抖音号 26 098 个。我国 31 个省（区、市）都已经开通政务抖音号，其中，开通政务抖音号数量最多的省份为山东，共开通 1 586 个。

图 7-19 "中国长安网"政务抖音

（一）热门政务抖音号类型

热门政务抖音号主要有以下几种类型。

（1）实拍视频。"海淀融媒"为进行主题宣传，发布了短视频《这样的警察，你愿意给他赞吗？》。该条视频推出后，累计播放量达 2.19 亿次，累计点赞量达 1 643.2 万次。

（2）监控视频。"平安重庆"为提醒公众在车内关好车门，以保证乘客安全，发布政务短视频《惊险！小孩突然从车里掉到马路上》。该条政务短视频推出后，累计播放量达到 1.86 亿次。

（3）原创情景剧。为开展针对抢劫犯罪的普法工作，"四平警事"发布政务短视频《无论你的故事多么悲伤，那都不是你犯罪的理由》。该条视频在播出后累计播放量达到 1.82 亿次，累计点赞量达到 309.8 万次。

（4）正能量传播类。"警界君"政务抖音号为警戒民众珍爱生命和远离自杀，发布政务短视频《珍爱生命，每个人都是不同的星》。该视频的累计播放量达到 1.99 亿次，累计点赞量达到 1 411.2 万次。

（5）知识普及类。四平市公安局为提醒民众在日常生活中防止诈骗，制作发布了政务情景短剧《谁能告诉我他用什么测的酒驾？当时比较着急没看清?》。该视频播出后，累计播放量达到 1.60 亿次，累计点赞量达到 291.0 万次。

（6）主题宣传类。"长沙发布"推出了视频《长沙的未来警察，Pick 一下？》，累计播放量达到 1.67 亿次。"平安重庆"发布的视频《特警小哥哥，你这个动作太普通了！！蜘蛛侠和美队也会做》，累计播放量达到 1.40 亿次，累计点赞量约为 671.1 万次。

（7）改编音乐类。一部分抖音热门歌曲由于播放量极高，已经形成了歌曲文化。比如 2018 年年底非常流行的《生僻字》，内容是将中国汉字中的生僻字总结形成一首歌曲。"恩施交警"发布的视频《我们恩施女警不能输》，是对《生僻字》改编形成的一首歌。这个视频累计播放量约为 1.05 亿次，累计点赞量达到 71.1 万次。

（二）政务抖音发展趋势

政务抖音已发展至较大的数量规模，并保持着较快的增长速度，主要发展趋势如下。

1. 政务抖音号的扩散与普及将持续加速，多元化和融合式发展

政务抖音号仍然处于扩散初期，还未迎来快速扩散的爆发期。与此同时，政务抖音号存在地区发展不均衡的现象，许多地区、行政层级和部门尚未开通政务抖音号。因此，可以预见的是，在未来几年政务抖音号的数量将呈现快速增长趋势。

加强政务抖音号同其他政府媒介的差异化和融合式发展，并考虑如何最大化挖掘其传播潜力。政务抖音号不会取代政府网站、政务微博、政务微信、政务头条号、政务客户端等媒介，而是需要明确其同这些媒介的差异化特征，并推动政务传播的多媒体融合。

2. 公众参与成为政务抖音号未来发展的基础

使用政务短视频的主要目的之一是获得用户的关注，并能够树立政府部门期望用户感知的公共形象，因此理解用户的行为特征就特别重要。如何激发公众的参与热情，推动公众发挥聪明才智，是决定政务抖音号能否持续发展的关键所在。

（三）其他途径

除了政务抖音，目前还有一些政府部门进驻 B 站，政务 B 站号是政府与青年群体沟

通的重要平台，是直接面向年轻人的政务新媒体，可以提升政务新媒体的覆盖面。如"共青团中央"在 B 站开启二次元风格，包装爱国强国等主题内容，打造年轻化爱国阵地。鉴于 B 站的核心用户群体以"95 后"和"00 后"为主，共青团中央于 2017 年 1 月 2 日正式入驻 B 站，掀起"皮皮团"的新浪潮。共青团中央 B 站号的成功实践在诸多指标上得以充分体现。截至 2020 年 2 月，共青团中央 B 站号通过积极探索系列文字专栏、音频、网络公开课、直播间等多种栏目形式，累计发布视频数 2 351 个，拥有粉丝 600.3 万人，获赞 8099.6 万次，播放数高达 8.8 亿次。

另外，政务头条号也是一种新的政务服务途径。2014 年 10 月，今日头条推出公共信息发布平台，邀请政府部门入驻"政务头条号"。因为政务头条号能够传播政府声音，提升政府形象，服务百姓生活，所以政务头条号很快成了政府部门的公共信息发布平台，其中检察、食药监、公安、信访等部门已经实现了政务头条号的全覆盖。政务头条号上线后，中国大陆 31 个省、自治区、直辖市均开通了政务头条号。截至 2020 年 12 月，各级政府共计开通政务头条号 82 958 个。其中，开通政务头条号数量最多的省份为山东，共开通 7 874 个，开通数量在 3 000 个以上的省份有 10 个。

七、小结

政务新媒体指的是政府机关或公共机构传递权威消息、构建互动交流、提供公共服务的一种新型媒体平台。政务新媒体作为政府机构和部门基于在线治理需求而在新媒体平台搭建的互动工具，包括政务微博、政务微信、政务 APP、政务小程序等。在我国，政务新媒体已经成为各级政府机构和部门吸纳民意、优化政民互动的重要渠道。

（一）政务新媒体形式的演变

为了顺应网络社会治理的新形势，政务新媒体得到了长足发展。从中央到地方，从"双微联动"到短视频平台、知识分享平台，数量众多、种类繁多的政务新媒体丰富了政民互动的渠道、创新社会治理的模式。政务新媒体的内涵也从"双微双联""两微一端"进阶到包含政务短视频在内的"政务新媒体矩阵"。

"双微联动"是微博和微信动态多平台的一种合作模式，双微联动现象最早出现于 2013 年 10 月 11 日，中国政府网同时入驻新华微博、腾讯微博和微信。国务院下发《关于进一步加强政府信息公开回应社会关切提升政府公信力的意见》，明确把微信、微博列为政务新媒体，并主张二者协同发展。截至 2014 年 12 月，全国各省（自治区、直辖市）已全部开通政务微博、进驻微信平台。2014 年 9 月 10 日，国家互联网信息办公室要求要"区分政务公众账号与政务微博的功能定位，实施'双微'联动、协同发展"。2014 年成为了政务"双微"联动发展新元年。实施"双微"联动、协同发展，在即时通信工具平台开设多部门参与、多账号展示的"政务大厅"，实现资源共享，探索一站式服务。政务微博和政务微信并非取代关系，而是传承与协同的关系。不同的传播特性决定了政务"双微"在危机应对、舆情引导和关系管理中可以发挥协同作用，实现双微平台优势互补。

"两微一端"指政务微博、政务微信、政务客户端。据 CNNIC 发布的第 44 次《中国互联网络发展状况统计报告》显示，截至 2019 年 6 月，全国 297 个地级行政区政府开通了"两微一端"等新媒体传播渠道，总体覆盖率达 88.9%；在线政务用户规模达到 5.09 亿人，占全体网民的近六成。规模大、形式多、传播快，已经成为政务新媒体的发展共识。

当前各级政府的政务新媒体进入平稳发展期，并突破了"两微一端"原有格局，政务微博、政务微信、政务 APP、微信城市服务、政务头条号、直播、短视频等新兴平台上的优质政府账号渠道互通、相辅相成，相互补充配合，形成"政务新媒体矩阵"，成为公众服务的多级联动一站式智慧城市平台。

（二）政务新媒体功能的完善

（1）政务新媒体服务向提供综合服务转变。通过新媒体平台完善各项政务服务、解决群众痛点与难点、实现高效清廉工作目标，成为政务新媒体的主要着力点。政务新媒体将继续以群众需求为基础，以数据技术做支撑，持续深耕功能开发，提高政府公共服务的效率和覆盖率。

（2）更加立足民生。政务新媒体在信息公开、互动沟通、政务服务等方面实现了有效探索，下一步将着力于立足民生了解群众所想所思所难，从群众角度完善新媒体生态。例如，群众在政务新媒体提出的问题，不仅能够得到官方的有效回复，还要邀请群众主动监督，掌握后续进程。

总之，我国已经建成一个立体化的政务新媒体矩阵，它包括政府门户网站、政务社交媒体以及正在建设中的数字政府平台。政务新媒体矩阵不仅能够传递政务信息、引导社会舆论，而且能够提供电子政务服务、推动社会治理的科技化与现代化。

第三节 "互联网+政务服务"

2015 年 7 月 4 日，国务院印发《国务院关于积极推进"互联网+政务服务"行动的指导意见》，指出要顺应世界互联网发展新趋势，把互联网的创新成果同经济社会各个领域进行深度融合，从而构筑经济社会发展新优势、新动能。2016 年全国两会的《政府工作报告》中明确提出"大力推行'互联网+政务服务'，实现部门间数据共享，让居民和企业少跑腿、好办事、不添堵"。2016 年 4 月，国务院转发了国家发展改革委等十个部门提出的《推进"互联网+政务服务"开展信息惠民试点实施方案》，该方案提出了"互联网+政务服务"的理念，为我国政府变革服务流程、提升服务效率提供了重要的参考和新的思路。2016 年《国务院关于加快推进"互联网+政务服务"工作的指导意见》《国务院办公厅关于印发"互联网+政务服务"技术体系建设指南的通知》（国办函〔2016〕108号）相继出台，"互联网+政务服务"战略得到进一步推进，各级政府争相探索新政务模式。"互联网+ 政务服务"标志着我国政务信息化从"电子政务"迈入"政务服务"新阶段。2018 年 6 月 10 日，国务院印发《进一步深化"互联网+政务服务"推进政务服务"一网、一门、一次"改革实施方案》，要求深化"放管服"改革，加快构建一体化网上政务服务体系。"互联网+政务服务"提出以来政府部门一系列的指导意见说明，"互联网+政务服务"绝不仅仅是政府通过互联网技术提供公共服务，而是涉及政府治理理念、治理模式、服务主体的一系列变革，其内涵是优化政务服务，构建以公众为中心的公共服务体系和制度。

一、"互联网+政务服务"概念

"互联网+政务服务"的概念包括对内政务管理和对外政务服务两个主要维度。

从内部维度来看，"互联网+政务服务"是以数字化、智能化、协作化为导向，运用新一代信息技术"打破内部循环、倒逼体制改革"，重塑传统组织体制、运行机制和工作流程，构建整体型行政管理体系。应用政务云和数据库，以数据为驱动，强化政务资源共享，实现政府管理体系的全面升级，构建管理规范、资源集约、运转高效、政务透明的整体性治理模式，做到跨层级、跨部门互联互通、资源共享、业务协同。

从外部维度来看，"互联网+政务服务"以公共服务普惠化为主要内容，秉持"跨界融合"的思路，运用互联网技术、互联网思维与互联网精神，依托多元化的移动终端与政务服务有机且深度融合，线上服务平台与线下服务大厅的紧密结合，为办事群众和企业提供便捷、实用、有效和及时的精准服务，以"互联化"打通服务群众"最后一公里"。此外，应用"互联网+"技术实施分级、动态管理，快速响应受众群体诉求，零距离沟通，全天候服务。

"互联网+政务服务"的本质是指以政务服务平台为基础，以公共服务普惠化为主要内容，以实现智慧政府为目标，运用互联网技术、互联网思维与互联网精神，连接网络社会与现实社会，实现政府组织结构和办事流程的优化重组，构建集约化、高效化、透明化的政府治理与运行模式，向社会提供新模式、新境界、新治理结构下的管理和政务服务产品。

二、"互联网+政务服务"内容

（一）四大载体

"互联网+政务服务"有着"数、云、网、端"四大载体，具有内容如下。

（1）"数"指数据库与数据交换共享系统。建设数据异构数据交换共享平台，通过信息整合、交换和抓取，实现不同信息系统之间的数据传递，以"技术强制力"打破信息壁垒。以大数据分析技术对海量数据逻辑性或实证性的计算分析，有助于超前预测和智慧决策。

（2）"云"指跨部门协同政务云平台。依托云计算这一强大的信息处理和渠道分配终端，对政府职能进行优化整合，实现业务互连互通。通过"专有云+物理云主机+虚拟云主机+数据库"，将各部门系统与政务云对接，并可分权限选择单向或双向数据推送。

（3）"网"指门户网站。统一的网上办事大厅形成从省级到各地市（区县）和直属部门的有效链接，成为服务入口、资源门户和管理界面。通过不同职能板块和审批办事入口的导航设置，线上网站与下线大厅的无缝对接，方便企业和群众办事。

（4）"端"指移动客户服务端。手机 APP、微信等终端，融合了多种移动通信、信息处理和计算机网络前沿技术，有助于拓展政务服务的载体渠道和网络布局，使政务服务能够直接触达"最后一公里"。

（二）五大特征

"互联网+政务服务"的五大基本特征如下。

1. 移动化的服务载体

移动终端设备的出现和广泛应用成为"互联网+政务服务"得以实现的基础条件，政务服务从传统的 PC 端 Web 网页、政府门户网站迅速转移到智能手机桌面，运用微信、微博、APP 应用软件，办事群众能够足不出户且随时随地通过手机移动端进行预约申请、事项提交、进度查询、意见反馈，移动化的载体更加贴近民众生活、增强了服务体验。

2. 智能化的运行方式

应用人工智能、云计算、大数据等技术，通过搜集、获取、沉淀数据及服务记录等，感知和挖掘办事群众企业需求，以便对相关需求、未来需要做出趋势预判，从而精准地为办事群众和企业提供可选择的一揽子超预期服务。

3. 云端化的业务平台

传统的政务应用被迁移到电子政务云、公共服务云平台上，电子政务云有助于跨部门信息共享、业务协同，增强行政管理效率和政府治理能力。公共服务云是由政府主导，整合公共资源，为公民和企业的直接需求提供云服务的创新型服务平台。

4. 集约化的管理模式

充分发挥云平台作用，践行"共性平台+ 应用系统"集约化建设的总体思路，统一标准、统一行动，为部门协作、信息共享、业务协同构建可行性基础，充分保障事项内容、服务流程、技术应用不断扩展时的兼容性。

5. 数据化的动力内核

借助大数据技术统筹建立自然人、法人、电子证照、社会信用等基础信息数据库。构建数据共享交换平台，达成政务信息资源的跨界互联互通和协同共享。通过对政务数据资源进行实时感知、智能分析，预测出发展趋势，辅助决策者更科学有效地决策和行动。

有的研究提出，"互联网+政务服务"呈现出在线化、云端化、移动化、数据活化、智能化、O2O 化和自服务化 7 个特征。在线化主要解决政府的全方位服务；云端化主要是构建集群集约安全和高效的政府服务；移动化是为公众打造无所不在的掌上政府服务；数据活化主要是使数据流通到各个价值点，增强数据社会化应用的增值能力；智能化主要为公众提供简单、快捷、无技术与操作障碍的服务，实现了服务的普惠化；O2O 化主要是实现线上线下服务的无缝对接；自服务化主要是满足公众自给自足的获取政务服务并推行众创众筹。

三、"互联网+政务服务"价值

"互联网+政务服务"价值主要体现在如下几个方面。

(一)"互联网+政务服务"是政府职能转变的重要突破

我国政府职能转变的总体进程和主要内容基本上遵循了从"划桨"(政府整合经济与社会)到"掌舵"(由经济整合政治和社会),再到"服务"(由社会整合经济和政治)的转变过程。"互联网+政务服务"恰恰蕴涵了政府职能在公共服务领域的价值范畴和实践逻辑,以"互联网+"思维撬动政府职能转变新思路,以依法行政理念鞭策改革的全过程,公开各级政府部门的权力清单,优化再造政务的服务流程,提升行政审批时效,让信息多跑腿群众少跑路,切实提升人民群众的获得感。

(二)"互联网+政务服务"是建设服务型政府的重要路径

"互联网+政务服务"始终贯彻以人民为中心的发展思想。"互联网+政务服务"彰显了积极为公众服务、主动回应公众诉求的基本宗旨,就是要做到"服务零距离,办事一站通"。浙江"最多跑一次"改革、江苏"不见面审批"、贵州"进一张网办全省事"的大审批服务格局,省级统筹纵向联通横向协同的网上政务服务一体化架构逐渐清晰,"一号一窗一网"不断走向成熟,一直以来制约政府职能转变的需求缺位问题在一定程度上得到破解,进而推动政府由管理型向服务型转变。

(三)"互联网+政务服务"是政府"放管服"改革的基本依托

"互联网+政务服务"研究的主要内容也涵盖了治理模式、治理结构、治理机制、治理工具、治理能力、治理评估等基本问题,与政府治理完全吻合。"互联网+政务服务"以简政放权、创新监管、提升服务为核心,以"一号一窗一网"为重要抓手,强化多部门联合监管和协同服务,开启了从"群众跑腿"到互联网"数据跑腿"的服务管理新模式。

(四)"互联网+政务服务"是推动释放市场潜力和活力的新增长极

"互联网+政务服务"以互联网为基础设施,为大众创业、万众创新和增加公共产品、公共服务"双引擎"提供有力支撑。互联网本身具有扁平化的特性,高度契合了优化再造政府部门组织架构和业务流程的诉求。贵州省通过固化审批流程、各环节办理人员、各环节办理时限、各环节审查标准、审批文书格式,全省各级各部门每天有两万余名审批人员在线办理业务,日均办件量 3 万余件,网上可申请率 100%,被誉为符合西部地区经济社会和电子政务发展的政务服务"贵州模式"。

(五)"互联网+政务服务"是供给侧结构性改革的有力杠杆

在中国由工业经济向信息经济加速转型的背景下,推进供给侧结构性改革为"互联网+政务服务"提供了理论基础和经验借鉴。政府部门是"互联网+政务服务"的供给侧,社会公众是"互联网+政务服务"的需求侧。"互联网+政务服务"也需要供给侧和需求侧"两端发力","互联网+政务服务"已成为撬动"政府侧"改革的有力杠杆,有望成为驱动中国经济发展的新引擎。

四、"互联网+政务服务"发展

(一)实现跨层级、跨地域、跨部门整体协同

在"互联网+"的背景下,层级、区域、系统、部门界限都可被信息技术打通,集约化的信息数据应用模式让权力从分散走向集中、集中式的政务云平台使机构从部分走向整体、网络化的线上线下大厅使服务从破碎走向整合,能够有机协调与整合政府系统内部管理业务,关联业务流程,供给办事企业和群众无缝隙且非分离的整体型服务。

(二)构建智慧政府,迈向智慧决策与治理

建成智慧政府是"互联网+政务服务"改革创新的终极目标。随着我国政府以大数据、云计算为支撑的信息基础设施建设不断完善,公共数据共享平台的搭建与整合,势必要实施数据新政,统一归集整理信息数据并展开数据挖掘,重塑政务服务生态,促进政府决策科学化、社会治理精准化、政务服务高效化。

政府决策方面,通过对日常业务积累及部门互通共享的政务大数据进行实时感知、智能分析,进行事前预测、事后评估和研判政府政策的有效性。优化决策流程,辅助决策者更科学有效地决策和行动,同时向社会发布数据及开放决策过程,接受社会监督,有效防止决策执行出现偏离,激励更多的社会力量参与决策过程,增强政府公信力。

社会治理方面,通过推进信息融合、数据共享与社会治理的有益对接,同时无缝接入各种智能移动终端,以"感知、分析、服务、智慧、监察"五位一体的社会治理平台建设为载体,推进社会治理的精细化与智能化。公共服务方面,基于用户数据和业务数据的收集、交换、分析、整合、提取,从被动服务提升为精准服务,构建医疗智慧、教育和社会保障等模式,更好地识别、满足群众个性化、定制化以及多样化的公共服务需求。

(三)增强用户体验

建立起政府管理与用户体验之间相互促进的良性循环体系,消除政民沟通的"鸿沟"。深度融合各类政务服务提供,运用门户网站、信息公开平台和市民专属网页,根据用户使用习惯组合服务资源,结合用户的历史访问数据智能推送感兴趣的服务内容,提高服务精准度。人工智能在政府公共服务与公共决策领域的广泛适应性,能够更好地满足公民不断提升的公共服务效率质量的要求。今后政府在信息收集、政务咨询、求助应答、申请受理等环节应用人工智能,建立起公民政务服务助手,随时随地对政务服务进行咨询和协助解决。

【案例】江苏不见面审批

2016年1月,国务院确定江苏、浙江、贵州、甘肃和青岛共同承担全国"互联网+政务服务"试点任务。浙江省、江苏省、安徽省、贵州省等地各级政府相继开展"互联

网+政务服务"模式的探索工作。

江苏省于 2014 年建立 5 张清单、搭建 1 个平台、推进 7 项相关改革，确定了简政放权、转变政府职能的路线图和时间表。江苏省于 2017 年 5 月一次性通过《关于全省推行不见面审批（服务）改革实施方案》等四个文件，以制度合力为"不见面审批"保驾护航。2017 年 6 月，江苏省又推出其升级版"不见面审批（服务）"，并将其作为全省的一项普遍制度安排建立"网上办、集中批、联合审、区域评、代办制、不见面"审批（服务）模式。此后，于 2018 年 11 月进一步推进"互联网+政务服务"深化"不见面审批（服务）"改革工作方案。

江苏全面梳理公布"不见面审批（服务）"事项清单，除法律法规规定和暂不具备条件网上办理的事项外，按照"外网受理、内网办理、全程公开、快递送达、网端推送、无偿代办"的方式开展审批。

首先，全面梳理"不见面审批（服务）"事项清单。到 2017 年 10 月 31 日，江苏的省、市、县三级行政机关公布的不见面审批（服务）项目达 104 174 项；2017 年底前还出台了第二批省级"不再审批（服务）"项目清单。

其次，推进全程网上办理。实施审批材料目录化、标准化、电子化，简化网上申请、受理、审查、决定、送达等流程，推动电子证照、电子公文、电子签章的应用，建设统一的公共支付平台，并开展网上监督评价和办理结果实时查询。

再次，推进多评合一、多图联审、集中审批与区域评估。扩大相对集中行政许可权改革试点，通过集中审批集成共享信息资源。全省推行企业投资项目"多评合一"，将各项评估（如水资源论证、取水许可、排污口设置论证、环境影响评价、安全评价、气候可行性论证、地震安全性评价等）统一受理与同步评价。全面推行施工图"多图联审"，将住房城乡建设部门管理的房屋建筑和市政基础设施施工图设计文件审查、公安消防部门管理的消防设计审核等统一接收后集中办理。探索试点区域评估，落户同一试点园区的项目免费共享区域性专项评估与评审报告，降低企业投资成本。

最后，大力推行企业投资项目"预审代办制"和审批（服务）结果"不见面"送达。在各类开发区、乡镇（街道）普遍建立代办制度，推行审批（服务）结果快递送达、代办送达。

江苏省以"不见面审批（服务）"为抓手，在网上审批的基础上综合采用集中审批、多评合一、联合勘验、联合审图、全程代办等政务提速做法，倒逼涉及审批（服务）的各政府职能部门同步进行勘验、审图与评估，防止了各部门分头进行专项审批流程操作而导致的相互推诿扯皮、互为前置条件等现象，从而有效破解了部门职能分割导致的"效率困境"。

第四节 电子政务服务 O2O

未来政务服务模式应该是建立在线上、线下有机融合基础上的电子政务服务 O2O（Online to Offline）模式。就政务服务提供方式而言，存在线上提供和线下提供两种不同模式类型。其中，线上模式的建设重点在接入途径、内容体系，线下模式则更加强调实体大厅的空间布局与功能定位、组织结构、审批业务流程调整和再造。

一、政务服务中心

政务服务中心建设的最初目的是减少政府部门布局分散给群众办事带来的不便。它通过物理集中的方式将与百姓密切相关的事项和部门集中到单一建筑物中，并进行统一管理。政务服务中心通过服务窗口和事项的布局、人员调整以及具体的审批管理制度和流程调整从而达到提高服务效率和水平的目标。政务服务中心或大厅（见图 7-20）初始建设和布局的重点在于"一站式"。随着简政放权和审批改革的深化，政务服务中心呈现由"一站式"向"一窗""多点""多功能"演变的趋势。

"一窗"是对"一站式"服务方式的革新和深化。传统上"一站式"大厅的建设重点在于部门和事项的入驻。而"一窗"则深入到"一站式大厅"内部。它强调将集中于大厅的办事事项按一定标准（主题或生命周期）进行合理划分和导航设计，保证同类主题事项"一窗"式地"接件"和"出件"。"一窗"式功能的实现依赖于各部门业务的协同和信息共享。

"多点"则是对"一站式"服务的纵向延伸。主要表现在延伸到基层的大量便民服务中心、代办点以及流动服务站的建设。如成都市双流区政务服务中心提出"十五分钟生活圈，政府服务在身边"口号，通过一站多居和代办点的形式向公民提供便捷政务服务。长春市同心街道提出"多站式"政务服务模式，通过"社区分站"的建设打造15分钟"服务半径"。

"多功能"则主要体现政务服务中心在功能定位方面的发展变化。传统上"一站式"服务中心主要是政府向公民提供各类审批服务场所，而"多功能"的发展则主要体现服务中心功能从"审批"向"服务"本身的回归。代表性案例有武汉市的"市民之家"。武汉的"市民之家"将中心建设定位于"提供行政服务，展示城市未来，接受市民监督"三大任务，突出"办事大厅、展示大厅、城市客厅"功能。它不仅可以为公民提供审批类的政务服务，同时也集成整合了城市规划展览馆，并定期举办"市民大讲堂"和"江城之恋"等面向市民的公益活动和服务。

图 7-20　政务服务中心

二、政务服务 O2O

政务 O2O，作为政务服务在线应用与线下服务的连接方式，在"互联网＋政务服务"发展的渗透下，正在成为政务服务的重要场景。在政务服务建设和发展过程中，线上和线下两种模式的侧重点有所不同，其服务人群也有所差异。"线上模式"建设的侧重点是渠道、内容以及支撑平台，其目的在于"在线化"。这种具有很强技术特色的服务提供模式，在实际应用中面临"数字鸿沟"等方面的制约。线下模式在一定程度上可以缓解"数字鸿沟"带来的困惑。因此，在实践中，从提高公众需求和体验角度出发，线上和线下的建设模式往往是相互融合的。实现政府服务 O2O，建设线上和线下融为一体的政务服务体系应该是政务服务的发展趋势。

政务服务 O2O 即政务服务线上提供方式和线下提供方式相融合。可以充分兼顾不同人群的特点和服务需求，最大限度地发挥技术优势，从而提高政务服务的效率和质量。

政务服务 O2O 的模式可以融合线上和线下优势，减少数字鸿沟，推动电子政务的包容性增长。包容性强调电子政务的发展可以为"所有人提供相对平等的信息获取机会，可以为边缘和弱势群体带来帮助"。包容性是民主政府维护社会公平的必要责任。

上海"一网通办"经验被写入《2020 联合国电子政务调查报告》，报告中指出，"这种线上线下相融合的体系使用户可以在一次访问中完成所有事项和流程，对年长者、失业者和孕妇等有特殊需要的弱势群体来说尤为方便。"上海通过"一网通办"，用户可随时、随地、随身获得电子政务服务，为与线上服务相融合，上海还设有 200 多个线下服务点和 2 万多名工作人员来满足群众线下服务需求。

【案例】长沙市政务服务中心

长沙市人民政府政务服务中心成立于 2002 年 10 月，主要负责全市政务公开工作及同级政府有关行政审批事项，对各项审批进行协调和监督。2008 年 12 月 22 日，市政中心迁入市政府二办公楼正式对外办公，面积达 13 000 多平方米，设置 106 个办事窗口，124 间后室，驻窗单位 81 个，工作人员近 300 人。2019 年 1 月 22 日，长沙市行政审批服务局成立，市政务服务中心为其直属机构。长沙市政务服务中心是省会城市最早成立的政务服务中心之一，并在行政体制改革的大潮中，不断推进自身的建设和发展。2016 年长沙市政府门户网站的"五清单"专栏和"重点办事服务"专栏被中国电子政务理事会评为"2016 年度政府网站精品栏目"，长沙被评为"2016 年数字政府领先城市"。《2018 年中国政府网站绩效评估报告》显示，长沙市政府网站在省会城市政府网站中排名第二。根据《2019 年省级政府和重点城市网上政务服务能力调查报告》，在 32 个重点城市中，长沙市网上政务服务能力水平评价为"高"；长沙市政务服务平台发布市本级公共服务类事项指南的数量超过了平均值；长沙市在市本级行政许可类事项承诺时限压缩比例大于 50%，位列第二梯队。

2018 年 6 月，覆盖长沙市市本级的"互联网+政务服务"云平台上线运行，2019 年全国一体化在线政务服务平台上线试运行后。长沙市行政审批服务局与长沙市数据资源管理局共同研发推广公共服务移动端 APP——"我的长沙"。"我的长沙"依托一体化政务服务平台，将各职能部门单位数据汇聚并共享，同时把许多市民日常所需办理的事项都融入 APP 中，为市民提供更加便捷高效的公共服务，让群众和企业办事只需动动手指，实现"少跑腿"甚至"零跑腿"。

【思考】

1．电子政务服务的模式有哪些？
2．电子政务服务的途径有哪些？
3．如何看待电子政务服务线上线下相结合？
4．查询资料，总结"互联网+政务服务"在我国的具体实践。

第八章
电子参与

公众作为公共服务体系的核心和政府的重要服务对象，公众参与电子政务，既能满足公众反映利益诉求、表达意见、参与政府管理的需要，又有助于协调政府与公众的关系，促进政府决策民主化、科学化。日益发展的互联网技术和政府职能方式的转变，使得公众参与积极性日渐提高，参与政务的渠道和范围更为广阔。电子参与在世界范围内已经成为一种趋势，越来越多的国家和地区尝试运用新的参与工具提升公众参与度。

第一节 电子参与概述

一、电子参与的内涵

（一）公众参与

公众参与也称为公共参与，其内涵包括两个方面：一是公民对于政治活动的参与，二是公民对于社会管理、公共服务的参与，在涉及公共利益的问题上强调公民的需求和价值。公众参与是指有参与愿望的公民通过一定的途径试图影响公共政策和公共生活的活动。约翰·克莱顿·托马斯根据公众参与的深度，将公众参与分成三种类型：第一种类型旨在收集公民对特定政策或问题的看法、需求和建议等信息，以便政府更好地向公众提供相关服务，并对公民的利益更好地做出反应；第二种着重于推进公众与公共管理者之间的联系，以增强双方之间的了解和互信，帮助管理者更好地理解公众；第三种类型旨在帮助公众更好地理解与政策有关的问题，提供更多的信息和机会，以便公众更好地参与到政策的制定和执行过程中。公众参与是提高政府决策质量和效果的重要方式，不仅需要政府的推动，也需要公众的积极参与和广泛支持，从而实现政府和公众的互利共赢。

（二）电子参与的内涵和特点

互联网的普及和电子政务的发展，提供给公众参与电子政务的形式日益丰富，公众参与不断延伸和拓展。电子参与，也称为电子政务参与，指在电子政务环境下公众通过政府网站、政务微博、政务微信、移动应用、问政平台等方式对公共事务的在线参与，来实现参与政府决策过程、促成公共政策协商的目的。

全球各国都在积极利用信息技术创新政府的运作方式、推进数字政府建设，以实现政府数字治理能力的现代化。电子参与作为数字政府的重要组成部分，为公众参加公共服务供给和公共政策制定等活动提供了新渠道，改善治理效能、实现公民赋权的重要因素。

电子参与具有如下特点：公众参与效率提升，互联网为政府和公众创造了新的沟通机会，公众可以借助互联网参与调查、讨论和协商，打破了地理距离的限制，相比线下参与更加便捷高效；公众参与渠道拓宽，信息通信技术丰富了公众政治参与的方式，推动了网络投票、网上信访、网上问卷、网络问政等参与形式的发展，使公众参与的广度和深度得到进一步延伸；公众参与积极性提高，传统的线下参与具有间接性和滞后性，而电子参与的互动性和即时性极大激发和促进了公众参与的自发性和积极性，有助于实现更广泛、更有效的参与。

二、电子参与的阶段

电子参与分为以下三个阶段。

一是基于结果公开的信息发布阶段。政府网站提供关于政府官员、组织结构、政策法规条例、项目计划、预算、联系方式等社会公众感兴趣的政府信息。获取政府信息是电子参与有效的前提和基础，保证公众的信息知情权。

二是基于内容公开的电子咨询阶段。公众可就不清楚、不理解的政策法规内容等进行线上查询和提问，政府通过线上或线下进行解答。利用政府网站提供在线咨询的必要工具，实现政府和公众的对话。政府允许公众以电子化的方式提出咨询申请或直接在线咨询，政府保存好咨询记录并以多种方式答复咨询申请。

三是基于过程公开的电子决策阶段。公众在深入地了解政府政策形成的过程与结果的基础上，政府建立各种渠道，让公众参与到政府草案等的制定过程中，允许公众通过电子化手段发表意见，发表自己的看法与建议。政府将公众的意见纳入政府决策过程，并向公众反馈哪些意见被采纳，保证决策的公开和透明。

第二节 电子参与途径

电子参与需要借助于信息通信技术工具和相关平台进行。随着网络技术的发展，新媒体平台成为政府信息公开、提供服务的重要渠道，公众参与方式越来越多样化。常用的电子参与工具主要有信息发布类，如政府门户网站、微博、微信；异步信息交流类，如公众信箱、网络论坛；即时信息交流类，如在线访谈、在线视频、政务直播等。这些

电子政务

由资讯媒体、社交媒体、声讯媒体、视频媒体组成的新媒体平台，已经越来越多地影响了公众参与的水平和参与方式，提供了新的参与渠道与平台的同时，提升了公众参与率和参与效果，正在逐步实现公众广泛参与政务意愿，通过这些平台加深了公众与政府间的良性互动。

《2020年联合国电子政务调查报告》对全球193个国家的电子参与指数进行排名，我国在全世界的排名由2018年的第29名上升至第9名，处于非常高第一梯队。这说明我国在运用网络调查、在线访谈、网上听证等参与方式进行政务服务方面进展良好。

一、政府网站

政府网站作为政府实现政务信息公开、服务社会、互动交流的重要渠道。互动交流是各级政府网站的基本板块（见图8-1、图8-2、图8-3）。其主要通过留言板、问政专栏、政府信箱、网上咨询等形式开展与公众之间的互动交流，公众可以通过注册账号—填写个人信息—进行留言的方式发表意见与建议，从而实现与政府的对话。政府网站作为目前网络问政的主流路径，其地位和意义不言而喻。

图8-1 中华人民共和国中央人民政府网站"互动"板块

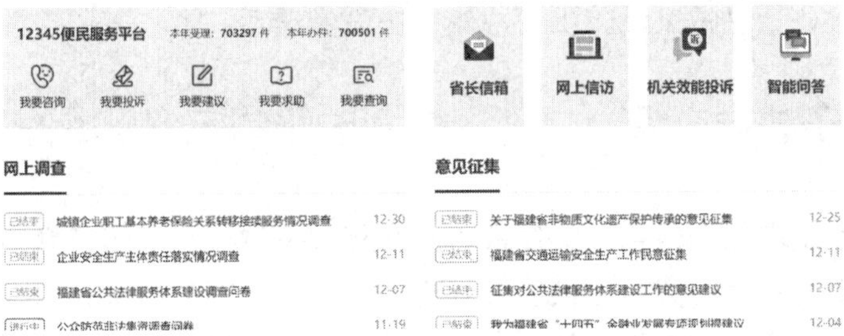

图8-2 福建省人民政府网站"互动"板块

图 8-3 青海省人民政府网站"互动"板块

（一）领导信箱

领导信箱是政府网站问政平台中的一个基本栏目，是政府"集民智、纾民难、解民忧"的重要渠道，主要受理公民对行政区域内公共治理和社会服务的意见建议、问题咨询、投诉举报等事项，由相关领导或责成有关责任的部门予以恢复和解答。一方面，领导信箱可以使公民意见跨层级直达领导，保证了公民建议权、表达权、监督权的正常行使；另一方面，当公民所述情况复杂，涉及多部门、多政府层级时，可使用领导信箱的途径，由上级领导协调处理。

（二）征集调查

征集调查（意见征集和网上调查）是政府主动问政于民的栏目，是政府主动收集公民意见和建议，以达到科学和民主决策的重要手段。在当前的实践中，政府主要通过意见征集栏目进行立法意见征集、重大事项意见征集以及部分社会创新性活动的征集；网上调查主要对涉及民众生活改善、城市基础设施建设、政府工作满意度等进行调查，以充分了解群众的意见和建议。

（三）在线访谈

在线访谈是政府主动接受公民问询和监督的"面对面"在线交流方式，主要邀请政府各部门主要负责同志参与访谈，通过网络直播间、媒体电视等渠道，采用视频直播、图文直播等方式与公民进行在线交流，全面介绍本部门各项工作落实情况、部门发展规划情况以及解读本部门相关政策等，并对公民感兴趣的话题进行现场解答，具有较强的互动性和针对性。在线访谈拉近了部门领导与公民的距离，成为展示政府良好形象的重要平台。

二、政务微博

为迎接新时代执政的挑战，及时了解民意，满足民众诉求，政务微博（图 8-4 为中国长安网微博、图 8-5 中国共青团微博及图 8-6 中国共青团微博"评论"）应运而生，并逐渐成为政民互动的一个平台，政务微博正日益成为促进官民对话的主要公共平台。作为承载着政府和公众间互动功能的政务微博平台，网民在在线互动交流过程中，交互、选择、聚合形成一个个直接或间接联系的用户集群，形成了较为稳定的关系网络。伴随其日趋成熟，政务微博更多的具有了互动与服务元素，网民通过对政务微博进行转发、评论、点赞等行为表达自身诉求。政务微博的交互功能主要包括点赞、评论、转发三方面。

图 8-4　中国长安网微博

图 8-5　中国共青团微博

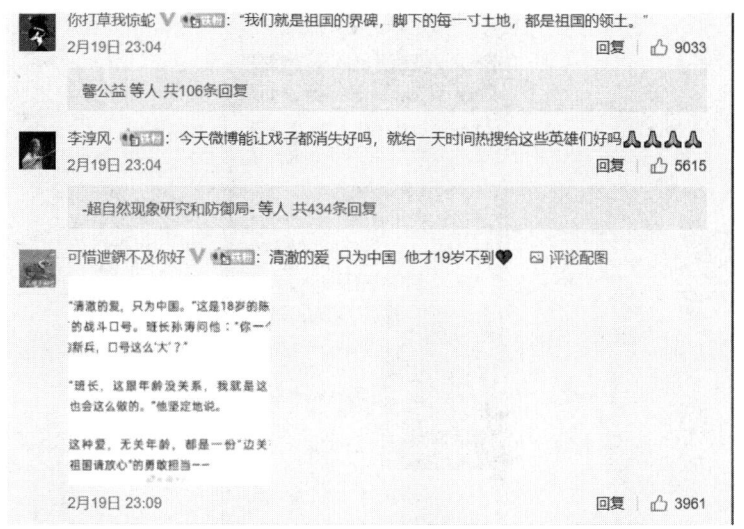

图 8-6 中国共青团微博"评论"

目前政务微博公众参与的现状为:参与主体的年轻化。在微博平台下,参与主体主要以中青年为主。微博媒介的互动性。政务微博下的网络政治参与即网民与网民之间、网民与政府之间以及政府各层级之间的互动带有更为强烈的互动性特征。参与成本的低廉性与参与的高效率性。公众关注官方政务微博,再通过@政务微博、评论、私信、参与话题讨论、投票等方式,便可随时随地向政府部门反映信息、表达诉求。政府及时回应与跟进解决网民即时的诉求表达和热点事件。

政务微博在现实应用中存在公众参与度低、政府回应率低等问题。政务微博内容主题、发布形式、发布时段、发布日期、粉丝数量、日均发博量、信息公开水平等都对公众参与政务微博带来影响。如政务微博公众参与水平会因微博内容主题的不同而有所差异。尤其如"公众参与"与"事件播报"两类主题,对公众参与水平有显著影响。微博的粉丝数量会影响政务微博公众参与的水平。

三、政务微信

政务微信在公众中普及率极高,用户群体规模庞大,已成为用户首选的沟通工具,其用户群体不只集中于青年群体,在中老年群体中仍有相当数量的分布。在公众参与方面,政务微信用户数量的庞大规模拓展了新用户群体的范围,保障了各年龄层次的公民在参与互动过程中相对平等的参与权利。

各级政府及相关部门的政务微信平台(见图 8-7)在互动板块设置上具有多样性,多以建言献策、民生投票、在线访谈与交流、曝光台等形式出现,由此带动发挥公民的主体性作用;而公检法系统、食品药品监管部门的微信公众号常通过"我要投诉、我要举报、我要咨询"等形式来鼓励公民来发表意见与想法。多样化的互动形式、接地气的用语设置无形之中拉近了政府与公众之间的距离,提高了公民建言献策的积极性。

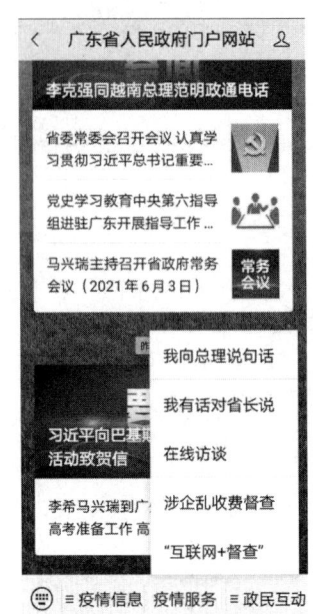

图 8-7 广东省人民政府门户网站政务微信"政民互动"平台

互动能力是政务微信平台建设的关键要素，它不仅影响着公众对政务微信建设的满意度，更是直接关系到政府形象与政府公信力。目前，我国的政务微信平台的互动能力不足主要体现在两个方面：一是由于有些政府及相关部门对政务微信的问政功能重视度不够，加上对其建设的目标定位不准确等，因此使得有些政务微信公众号沦为了"僵尸号"，公众对其进行关注之后，往往发现其中的问政板块根本无法进入，或公众在微信界面直接反映问题后根本无法收到即时回复，只显示"该项服务存在异常"；二是有些政务微信平台回复时间间隔较长，线下跟踪处理与线上及时回复未形成有效配合，这在一定程度上说明其后台并未每天对公众的意见与建议进行有效处理，且并未及时将处理结果进行回复或公开，这些都在一定程度上影响了参与互动的效果。

四、其他途径

政务短视频作为政务新媒体的新形态，已经成为我国各级政府机构公共服务和政民互动的新方式。与政务微博、政务微信的图文信息为主相比，政务短视频的音画同步模式更能在短时间内给予公众带来多重感官的全方位刺激，凭借其丰富的叙事内容和生动形象的展现方式牢牢抓住受众的注意力。在政务短视频领域，抖音在规模、流量和影响力方面表现得最为抢眼。用户互动性和参与度是政务抖音号运营的关键所在。

对于政务短视频而言，"时事热点"类信息能够同时激发公众参与的点赞维度、评论维度和转发维度；"军队形象宣传"类信息能够显著促进公众参与的点赞维度和评论维度；背景音乐情感属性方面，悲伤的音乐能够有效促进公众的评论行为；政务短视频标题的语体特征方面，陈述句式更容易引发公众的评论行为和转发行为。如基于对《人民日报》

抖音号（见图 8-8）的研究发现，正能量故事获得了较多的用户关注，人情味元素有助于提升用户对时政类短视频的参与度。

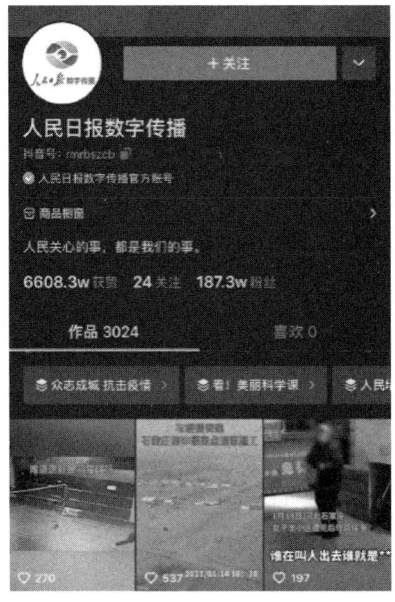

8-8 "人民日报"政务抖音号

第三节 网络问政

随着我国网民队伍越来越庞大，公众越来越善于借助于网络来参政议政。广东奥一网与《南方都市报》于 2008 年首先提出了"网络问政"。

一、网络问政内涵

网络问政是政府和公民以网络为载体，在线进行沟通与互动，保障公民政治愿景和利益诉求的前提下，影响政府决策、施政的过程。网络问政是互联网技术支撑下的公民政治参与的新形式和政府治理的新方式。

从政府方面来看，政府通过借助网络探询民情、汇集民智，将公众意见作为政府机构制定政策和施政的参考，并对公共权力的应用情况接受公民监察，切实达到尽心尽力为人民服务的作用。

从公民方面来看，公民利用网络的途径，向政府相关机构提供见解或提议，表述各类请求。公众提出自己的意见和疑问，对不合理的工作提出批评和建议，使政府相关部门了解公民个体或群众的真实看法，更好地行使公民的知情权、参与权、表达权和监督权。

网络问政的关键在于"问"与"答"，它是一种双向的互动过程，网络问政的目的在于改进政府工作方式、关注社会民生、提升公众满意度与幸福感。

二、网络问政意义

网络问政的意义主要包括如下4方面。

（1）民意表达的新途径。网络作为民意表达的新工具使民意的表达、接收、传播和扩散显示出其应有的影响力。网络问政平台的建立实现了民意表达灵活性与常态性兼顾的价值。人人都有麦克风、人人都是自媒体、人人都有话语权，它落实了公众的表达权，拉近了官民的心理距离，疏导了公众的负面情绪，使政府与公众间的交流和良好的民意表达有了新渠道。

（2）民意表达更便捷。互联网为基础建立的网络问政平台，必然使民意表达中传递环节减少、中间环节简化、整体耗时缩短，使低成本、易操作的官民交流方式更容易被人接受，这无疑拉近了政府与公众间交流沟通的心理距离。

（3）舆论监督的新方式。网络问政平台是媒体舆论监督空间的新扩展，使公众监督权的落实更具可操作性和现实性，以成规模的、庞大的网络民意对事态发展产生影响，以这种影响力强化社会舆论监督力量。

（4）解决问题的新载体。直面公众诉求，整合行政资源并将其转化为解决问题的推动力，推动政府职能部门积极作为。

三、网络问政特点

网络问政的主要特点如下。

（1）参与主体的平等性与广泛性。互联网具有虚拟性和匿名性，在一定程度上消解了现实社会中权力、地位、身份等因素对沟通互动的影响，所有人都被给予了一个网络名片，这个网络名片在网络问政时，为每一个问政参与主体的平等沟通与交流创造了条件。网民是参与网络问政最广泛的主体，具有全民参与的广泛性和代表性。

（2）网络问政内容的丰富性与现实性。网络问政的内容涵盖了社会生活的方方面面，包括教育、医疗、公共权力的使用等等，体现了网络问政内容的丰富性。

（3）公众参与的直接性和民意表达的真实性。网络媒体打破了时空界限，每一位网民都可以直接发表自己的观点和意见。政府与公众之间的交流是开放的，有利于民意表达的真实。

（4）实现方式的互动性和信息传递的实时性。网络传播是一种双向的交互式信息传递过程。网络问政可以借助网络媒体对某一议题实现"点对点、点对面、面对面"等多种模式的互动交流。互联网空间里信息能够迅速聚合、扩散和传播，信息即时传递，是最便捷的信息传递平台。政务微博和政务微信的应用，使得这种即时性的协商互动更为频繁、便捷和高效。

（5）问政环境的开放性与功能的监督性。网络问政的开放性是以互联网的开放性为基础的。任何人都能通过互联网自由地发表见解。这种开放性也催生和凸显了网络问政的社会监督功能，主要表现为网络媒体对社会事件的放大作用。

四、网络问政平台

网络问政平台是网络问政实现的基础，是开展网络问政活动的主要依托。其一般类型包括：政府网站模式，通过各级政府网站的"问政专栏"，如市长邮箱、网上民意调查、在线调查等版块，属于传统问政方式延伸到线上最简便的方式。留言板模式，许多媒体在其网站开辟相关栏目以供问政，如人民网留言板模式（图 8-9）。其他新媒体模式，如政务微博、政务微信、政务 App 等形式。统一政务咨询投诉举报平台，如浙江省统一政务咨询投诉举报平台（见图 8-10），门户网站领导信箱、政务微博、微信等进行整合，统一对外受理，并对民众的咨询投诉举报事项设置督查、满意度评价和考核等。问政直播模式，主要是借助传统电视媒介、移动互联网、短视频自媒体平台等技术与渠道，让政府机构和官员能够直面群众的问题和质疑，促进交流沟通，达成解决问题的目标的新兴问政形式。在我国，问政直播经历了广播与电视现场政务直播、网络政务直播及社交媒体移动政务直播等阶段。

图 8-9 人民网留言板

图 8-10 浙江省统一政务咨询投诉举报平台

第四节 网络舆情

随着新兴媒体的发展、信息技术的变革，信息生成和传播速率极大提升，使整个社会的信息传播和舆论方式发生巨大而深刻的变化，加之社会结构转型与发展过程中新问题的不断出现，促使现实舆论环境中突发事件层出不穷，热点舆情随时爆发，表现日趋复杂。网络环境下的热点舆情已经显现出其巨大的社会影响力，网络舆情演化为一种新的民意表达与社会力量，对政府的社会治理能力提出了更高的要求，网络舆情更是成了国家治理的重点对象。

一、网络舆情内涵与特点

（一）网络舆情内涵

舆情被喻为社会的"皮肤"或"温度计"，是社会环境的动态式表达，是多元民意的集中式体现。网络舆情指是通过互联网表达和传播的，网民对于该事件的所有意见、态度、情绪和行为倾向的集合。网络舆情的构成要素包括舆情主体、舆情客体、舆情本体等。网络舆情的主体指对社会事务发表意见或采取具体行为的个体或者群体，普通网民、自媒体、传统媒体、政府、意见领袖等都属于网络舆情主体的范畴。舆情的客体主要指社会事务中所涉及的具体对象，可能是政府、事业单位、社会机构，也可能是企业或者个人。网络舆情本体即参与主体的情绪、意愿、态度、意见和行为倾向的集合。网络舆情包括显性呈现的网络舆情信息和隐性的情感因素。

基于不同标准，网络舆情有不同分类。有研究认为，网络舆情可分为七类：政府管理类，如反腐倡廉、司法执法、官员形象、信息透明度等；社会民生类，如医疗、就业、环境卫生、社会保障等；国防外交类，如港台关系、涉外关系、民族宗教等；教育教学类，如教育公平、学术诚信、师生关系等；企业财经类，如雇佣矛盾、物价浮动等；事故灾害类，如安全生产、自然灾害、交通事故等；文化建设类，如体育赛事、庆祝活动、明星黄赌毒等。人民网的舆情频道开设了教育舆情、医药舆情、金融舆情、环保舆情、能源舆情、司法舆情等专栏。

（二）网络舆情特点

网络舆情主要有如下特点。

1. 热点形成更加迅速且难以控制

新媒体时代的网络舆情载体复杂多变，突发性、易被发酵的特征尤为明显。意见传递表达呈扩散性的网状分布，信息裂变式、爆炸式传播能够迅速成为网络舆论场。新媒体时代的网络舆情传播呈现的是非线性的散播路径和交叉、重复、叠加式传播覆盖。网络舆情涉足多个领域，舆情热点、焦点、沸点错综复杂，呈现更为显著的"蝴蝶效应"和"井喷效应"，传统"黄金小时"法则已无法应对当前网络舆情的迅猛发展态势。

2. 网络舆情越来越多地涉及公共领域

网络本身的结构特征为网络舆情向公共领域的扩散提供了重要动力。与传统媒介具有明确的传播主体不同，新媒体参与者多以匿名形式参与到舆情事件中，使得普通公众掌握部分网络话语权,可以畅所欲言,自由表达见解与诉求,网络舆情与公共领域的联系更加紧密。

3. 参与主体数量大、范围广且呈现非理性特征

互联网已成为人们获取政务信息、参与社会治理、表达民意诉求的主要渠道。一方面,我国网民人数不断增长,网络舆情的参与主体数量大且范围广;另一方面,我国网民结构失衡(包括地域、城乡、年龄及学历)相对严重,网络舆情尚不能充分反映社会公众的利益表达。在网络虚拟空间里,因为缺少规则限制和有效监督,部分参与者责任意识淡漠、缺乏理性思考、易产生偏激心理与灰色言论,致使网络舆情朝着非理性方向发展。

4. 网民之间、网民与网络媒体间互动增强

网络的最大价值在于其传播的互动性与实效性。与传统媒体一对多的单向传播模式不同,微信、微博等新媒体是一对一、一对多、多对一、多对多的交互传播,在一定程度上,微博、微信等新媒体弥补了传统媒体的传播缺陷。网络舆情的互动性主要体现在网民与政府、网民与媒体、网民与网民之间的互动。

5. 网络舆情可预测性逐渐提高

任何事件都有其内在规律,网络舆情演变虽然复杂多元,但总体上来说是遵循一定发展规律的。随着网络传播技术的迅猛发展和大数据时代的到来,网络舆情的监测、研判会变得更加科学和具体,政府对网络行为的管理也将变得有理有据。

二、网络舆情传播

(一)传播阶段

网络舆情的生成是各种社会因素综合作用的结果,网络舆情的演化传播是一个阶段性、周期性的过程。网络舆情传播有基于不同视角的三阶段、四阶段、五阶段、六阶段模型,这些模型清晰地反映出了网络舆情在传播过程中所显示出来的阶段特性。

1. 三阶段模型

早期的相关研究将网络舆情传播阶段划分为发生、变化和结束三个阶段,该划分方式是以网络舆情传播进程作为划分依据,其划分简洁明了,能够简单而又清晰的对网络舆情传播阶段进行阐述,但不能够详尽地解释出网络舆情在传播过程中的变化。

2. 四阶段模型

为更好地描绘网络舆情传播的内在变动过程,相关学者将三阶段模型扩展成为四阶段模型。舆情传播四阶段模型类型有① 涨落、序变、冲突和衰退四个阶段。② 潜伏期、突发期、蔓延期和终结期四阶段。③ 孕育、扩散、变化、衰减这四阶段。④ 形成期、爆发期、缓解期、平复期四阶段等。

3. 五阶段模型

基于生命周期理论的五阶段模型将网络舆情突发事件划分为潜伏期、萌动期、加速期、成熟期、衰退期,能够较好地反映由网络舆情引发的突发事件在每个阶段所呈现出

的不同特点，为在各个阶段的应对方式提供一定的理论借鉴。

4．六阶段模型

将网络舆情传播过程划分为潜伏、成长、蔓延、爆发、衰退和死亡六个阶段，这种划分能够较为准确地描述新媒体环境下网络舆情的传播过程。另一种六阶段模型为潜伏期、爆发期、蔓延期、反复期、缓解期和长尾期，每个阶段的划分界限更加清晰明了，但在实践中还需要观察。

网络舆情演进一般经过潜伏期、突发期、蔓延期和消散期等阶段。代表性观点认为，网络舆情生长规律符合 Logistic 曲线，可分为潜伏期、扩散前期、扩散后期、消退期。在潜伏期，具有社会普遍价值意义和公众关切的议题所引起的网民共鸣是网络舆情产生的关键；在扩散期，关注主体和议题的演化决定了网络舆情放大的程度；在消退期，网络舆情议题影响饱和，网民注意力耗散。

（二）传播途径

分析表明，由报纸、电视等传统媒体首次曝光的舆情事件占比逐年降低，舆情传播从以传统媒体、门户网站逐步转移到以微博、微信、短视频平台为代表的社会化媒体途径。

在突发热点舆情事件在不同渠道与平台上的传播方面，数据显示，微博平台占绝对优势。相对于其他渠道而言，微博平台由于能够同时容纳舆情事件相关各方以及大量围观认证用户、达人，以及普通用户，提供了开放和相对平等的信息接入与表达途径，所以已经成为突发舆情发生、发展、转移和平抑消退的重要显性平台。在微博平台，大 V 用户在突发舆情事件发展过程中影响力巨大。作为信息传播关键枢纽，大 V 用户的传播影响放大功能显著，其内容发布、转发和转评均能激发巨大流量，极大地推动突发舆情的热度。

在微信平台进行信息传播时，更具影响力的是个体用户在"微信群"和"朋友圈"中对于公号推文、短视频和图文复合型图片等内容制成品转发与扩散，借助私域传播，继而带动和激发起后续的大规模扩散。

随着短视频行业的迅猛发展以及互联网技术的飞速进步，短视频已经从一种信息传播的技术和方式，逐渐演变成广大网民的新兴舆论战场，成为网络舆情传播的重要工具。短视频的网络舆情传播速度更快，通过短平快、媒体化、定制性的短视频表达，在短时间内吸引众多用户的注意力，使短视频能够瞬间引爆网络舆情。

三、网络舆情治理

（一）网络舆情的监测

网络舆情监测预警是一个相对烦琐的数据搜集和处理过程，主要包括网络舆情信息采集、信息归档分类、文本分析、话题识别、情感倾向分析等。网络舆情监测应用系统建立在特定的指标体系和数据分析模型基础上，将机器系统的定量计算和舆情决策者定性分析能力相结合，建立人机协同的舆情智能预警机制和预控方案，以衡量网络舆情的强度、热度和破坏性。

（二）网络舆情的预测

网络舆情的有效预测的实现依托于三个方面的内容，一是对于网络舆情演化的研究积累，掌握网络舆情演化中具有一般性的规律；二是网络舆情评价指标的确定，确定预测中所涉及的影响要素；三是网络舆情的数据收集和案例积累，为预测提供充足的支持。基于不同理论基础的组合预测是当前网络舆情预测的主流，如遗传算法、灰色系统理论、混沌理论、神经网络、贝叶斯网络、马尔科夫链等方法。

（三）网络舆情的引导

政府作为网络空间的管理者，作为网络舆情的治理者，对网络舆论的走向具有监控和引导作用。网络舆情的引导应对的可行性和有效性是当前网络舆情中最为突出的问题。政府部门的积极主动和灵活权变是应对网络舆情的"金钥匙"，政府对舆情事件的回应和引导对网络舆论的走向具有重要影响，政府应对事件的态度、时效和做法在很大程度上决定着舆论的强度和持续时间。网络舆论往往会随着政府的干预而波动起伏，在政府干预方式上，政府可以采用新闻发布会和社交媒体回应。

面对网络舆情，政府需要提高对网络舆情事件的重视程度、干预速度及处理能力，准确判断舆情发展阶段，把握好网民的社会心态，疏通网民的情绪，避免网络谣言及网络动员现象带来的不良影响，达到舆情治理的目的，不断提高政府舆情应对的手段和水平，从而有效促进网络舆论环境和谐健康发展，构建清朗、稳定、和谐、安全的网络舆论空间。

【思考】

1. 选取某一地方政府网站交流互动版块，分析其现状和存在问题。
2. 在互联网上，发表偏激或不负责任言论的成本基本为零。因而，在任何可以评论的地方，都会看到有偏激或不负责任的评论，如何防止这些不负责任的评论误导更多试图参与到讨论中的人进入"沉默的螺旋"？

第九章
电子政务评估

进入 21 世纪以来,电子政务蓬勃发展,对其进行绩效评估的必要性和重要性日益凸显。作为政府绩效评估的重要组成部分,电子政务的评估日益受到世界各国的重视。电子政务绩效评估作为一项新型的政府管理服务模式和治理手段,世界各国也都先后对电子政务评估进行研究,出现了一系列测评全球电子政务绩效状况的研究报告。

第一节 电子政务评估内容

一、电子政务评估内涵

电子政务评估是以建设服务型政府为目标,评估主体通过制定科学的评估指标体系和评估模型,运用特定的评估标准,按照严格的流程,在定量与定性相结合的基础上进行对比分析,对电子政务全生命周期的过程和结果,政府机构绩效目标的达成情况及可持续发展能力,做出客观、公正和准确的综合性评判,分析未达到目标的原因并提出改进建议,以发挥评估工作的导向性作用,构建电子政务可持续发展的长效机制。

电子政务评估是对电子政务建设、运行和管理的全过程进行评估,既是技术评估,更是管理和服务的评估。电子政务评估具有三种功能:判断功能,判断当前系统的绩效状况和水平;预测功能,预测绩效的变化方向和程度是否能与电子政务系统的发展战略相吻合;选择功能,根据绩效的状况和变化趋势实施调整策略,改进不足,提高电子政务系统的运行绩效。

二、电子政务评估意义

自 20 世纪 90 年代以来,电子政务逐渐成为世界各国行政管理方式改革的重要趋势。构建政府网站、开展在线服务、公共流程再造,已成为各国政府提高政府效率,优化公共服务的有效手段。电子政务评估在促进电子政务在政府的管理与服务过程中效益、效率、效能等目标的实现上发挥了其卓越的潜能，主要意义如下。

（1）电子政务评估是政府职能转变目标实现的有效手段。服务导向的绩效评估体系以建立服务型政府为目标，据此设置标准，把绩效目标转化为行动的动力，以引导实现政府职能转变的目标。

（2）电子政务评估是提高电子政务系统可持续发展的有力支持。面向整个流程的绩效评估对电子政务系统发展状况进行摸底和调研，是对电子政务系统的深刻剖析和客观呈现，从而把握电子政务系统发展中的关键问题。同时，能规范当前的电子政务系统建设，整个评估过程的服务导向督促政府内部形成统一的服务意识，提高执行主体的责任感和服务水平。

（3）电子政务评估是提高政府行政效率的重要途径。实施电子政务的目的之一在于实现政府事务处理的智能化和电子化，提高政府部门的办事效率。通过电子政务评估，推动电子政务系统战略的实施，决策部门可获得决策反馈及改进的依据，从而改善政府工作绩效。

三、电子政务评估流程

电子政务评估主要包括评估准备、评估实施和评估反馈三个阶段。

第一个阶段是电子政务评估的准备阶段，主要包括明确评估主体和评估客体、明确评估目标、明确评估任务、制定评估指标体系和确定评估标准等工作。其中，制定评估指标体系和确定评估标准是最关键、最复杂的工作。构建一个有效可行的指标体系，不仅关系着电子政务评估的准确性和实用性，也关系着整个评估工作的成败。

第二个阶段是电子政务评估的实施阶段，包括收集原始数据、数据处理评分、形成初步结果和修正评估结果等。这一阶段的主要任务是得出一个科学、合理和公正的评估结论，并做好评估结果的修正工作。

第三个阶段是电子政务评估的报告撰写和反馈阶段，主要包括撰写评估报告、发布评估结果。这一阶段的主要任务是根据评估结果来改进和完善电子政务建设和政府服务，这是电子政务绩效评估的主要目的。电子政务评估的结果要以评估报告的形式及时反馈，以便进一步推进电子政务建设。

四、电子政务评估指标体系

构建科学有效的评价体系是电子政务评价成功与否的关键。要构建切实可行的电子政务评价体系，首先，要明确基本的原则与指导思路；其次，确定基本的评估指标，这是评价体系的关键环节；最后，明确基本指标的权重及标准，以方便评估体系的实施与结果运用。

从目前的绩效评估实践看，国际上开展电子政务评估的主要有国际机构、政府机构、科研院校和咨询公司等，如联合国经济和社会事务部、经济合作与发展组织、欧盟、早稻田大学等。国内虽然已有不少学者进行了电子政务的评估体系设计研究，但仅有个别政府和公司开展了电子政务评估的实证研究。总的来说，他们均提出了不同层次与视角的评估指标体系，各具特色。

一是对电子政务建设状况进行评估，指标体系重点是在政府网站建设、信息系统建设等基础设施与软硬件方面；二是对电子政务的应用进行评估，指标体系重点是在内容数量、服务人次、导航、访问渠道等方面；三是对电子政务的公众参与情况、满意度等方面进行评估，指标体系重点是在线服务提供情况、用户使用满意度、用户体验等方面。

第二节 国外电子政务评估

一、联合国电子政务评估

联合国经济和社会事务部（Department of Economic and Social Affairs Division）自2001年起进行了全球电子政务调查。联合国全球电子政务调查涵盖了所有联合国成员国，其涵盖空间范围广泛。《联合国电子政务调查报告》致力于展示成功的电子政务策略案例，提倡繁荣、平等与和平的可持续发展纲领，推介以行政改革和可持续发展为目标的开创性实践措施。《联合国电子政务调查报告》在全球范围内得到了广泛的认可，是世界上唯一一份评价联合国各成员国电子政务发展状况的报告，是全球电子政务领域最具权威性的报告，是决策者了解本国电子政务优势和不足从而制定有效策略的工具，也是各类营商环境、城市信用等全球性评估报告在电子政务领域的重要参考资料，该报告成为评估公共行政部门电子政务服务水准的权威标杆。

（一）联合国电子政务评估主题

联合国迄今共进行了12次全球电子政务评估，主要从全球电子政务发展面临的共性问题中提炼评估主题。从2008年开始，评估周期改为每两年评估一次，评估主题通过年度评估报告的名称体现（见表9-1）。

表9-1 历年《联合国电子政务调查报告》评估主题

序号	年度	评估报告名称	评估主题	国家（地区）数
1	2002年	Benchmarking E-Government: A Global Perspective. Assessing the Progress of the UN Member States	电子政务标杆管理：全球视角	190
2	2003年	UN Global E-Government Survey 2003	数字鸿沟	191
3	2004年	Global E-Government readiness report 2004: Towards Access and Opportunity	迈向机遇	191
4	2005年	UN Global E-Government Readiness Report 2005: From E-Government to E-inclusion	从电子政务到电子包容	191
5	2008年	United Nations e-Government Survey 2008: From e-Government to Connected Governance	从电子政务到整体治理	192
6	2010年	United Nations e-Government Survey 2010: Leveraging e-Government at a time of financial and economic crisis	在金融和经济危机时期扩充电子政务	192
7	2012年	United Nations E-Government Survey 2012: E-Government for the People	面向公众的电子政务	193
8	2014年	United Nations e-government survey 2014: E-Government for the future we want	电子政务成就我们希望的未来	193

续表

序号	年度	评估报告名称	评估主题	国家（地区）数
9	2016年	United Nations E-Government Survey 2016: E-Government in Support of Sustainable Development	电子政务促进可持续发展	193
10	2018年	United Nations E-Government Survey 2018: Gearing E-Government to Support Transformation Towards Sustainable and Resilient Societies	发展电子政务，支持向可持续和弹性社会转型	193
11	2020年	United Nations E-Government Survey 2020: Digital Government in the Decade of Action for Sustainable Development.	数字政府助力可持续发展十年行动	193
12	2022年	United Nations E-Government Survey 2022: The Future of Digital Government	数字政府的未来	193

（二）联合国电子政务评估指标体系

联合国电子政务评估指标体系采用权威性数据，定量和定性相结合，以量化评价指标为主导。联合国电子政务评估指标体系主要包括两个指标：电子政务发展指数（E-Government Development Index，EGDI）和电子政务参与指数（E-Participation Index，EPI）。EGDI 指标涵盖网站测评、电信基础设施和人力资本等内容，更趋向指宏观层面、国家层次的电子政务绩效，旨在引导各国确立电子政务发展战略和重视电子政务基础。EPI 指标重视对电子政务准备程度的评估，强调公众参与度。

1. 电子政务发展指数 EGDI

电子政务发展指数是一种国家电子政务绩效水平的综合衡量尺度，旨在评估电子政务的三个重要方面。EGDI 是衡量国家机构利用 ICT（信息与通信技术）提供公共服务的意愿与能力的综合指数。这项指数有助于政府官员、政策制定者、研究人员、民间社会代表及私营部门更好地了解一个国家在利用电子政务提供公务服务方面的相对位置。

EGDI 组成指标为在线服务的范围和质量，通信基础设施的地区合作和人力资源的开发，分别由 OSI（联合国经济和社会事务部独立调查问卷——在线服务指数）、HCI（在联合国教育、科学及文化组织数据的基础上形成——人力资本指数）、TII（在国际电信联盟数据的基础上形成——通信基础设施指数）来衡量，权重各占 1/3（见图9-1）。在数学意义上，EGDI 是电子政务三个最重要维度的标准分的加权平均值。在标准化这三个成分指标之前，将对各成分指标进行 Z 分数标准化程序处理，确保总 EGDI 由这三个成分指标平均决定（即 Z 分数标准化后，每个成分指数都是可比较变量），进行 Z 分数标准化之后，算术平均总和是一个较佳的统计指标，"权重相同"意味着"重要性相同"。

$$EGDI = \frac{1}{3}(OSI_{normalized} + TII_{normalized} + HCI_{normalized})$$

图 9-1　EGDI 组成

（1）在线服务指数（OSI）是基于在线服务调查问卷导出结果合成的标准化分数。2022 年在线服务指数调查表由 180 个是非题组成。2022 年电子政务调查评估的最全面更新体现在生成在线服务指数的精确公式的形式。新方法引入了标准化和规范化方案，通过将评估问题分为五个独立的主题领域，形成五个子指数：制度框架（IF）、服务提供

(SP)、内容提供（CP）、技术（TEC）和电子参与（EPI），从而进一步使在线服务指数（OSI作为一个整体是根据每个子指数的标准化值计算的）与本地在线服务指数（LOSI）保持一致，如图9-2所示。

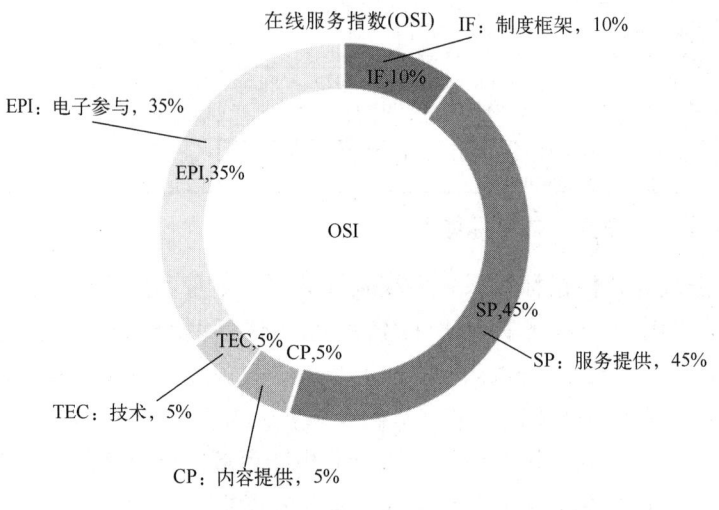

图9-2　在线服务指数OSI构成

（2）人力资本指数（HCI）包含四种成分，即成人识字率；联合了小学、中学及大学的毛入学率；预计受教育年限；平均受教育年限，如图9-3所示。

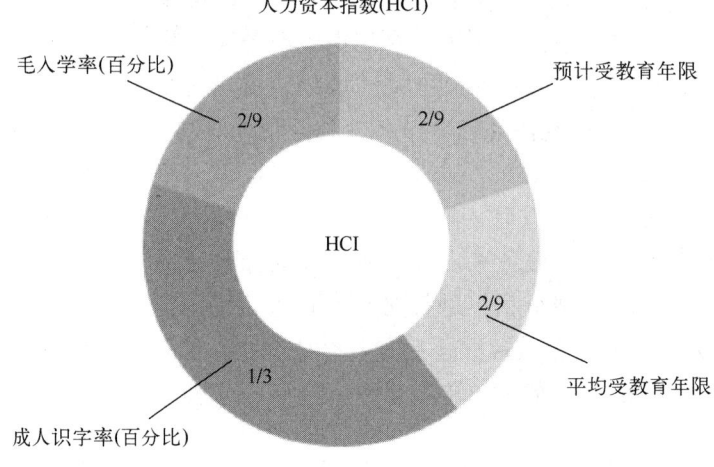

图9-3　人力资本指数HCI组成

（3）电信基础设施指数（TII）由四个指标的算术平均综合指数构成，如图9-4所示，其中包括：每百名居民的互联网用户估计数；每百名居民的移动电话用户数；每百名居民的无线宽带用户数；每百名居民的固定宽带用户数。国际电信联盟是每个指标数据的主要来源。

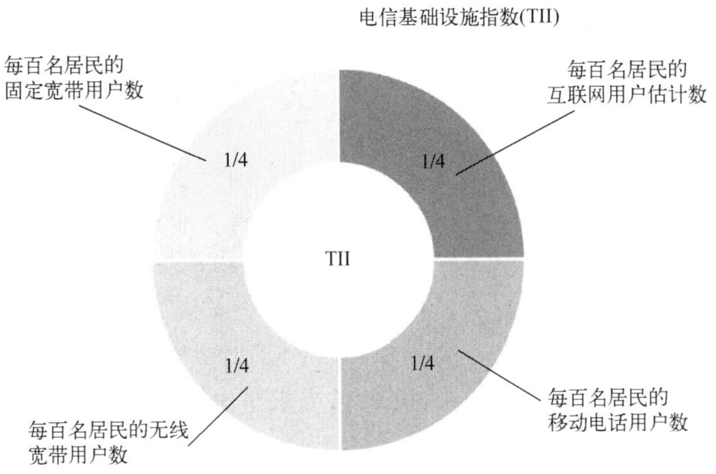

电信基础设施指数(TII)

图 9-4　电信基础设施指数 TII 组成

2. 电子政务参与指数 EPI

EPI 是联合国电子政务调查的补充指数。它扩大了调查的范围，重点关注政府利用在线服务向公民提供信息（或"信息共享"）、与利益攸关方互动（或"电子磋商"）、参与决策过程（或"电子决策"）。

一个国家的 EPI 反映了与其他国家相比，由其政府部署的电子参与机制。该措施并不是为了规定任何具体的做法，而是为了让人们了解不同国家如何利用在线工具促进政府与其公民之间以及公民之间的互动，以造福大众。由于 EPI 是一项基于政府网站上参与式服务的可用性和关联性的定性评估，因此，国家间的比较排名也只用于说明目的，仅作为推动公民参与广泛趋势的一项指标。与 EGDI 一样，EPI 并不是对电子参与的绝对衡量标准，而是试图在某一特定时间点捕捉各国相对于其他国家的电子参与表现。

EPI 指标的主要组成包括：（1）电子信息，应在有要求或在无要求的情况下，都会为公民提供公共信息和获取信息的途径，促进参与。（2）电子协商，让公民参与对公共政策和公共服务献言献策和进行审议。（3）电子决策，通过共同设计政策方案和共同制定服务内容和提供方式，向公民赋权。2022 年调查增加了新的举措来解决电子参与服务中可能发生的不同类型的交互的复杂性问题，将其三个维度进一步细分为六个子维度：电子通知、电子赋能（电子信息中）、电子交流、电子对话（电子咨询中）、电子协作和电子赋权（电子决策中）。EPI 计算公式如图 9-5 所示。

$$\text{电子参与指数(国家"}X\text{")} = \frac{\text{总积分值(国家"}X\text{")} - \text{最低总分值}}{\text{最高总分值} - \text{最低总分值}}$$

图 9-5　EPI 计算公式

在数学上，电子参与指数（EPI）的计算过程是通过将一国的总计分值减去调查中的最低计分值，再除以所有国家总计分值的范围而实现标准化。

(三）联合国电子政务评估结果

1. 总体表现

2022年调查结果显示，全球电子政务发展趋势持续向前推进，许多国家从较低的EGDI水平过渡到较高的EGDI水平。该报告将各国电子政务发展水平分为非常高、高、中等和低水平四档。2022年共有60个国家达到非常高水平（0.75～1分），73个国家为高水平（0.5～0.75分），而中等水平（0.25～0.5分）和低水平（0～0.25分）的分别有53个和7个国家。此外，每个档位又进一步从高到低四等分为四档。以非常高水平为例，进一步分为VH、V3、V2和V1，而中国正处于V2的水平。在本期调查中，全球共有60个国家属于EGDI非常高水平组，与2020年的57个国家相比，该组国家增加了约5.3%。

全球EGDI从2018年的0.55上升到2020年的0.60，再到2022年已上升至0.61。欧洲仍然是电子政务发展的领导者，EGDI平均值为0.8 305，其次是亚洲（0.6 493）、美洲（0.6 438）、大洋洲（0.5 081）和非洲（0.4 054）。2022年的结果表明，EGDI高水平组的国家所占比例最大（38%），其次是EGDI非常高水平组的国家（31%）和EGDI中等水平组的国家（27%）。2022年EGDI低水平组的国家所占比例几乎与2020年持平（4%），但实际数量从8个下降到7个。表9-2为2022年电子政务发展领先国家。

表9-2　2022年电子政务发展领先国家

国家	评级等级	EGDI（2022）	EGDI（2020）	OSI	HCI	TII	所在区域
丹麦	非常高	0.9 717	0.9 578	0.9 797	0.9 559	0.9 795	欧洲
芬兰	非常高	0.9 533	0.9 452	0.9 833	0.9 640	0.9 127	欧洲
韩国	非常高	0.9 529	0.9 560	0.9 826	0.9 087	0.9 674	亚洲
新西兰	非常高	0.9 432	0.9 339	0.9 579	0.9 823	0.8 896	大洋洲
瑞典	非常高	0.9 410	0.9 365	0.9 002	0.9 649	0.9 580	欧洲
冰岛	非常高	0.9 410	0.9 101	0.8 867	0.9 657	0.9 705	欧洲
澳大利亚	非常高	0.9 405	0.9 432	0.9 380	1.0 000	0.8 836	大洋洲
爱沙尼亚	非常高	0.9 393	0.9 473	1.0 000	0.9 231	0.8 949	欧洲
荷兰	非常高	0.9 384	0.9 228	0.9 026	0.9 506	0.9 620	欧洲
美国	非常高	0.9 151	0.9 297	0.9 304	0.9 276	0.8 874	美洲
英国	非常高	0.9 138	0.9 358	0.8 859	0.9 369	0.9 186	欧洲
新加坡	非常高	0.9 133	0.9 150	0.9 620	0.9 021	0.875	亚洲
阿拉伯联合酋长国	非常高	0.9 010	0.8 555	0.9 014	0.8 711	0.9 306	亚洲
日本	非常高	0.9 002	0.8 989	0.9 094	0.8 765	0.9 147	亚洲
马耳他	非常高	0.8 943	0.8 547	0.8 849	0.8 734	0.9 245	欧洲

2. 中国电子政务表现

2022年调查报告数据显示，我国EGDI已从2020年的0.7 948提高到0.8 119，排名比 2020 年提升了 2 位，由 2020 年的排名第 45 上升至第 43，取得历史新高，达到全球电子政务发展"非常高"的水平。中国电子政务水平已处于全球中等偏上，电子政务排名持续稳步上升，具体历次评估情况如表 9-3 所示。

表 9-3 中国历次评估情况

年份	排名	EGDI	OSI	HCI	TII	EPI
2003	74	0.4160	0.3319	0.8000	0.1160	0.069
2004	67	0.4356	0.4054	0.7900	0.1113	0.082
2005	57	0.5078	0.5692	0.8300	0.1241	0.1905
2008	65	0.5017	0.5084	0.8366	0.1600	0.4773
2010	72	0.4700	0.3683	0.8535	0.1913	0.3714
2012	78	0.5359	0.5294	0.7745	0.3039	0.2105
2014	70	0.5450	0.6063	0.6734	0.3354	0.6471
2016	63	0.6071	0.7681	0.6860	0.3673	0.8136
2018	65	0.6811	0.8611	0.7088	0.4375	0.9045
2020	45	0.7948	0.9059	0.7396	0.7388	0.9643
2022	43	0.8119	0.8876	0.805	0.7429	0.8636

3. 地方电子政务发展

联合国经济和社会事务部在 2018 年《联合国电子政务调整报告》中首次纳入了地方电子政务评估，基于 60 项指标对 40 个城市进行了试点研究。在 2020 年《联合国电子政务调整报告》中，这一范围扩大到 100 个城市和 80 项指标。2022 年《联合国电子政务调整报告》采用 86 项指标评估了联合国 193 个会员国中人口最多的城市，以确保尽可能扩大人口覆盖面。2022 年地方在线服务指数研究包含 86 项指标，涉及五项标准：制度框架（8）、内容提供（25）、服务提供（18）、互动参与（17）以及技术（18）。制度框架标准关注城市电子政务战略、组织结构、有关信息获取和隐私的立法以及数据开放政策。内容提供标准旨在确定基本公共信息和资源可以在线获取的程度。服务提供标准主要关注特定政府服务的可用性和交付。互动参与标准主要评估公众参与地方治理架构的机会和互动机制。技术标准关注门户网站的技术特征，以说明如何为用户提供网站和内容。相关指标涉及可访问性、功能性、可靠性、导航便利性、视觉吸引力和技术标准的符合性等因素。

2022 年地方在线服务指数研究首次对 193 个会员国中人口最多的 146 座城市的电子政务情况进行了评估。马德里和柏林排名第 1，获得了近 0.98 的分值，塔林和哥本哈根紧随其后，迪拜、莫斯科、纽约和巴黎并列第 5，新加坡和上海排名第 9 和第 10。值得注意的是，即使是排名第 11 至第 20 的城市，也得到了超过 0.85 的分值。该排名可以作为衡量和跟踪地方电子政务发展的指标，表明许多城市在提供在线服务方面彼此水平非常接近。具体得分情况如表 9-4 所示。

表 9-4 地方在线服务指数水平为非常高的城市

城市	得分	国家
柏林	0.9 767	德国
马德里	0.9 767	西班牙
塔林	0.9 535	爱沙尼亚
哥本哈根	0.9 419	丹麦
迪拜	0.9 186	阿联酋
莫斯科	0.9 186	俄罗斯
纽约	0.9 186	美国
巴黎	0.9 186	法国
新加坡	0.9 070	新加坡
上海	0.8 837	中国

二、美国电子政务评估

美国电子政务评估绩效参考模型 PRM 是 FEA 中关于电子政务绩效评估的参考模型，PRM 处于 FEA 最顶层，是实施 FEA 的最高指导原则，BRM、SRM、DRM、TRM 分别从业务、服务、数据和信息、技术等方面提供规范化指引，使得系统设计和实施采用一致的方式，从而便于开展统一的绩效评价。

PRM 是整个联邦事业架构最为重要和根本的模型，旨在建立一个标准化的电子政务项目评估体系，提供对联邦政府各部门的表现和结果进行评价的标准方法，展示了投入、产出和效果之间的联系，以此来衡量组织机构完成计划目标的绩效成果和流程体系。PRM 重点关注如何提升性能、如何确定投入到产出和效果之间的关联、如何发现跨组织界限的性能改善机会等内容。PRM 评估标准框架主要有三大用途：获得组织绩效信息以支持战略实施和制定日常决策；衡量组织产出和成果，进而得出组织达到期望的结果应该制定一个怎样的基准或者组织在哪些环节应该如何改善；发现和识别组织绩效提升的机会。

PRM 由评估领域（Measurement Areas）、评估分类（Measurement Categories）、评估组合（Measurement Grouping）和评估指标（Measurement Indicator）组成。前两个层次指标由 FEA 明确规定，其中评估分类随着政府业务分类的变化而变化；后两个层次由各个政府机构根据自身的业务特点和历史指标实际值来确定。例如，在评估领域的"服务可达性"评估分类中，包含"新客户和新市场的渗透""频度和深度""服务效率"三个评估组合。各机构可从以上三个评估组合中进行选择或重构，并明确评估指标值。

PRM 主要由 6 大评估领域构成：对使命和业务结果（Mission and Business Results）的评估；对用户结果（Customer Results）的评估；对流程及活动（Process and Activities）的评估；对技术（Technology）的评估；对人力资本（Human Capital）的评估；对其他固定资本（Other Fixed Capital）的评估，促进了美国电子政务建设结果的可视化。

第三节 中国电子政务评估

从评估运行模式看，中国电子政务评估趋于领域专业化和主体多元化。领域专业化的特征是电子政务绩效评估普遍关注的领域是政府信息公开/政务公开、政府网站建设与应用以及电子化政府公共服务系统建设与应用，特别是以政府业务领域主管部门或第三方机构组织的电子政务专题业务绩效评估活动较为普遍。例如，由国务院办公厅电子政务办公室委托中央党校（国家行政学院）电子政务研究中心开展的省级政府网上政务服务能力评估，以及中国软件评测中心独立发起的中国政府网站绩效评估。主体多元化的特征是既有内评估模式也有外评估模式。内评估模式是由政府自身组织开展的评估，多涉及电子政务系统建设的组织保障、管理运维制度、基础设施与支撑平台、内部优化流程、内部人员使用效率与满意度等；外评估模式是由政府以外的第三方机构，如国际组织、学术团体及咨询机构独立开展或委托开展的评估，外评估多涉及通过互联网、政府网站或实体服务大厅对外提供的各种电子政务服务系统带来的应用成效、服务质量、服务能力等，包括社会公众满意度。

一、第三方评估

《中国政府网站绩效评估》（工信部中国软件评测中心）、《省级政府和重点城市一体化政务服务能力调查评估报告》[中央党校（国家行政学院）电子政务研究中心]、《中国政府网站绩效评估报告》（清华大学国家治理研究院、清华大学公共管理学院发布）、《省市政府电子服务能力测评报告》和《中国地方政府互联网服务能力发展报告》等研究报告也致力于政府门户网站政务服务能力的评价研究。

（一）软件评测中心组织的中国政府网站绩效评估

由工信部中国软件评测中心组织开展了第二十一届中国政府网站绩效评估，评估主要从信息发布、数据开放、解读回应、办事服务、互动交流、管理保障、功能推广、优秀创新案例等方面进行，对全国省部级、地市级、区县级三个层次的政府网站进行了综合绩效评价，旨在以评促建，全面推进高效智慧型数字政府建设，为人民群众提供更加普惠、优质、便捷的公共服务。

本次政府网站评估主要依据《国务院办公厅关于印发政府网站发展指引的通知》（国办发〔2017〕47号）、《国务院办公厅秘书局关于印发政府网站与政务新媒体检查指标、监管工作年度考核指标的通知》，以及《关于加强数字政府建设的指导意见》（国发〔2022〕14号）等文件要求，对2022年全国各级政府网站信息公开、政策解读、在线服务、互动交流、展现设计、政务新媒体、传播应用、监督管理、优秀创新实例等指标，通过组建专门的数据采集团队，进行大数据分析，模拟用户访问等多种方式进行评分采样，出具评估结果。

报告显示：（1）数字政府服务能力评估结果：省级数字政府服务能力卓越档为上海市、浙江省、广东省；重点城市数字政府服务能力评估卓越档为杭州市、宁波市、深圳市。(2) 政府网站评估结果：国务院组成部门，第一名商务部、第二名交通运输部、第三名工业和信息化部。国务院其他部门，税务总局、市场监管总局并列第一名，第二名海关总署、第三名药监局。直辖市，北京市、上海市、重庆市、天津市分别位列第一到第四名。省、自治区，浙江省和福建省并列第一、四川省第二名，广西壮族自治区第三名。副省级城市，厦门市第一名，青岛市和深圳市并列第二，成都市第三名。省会城市，第一名成都市，武汉市和长沙市并列第二，第三名贵阳市。地市，第一名佛山市，苏州市和温州市并列第二名，无锡市、宁德市和襄阳市并列第三。区县，第一名深圳罗湖区，第二名佛山禅城区，第三名武汉武昌区。(3) 省级政务服务 App 调查评估卓越级为随申办（上海）、浙里办（浙江）。

（二）清华大学组织的中国政府网站绩效评估报告

清华大学国家治理研究院、清华大学公共管理学院发布了《2022 年中国政府网站绩效评估报告》。评估以推动"整体联动、高效惠民"网上政府建设，促进各级政府提高工作透明度、参与度和服务能力为目标。评估指标体系从内容、展现、保障和应用四个维度，设置了八个一级指标（见图 9-6）：信息公开、政策解读、在线服务、互动交流、展现设计、政务新媒体、监督管理和传播应用。另外，为鼓励各地区各部门在新技术、新模式、新机制等方面的探索创新，推进政府网站集约化、智能化、实用化、规范化建设，在评估过程中开展了优秀案例的征集工作，根据各地各部门政府网站主办单位推荐报送案例的质量给予适当加分。

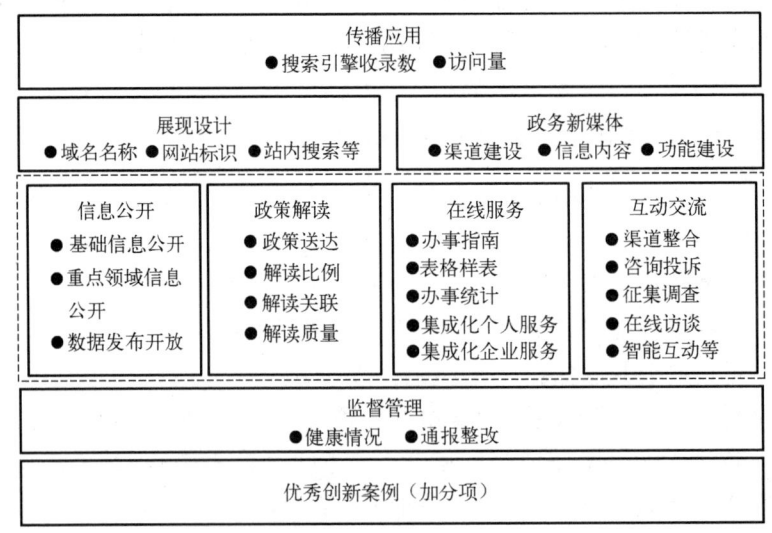

图 9-6　清华大学组织的中国政府网站绩效评估指标

2022 年评估对象包括 53 家国务院部门网站、32 家省（自治区、直辖市）级政府门户网站、32 家副省级和省会城市政府门户网站、301 家地市级政府门户网站、262 家区县级政府门户网站，合计 680 家。部分评估结果如图 9-7、图 9-8 所示。

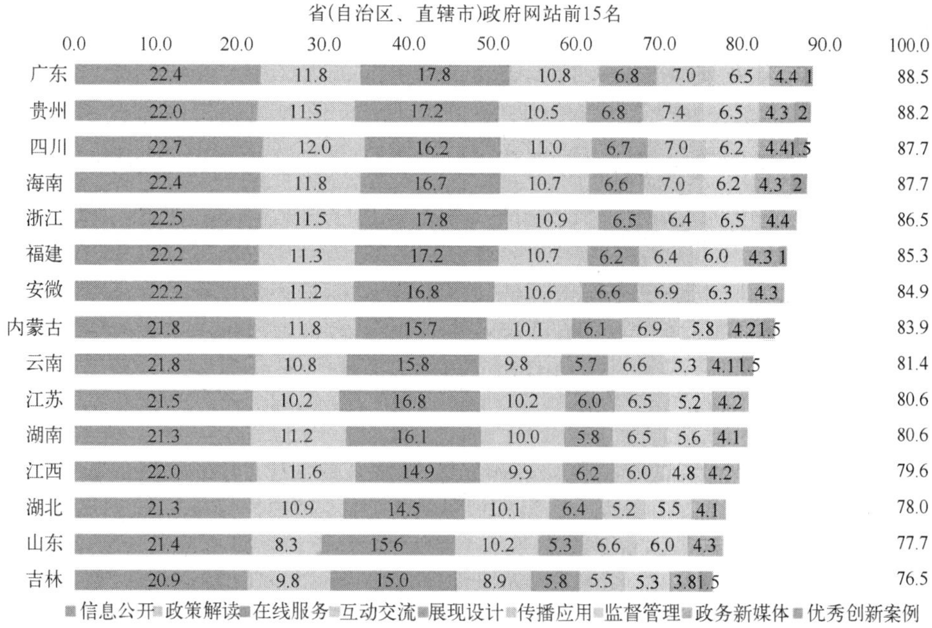

省(自治区、直辖市)政府网站前15名

省份	信息公开	政策解读	在线服务	互动交流	展现设计	传播应用	监督管理	政务新媒体	优秀创新案例	总分
广东	22.4	11.8	17.8	10.8	6.8	7.0	6.5	4.4	1	88.5
贵州	22.0	11.5	17.2	10.5	6.8	7.4	6.5	4.3	2	88.2
四川	22.7	12.0	16.2	11.0	6.7	7.0	6.2	4.4	1.5	87.7
海南	22.4	11.8	16.7	10.7	6.6	7.0	6.2	4.3	2	87.7
浙江	22.5	11.5	17.8	10.9	6.5	6.4	6.5	4.4		86.5
福建	22.2	11.3	17.2	10.7	6.2	6.4	6.0	4.3	1	85.3
安徽	22.2	11.2	16.8	10.6	6.6	6.9	6.3	4.3		84.9
内蒙古	21.8	11.8	15.7	10.1	6.1	6.9	5.8	4.2	1.5	83.9
云南	21.8	10.8	15.8	9.8	5.7	6.6	5.3	4.1	1.5	81.4
江苏	21.5	10.2	16.8	10.2	6.0	6.5	5.2	4.2		80.6
湖南	21.3	11.2	16.1	10.0	5.8	6.5	5.6	4.1		80.6
江西	22.0	11.6	14.9	9.9	6.2	6.0	4.8	4.2		79.6
湖北	21.3	10.9	14.5	10.1	6.4	5.2	5.5	4.1		78.0
山东	21.4	8.3	15.6	10.2	5.3	6.6	6.0	4.3		77.7
吉林	20.9	9.8	15.0	8.9	5.8	5.5	5.3	3.8	1.5	76.5

■信息公开 ■政策解读 ■在线服务 ■互动交流 ■展现设计 ■传播应用 ■监督管理 ■政务新媒体 ■优秀创新案例

图 9-7 省级政府网站排名

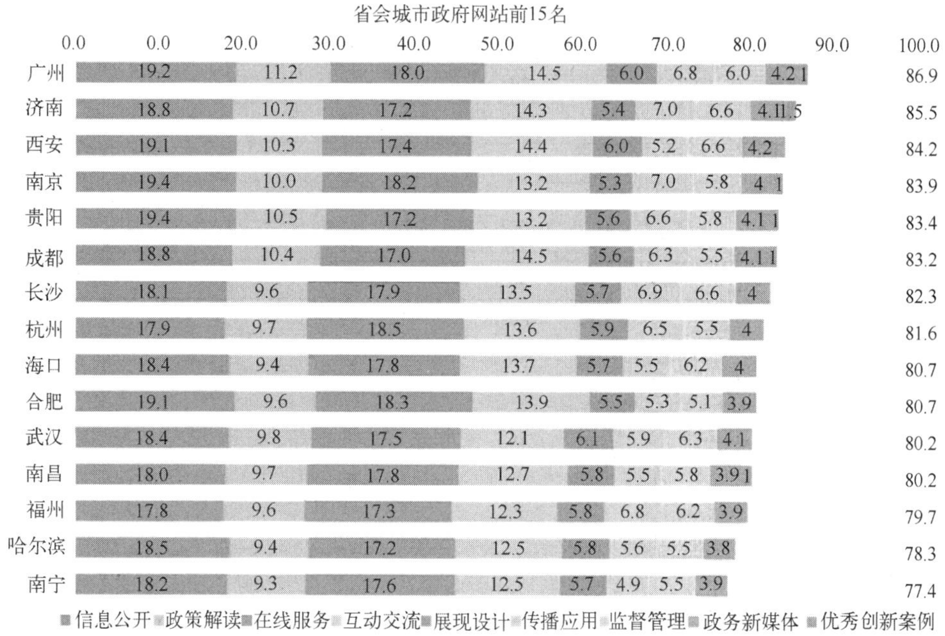

省会城市政府网站前15名

城市	信息公开	政策解读	在线服务	互动交流	展现设计	传播应用	监督管理	政务新媒体	优秀创新案例	总分
广州	19.2	11.2	18.0	14.5	6.0	6.8	6.0	4.2	1	86.9
济南	18.8	10.7	17.2	14.3	5.4	7.0	6.6	4.1	1.5	85.5
西安	19.1	10.3	17.4	14.4	6.0	5.2	6.6	4.2		84.2
南京	19.4	10.0	18.2	13.2	5.3	7.0	5.8	4	1	83.9
贵阳	19.4	10.5	17.2	13.2	5.6	6.6	5.8	4.1	1	83.4
成都	18.8	10.4	17.0	14.5	5.6	6.3	5.5	4.1	1	83.2
长沙	18.1	9.6	17.9	13.5	5.7	6.9	6.6	4		82.3
杭州	17.9	9.7	18.5	13.6	5.9	6.5	5.5	4		81.6
海口	18.4	9.4	17.8	13.7	5.7	5.5	6.2	4		80.7
合肥	19.1	9.6	18.3	13.9	5.5	5.3	5.1	3.9		80.7
武汉	18.4	9.8	17.5	12.1	6.1	5.9	6.3	4.1		80.2
南昌	18.0	9.7	17.8	12.7	5.8	5.5	5.8	3.9	1	80.2
福州	17.8	9.6	17.3	12.3	5.8	6.8	6.2	3.9		79.7
哈尔滨	18.3	9.4	17.2	12.5	5.8	5.6	5.7	3.8		78.3
南宁	18.2	9.3	17.6	12.5	5.7	4.9	5.5	3.9		77.4

■信息公开 ■政策解读 ■在线服务 ■互动交流 ■展现设计 ■传播应用 ■监督管理 ■政务新媒体 ■优秀创新案例

图 9-8 省会城市政府网站排名

(三)电子政务研究中心组织的省级政府和重点城市一体化政务服务能力调查评估

从 2015 年开始,中央党校(国家行政学院)电子政务研究中心在联合国电子政务调查评估(EGDI)框架下,连续开展了省级政府和重点城市网上政务服务能力调查评估工作。评估从"用户体验"的角度,对 31 个省级政府和新疆生产建设兵团网上政务服务平

台或政府门户网站提供的政务服务事项进行了全面跟踪和梳理分析,科学和客观地反映各地区网上政务服务发展水平,发现推进网上政务服务工作中存在的问题,进一步引导和促进"互联网+政务服务"持续健康发展。评估的思路方法和指标体系始终保持相对稳定,但每年评估指标导向都会有所调整,以反映年度工作重点和发展方向。

调查评估从推动提升全国一体化政务服务平台整体服务、协同服务、精准服务、创新服务等能力出发,按照"用户为中心"的原则,采用"用户感知"的方法。2021年度评估工作在参照联合国电子政务调查评估(EGDI)指标体系的基础上,重点围绕在线服务成效度("好差评"制度)、在线办理成熟度、服务方式完备度、服务事项覆盖度、办事指南准确度五个方面,建立面向用户的评估指标体系,推动政务服务从政府供给导向向群众需求导向转变。

2021年省级政府网上政务服务能力总体指数排名前10的地区分别为:上海/广东/浙江(并列)、北京/江苏(并列)、贵州、安徽、四川、福建、湖北、河南、河北、江西/重庆(并列),具体分数如表9-5所示。

表9-5 2021年省级政府调查评估指数总体排名

省级政府	排名	总体指数	在线服务成效度指数	在线办理成熟度指数	服务方式完备度指数	服务事项覆盖度指数	办事指南准备度指数
上海	1	95.38	95.41	95.44	95.80	95.75	94.27
广东	1	95.38	94.40	97.16	95.60	94.00	95.15
浙江	1	95.38	93.66	96.91	97.76	94.00	93.90
北京	2	93.06	90.93	93.00	92.94	96.38	93.52
江苏	2	93.06	91.92	89.59	94.90	93.00	98.37
贵州	3	92.02	89.57	89.55	93.31	92.75	97.77
安徽	4	91.02	89.26	88.91	92.08	93.38	93.70
四川	5	90.18	87.44	86.88	94.35	91.38	93.51
福建	6	89.09	83.99	88.06	92.11	90.88	93.47
湖北	7	88.04	83.46	85.32	91.91	89.88	93.18
河南	8	87.38	82.06	85.29	93.08	89.50	90.03
河北	9	86.89	79.97	84.73	94.69	85.63	92.86
江西	10	86.28	79.01	84.31	94.24	85.28	92.12
重庆	10	86.28	79.89	83.21	92.12	88.68	91.88

2021年重点城市一体化政务服务能力总体指数排名前10的城市分别为:深圳、广州/南京/杭州(并列)、宁波、合肥、青岛、武汉/哈尔滨(并列)、南昌、成都/福州(并列)、长沙、郑州,具体排名如表9-6所示。

表9-6 2021年重点城市一体化政务服务能力总体指数排名

重点城市	排名	总体指数	在线服务成效度指数	在线办理成熟度指数	服务方式完备度指数	服务事项覆盖度指数	办事指南准备度指数
深圳	1	96.81	96.17	96.99	96.69	97.10	97.43
广州	2	95.92	95.47	94.79	94.97	98.97	96.78

续表

重点城市	排名	总体指数	在线服务成效度指数	在线办理成熟度指数	服务方式完备度指数	服务事项覆盖度指数	办事指南准备度指数
南京	2	95.92	94.75	94.54	97.30	95.96	98.27
杭州	2	95.92	95.64	95.12	98.06	94.88	95.94
宁波	3	94.49	92.26	95.05	95.94	94.27	95.56
合肥	4	91.08	87.23	94.50	85.65	94.34	95.78
青岛	5	90.80	87.37	89.23	95.16	88.90	95.25
武汉	6	89.39	83.77	90.55	90.29	90.78	94.24
哈尔滨	6	89.39	84.06	92.20	87.91	89.68	95.31
南昌	7	88.08	80.25	91.45	91.14	85.72	93.81
成都	8	87.74	82.73	88.19	87.58	87.91	95.38
福州	8	87.74	81.33	92.06	84.03	90.05	93.87
长沙	9	86.69	79.91	83.95	89.30	91.23	94.54
郑州	10	86.36	81.56	89.55	82.24	89.24	91.67

二、政府自身评估

为落实《国务院办公厅关于印发政府网站发展指引的通知》(国办发〔2017〕47号)，提升政府网站管理水平和政务服务能力，建设整体联动、高效惠民的网上政府，2018年1月，国务院办公厅发布关于做好政府网站年度报表工作的通知（国办函〔2018〕12号）。通知要求各级各类政府网站要编制发布《政府网站工作年度报表》，主要包括信息发布、专栏专题、解读回应、办事服务、互动交流、安全防护、移动新媒体、创新发展等情况。各级各类政府网站的《政府网站工作年度报表》于每年1月31日前在本网站首页显著位置发布。各省（区、市）、国务院各部门政府门户网站要开设专栏，集中发布本地区、本部门（本系统）各级各类政府网站的工作年度报表。通知发布之后，全国2万多家政府门户网站展开"自检"，填写和公示《政府网站工作年度报表》和《政府网站监管年度报表》。

《政府网站工作年度报表》是一份"自检性"的文献资料，因为各级政府要对填报数据负责，所以报表中的数据具有其他数据来源无可比拟的准确性、科学性和系统性。该报表除了网站的基本信息和访问量，共包含网站访问量水平、信息发布、专题专栏、解读回应、办事服务、互动交流、安全防护、移动新媒体、创新发展九个一级指标，如表9-7所示。

表9-7 政府网站工作年度报表

网站访问量水平	独立用户访问总量	
	网站总访问量	
信息发布	概况类信息更新量	
	政务动态信息更新量	
	信息公开目录信息更新量	

续表

专题专栏	维护数量		
	新开设数量		
解读回应	解读信息发布	解读材料数量	
		解读产品数量	
		媒体评论文章数量	
	回应公众关注热点或重大舆情数量		
办事服务	是否发布服务事项目录		
	注册用户数		
	政务服务事项数量		
	可全程在线办理政务服务事项数量		
	办件量	自然人办件量	
		法人办件量	
互动交流	是否使用统一平台		
	留言办理	收到留言数量	
		办结留言数量	
		平均办理时间	
		公开答复数量	
	征集调查	征集调查期数	
		收到意见数量	
		公布调查结果期数	
	在线访谈	访谈期数	
		网民留言数量	
		答复网民提问数量	
	是否提供智能问答		
安全防护	安全检测评估次数		
	发现问题数量		
	问题整改数量		
	是否建立安全监测预警机制		
	是否开展应急演练		
	是否明确网站安全责任人		
移动新媒体	是否有移动新媒体		
	微博	名称	
		信息发布量	
		关注量	
	微信	名称	
		信息发布量	
		订阅数	
	其他		

续表

创新发展	搜索即服务	
	多语言版本	
	无障碍浏览	
	千人千网	
	其他	

中央政府自 2014 年以来出台了一系列重要文件推动政府网站监管机制建设,《国务院办公厅关于加强政府网站信息内容建设的意见》(国办发〔2014〕57 号)的颁布标志着中国政府网站建设进入集约标准化阶段,强调建立规范化监管体系。从实际效果看,大多数省政府网站抽查合格率均有提升。《政府网站监管报表》(表 9-8)包括网站抽查、安全检查、网站开设整合、"我为政府网站找错"平台网民留言办理、假冒政府网站处置、人员培训等的配合使用,并通过政府网站监管年报督促落实。

表 9-8 政府网站监管年度报表

			一季度	二季度	三季度	四季度	总计
网站抽查	网站总数(单位:家)						
	抽查比例(单位:%)						
	抽查网站数量(单位:家)						
	抽查合格率(单位:%)						
	不合格网站数量(单位:家)						
	问责人次(单位:人次)	约谈					
		书面检查					
		通报批评					
		警告或记过处分					
		调离岗位或免职					
		其他					
	是否纳入政府年度绩效考核		□是(___%)　□否				
安全检查	检查次数(单位:次)						
	检查网站数量(单位:家)						
网站开设整合	运行网站总数(单位:家)						
	新开设网站数量(单位:家)						
	整合迁移网站数量(单位:家)						
"我为政府网站找错"平台网民留言办理	收到留言数量(单位:条)						
	按期办结数量(单位:条)						
	超期办结数量(单位:条)						
假冒政府网站处置	发现数量(单位:个)						
	处置数量(单位:个)						
人员培训	培训次数(单位:次)						
	培训人次(单位:人次)						
	培训天数(单位:天)						
其他							

第四节 数字政府评估

数字政府评估作为衡量政府数字化转型水平的工具，对反映数字政府建设现状与发展成果，改进数字政府治理能效具有重要意义。据不完全统计，全球超过 40 个国际组织、研究机构和咨询公司陆续开展了数字政府指标体系研究，本节选取国外早稻田大学、Gartner 数字政府评估体系，国内选取清华大学作为数字政府评估的典型代表。

一、国际数字政府评估

（一）早稻田大学推出的国际数字政府评估

自 2005 年以来，早稻田大学开始对世界几十个国家（主要是发达国家）的电子政务发展水平进行评估。日本早稻田大学数字政府研究中心发布了 2022 年《第 17 届国际数字政府评估排名报告》。本次评估排名覆盖了全球 64 个国家/地区，第一丹麦、第二新西兰、第三加拿大、第四新加坡、第五美国、第六英国、第七韩国、第八爱沙尼亚、第九中国台湾和第十日本。

评估指标体系包括网络防范/基础设施、管理优化/效率、在线服务/功能应用、国家门户网站/主页、政府首席信息官、数字政府推广、电子参与/数字融合、开放政府、网络安全与新兴信息通信技术的使用十大模块（见表 9-9），其中，在政府数字化的赋能机制、法律框架制定以及优化意识等均是契合当下数字政府发展的重要指标及议题。

表 9-9　早稻田大学国际数字政府评估排名指标体系

一级指标	二级指标
1. 网络防范/基础设施（NIP）	1-1 互联网用户 1-2 宽带用户 1-3 移动手机用户
2. 管理优化/效率（MO）	2-1 优化意识 2-2 整合企业架构 2-3 行政和预算系统
3. 在线服务/功能应用（OS）	3-1 电子采购 3-2 电子税务系统 3-3 电子定制系统 3-4 电子医疗系统 3-5 "一站式"服务
4. 国家门户网站/主页（NPR）	4-1 导航 4-2 互动 4-3 界面 4-4 技术方面
5. 政府首席信息官（GCIO）	5-1 设置 GCIO 5-2 GCIO 的任务 5-3 CIO 的组织架构 5-4 CIO 开发的项目
6. 数字政府推广（EPRO）	6-1 法律机制 6-2 支持机制 6-3 保障机制 6-4 评价机制

续表

一级指标	二级指标
7. 电子参与/数字融合（EPAR）	7-1 电子信息机制 7-2 咨询 7-3 决策
8. 开放政府（OGD）	8-1 法律框架 8-2 社会 8-3 组织
9. 网络安全（CYB）	9-1 法律框架 9-2 网络犯罪对策 9-3 网络安全组织
10. 新兴信息通信技术的使用（EMG）	10-1 云计算应用情况 10-2 物联网应用情况 10-3 大数据应用情况

（二）Gartner 五级数字政府成熟度模型

Gartner 五级数字政府成熟度模型主要从价值焦点、渠道战略、领导者、技术焦点、采购战略、关键指标等层面进行考察，把数字政府成熟度分为电子政务（初始阶段）、开放（发展阶段）、以数据为中心（明确阶段）、完全数字化（应用阶段）、智能化（优化阶段）五个级别，如图9-9所示。

成熟度水平	电子政务 01 初始阶段	开放 02 发展阶段	以数据为中心 03 明确阶段	完全数字化 04 应用阶段	智能化 05 优化阶段
价值焦点	合规性、效率	透明度	部门价值	转型	可持续性
渠道策略	门户网站	政府作为平台	非政府渠道	真正的多渠道	自动化取代门户
领导者	首席信息官/ 首席技术官	首席开发官	部门	首席信息官 与部门	首席信息官升级版
技术焦点	同向服务的架构	数据开放 服务开放	数据完全开放	一切皆可 数据化	智能机器
采购策略	混合型	重新内包 服务云优先	多种服务模式	合作伙伴模式	上包型
关键指标	在线服务率	数据开放率	数据驱动服务	数据化率	服务缩减率

图 9-9 Gartner 五级数字政府成熟度模型

初始阶段的重点是将服务转移到网上，侧重用户使用在线服务的便捷性并能节省费用，但数据及其用途是孤立的，并且极为有限。关键指标是在线服务率，核心技术是面向服务的架构，主要价值体现在服务承诺以及效率提升；

发展阶段以开放为主题，但不一定在初始阶段之后，电子政务和开放的政府项目经常共存，具有不同的领导和优先次序，开放政府通常采取面向用户的方式，旨在促进透明、用户参与和梳理各个部门的数据资源，统筹数据的内部整合。关键指标是政府数据开放率，开放数据和开放服务成为技术的侧重点，政府作为平台向用户提供服务，核心价值是透明与开放；

明确阶段则完全以数据为中心，主要绩效指标是开放了多少数据，并在此基础上构建了多少应用。明确阶段强调以数据为中心，关注的焦点从简单地听取用户的需求转移到主动探索战略上收集和利用数据的内在和新的可能性上。关键指标是应用程序中有多少是建立在开放数据之上以及数据驱动服务的数量，专注于设计和实现以数据为中心的策略和流程，侧重于设计和执行数据为中心的战略，满足公众对数据的需求是以数据为中心阶段的最大价值，通过数据驱动政府服务优化；

应用阶段是完全数字化阶段，数据有规律的跨组织边界流动，从而使政府部门之间更容易进行交互和提供更好的服务。关键指标是应用的各种数据的比例，必须确保在现有规范和条例范围内使用数据。与第三方合作，通过开放数据 API，激活企业或者个人对于数据的创新应用能力，应用以数据为中心的方法提升政府效能，不断促进创新；

优化阶段之所以被称为智慧化阶段，在于不断增长的数据驱动创新和可预测的持续改变是其显著特征。应用开放数据的数字创新过程深入嵌入整个政府并得到高层决策者的支持，围绕建立数据服务的全新范式，通过更多数据产品和数据服务的开发，让政府变得更智慧，让百姓生活变得更便利，实现数据惠民、数据社会化的高层次目标。

二、国内数字政府评估

清华大学数据治理研究中心综合吸收国内外相关评估指标体系，原创性地设计了中国数字政府发展指数评估指标体系，2020年进行了首轮评估。数字政府发展评估指标体系包含组织机构、制度体系、治理能力和治理效果四个一级指标，通过分解细化，最终形成13个二级指标和79个三级指标。

评估对象主要包括31个省、333个城市，省级数字政府发展指数评估结果显示，在省级排名上，根据组织机构、制度体系、治理能力、治理效果四个指标的总得分测算，上海位列全国第一名。北京、浙江、广东、四川、安徽分列第二至第六名，得分均在75分以上。从发展梯度上，31个省级政府被划分为发展程度不同的五种类型：引领型、优质型、特色型、发展型、追赶型。在31个省级政府中，上海、北京和浙江属于引领型。优质型和特色型各包括6个省级政府，发展型包括7个省级政府，而追赶型包括9个省级政府。我国省级数字政府发展梯度总体呈现金字塔型分布结构。东部地区数字政府的发展显著领先于中西部地区，前者引领型和优质型省份的数量远多于后者。

从组织机构角度来看，在所有省份中，上海、广东、安徽、海南并列第一名，得分均为13分；浙江、四川、江苏并列第二名，得分均为12分。从制度体系角度来看，在所有省份中，浙江、广东并列第一名，得分均为15分；上海、山东并列第二名，得分均为14.38分。从治理能力角度来看，在所有省份中，北京排名全国第一名，治理能力得分为38.35分；上海、天津、福建分别为第二至第四名，得分均超过35分。从治理效果角度来看，在所有省份中，江苏的治理效果得分排名第一名，得分为18.01分；其次为四川，得分为17.12分。

另外，该报告中市评估结果显示，深圳、杭州、广州总得分位列全国前三名；引领型城市以副省级和省会城市为主；东部城市排名整体靠前，中西部城市虽然总体上仍处于落后地位，但追赶态势明显，部分城市与东部领先城市的差距已在缩小。

第九章　电子政务评估

【思考】

1．联合国电子政务评估的指标有哪些？
2．查询《省级政府网上政务服务能力调查评估报告》，谈谈你的理解。
3．查询资料，总结我国数字政府发展的实践。

第十章
电子政务发展

随着全球电子政务整体发展水平的不断提升，数字政府转型快速推进，在线政务服务水平普遍提高，数据治理框架不断完善。我国网上政务服务供给能力持续改善，政务信息资源开发利用深入推进，国际排名大幅上升。当前，新一代信息技术的创新应用正贯穿到各个领域的制度体系建设和治理现代化的全过程，推进新技术在电子政务中的应用以发展电子政务，是实现国家治理现代化的重要支撑和保障。

第一节 电子政务发展趋势

一、全球电子政务发展趋势

（一）数字政府转型快速推进

美国、欧盟、日本等西方发达国家都在加速"数字蝶变"，大力推动政府数字化转型和数字政府建设，数字政府作为数字化转型的"重中之重"，受到世界各国普遍重视。世界各国政府正在利用数字技术创新政府运作方式，并不断转变信息公开、政府决策和公共服务的方式，积极了解公众需求，解决公众关注的热点问题。

（二）在线服务成为各国发展重点

从全球范围来看，各国都在积极改善电子政务以及公共服务的在线提供。大力提高在线服务水平已成为各国普遍共识。更多的国家开始关注通过电子政务建设整体政府，解决协同治理问题，并将其作为应对各种复杂挑战的关键。在构建整体政府中，强调基础资源层面的集约化建设与利用、管理层面的统筹规划与高效协同、服务层面的"一体化"无缝整合成为各国的普遍做法。

（三）政府快速响应能力不断提升

各国政府通过其国家门户网站、移动应用程序和社交媒体平台公开信息，快速响应公众需求。拥有强大电子政务系统的国家能够向公众、地方政府提供明确的最新信息，同时还能与社会平台开展合作，减少错误信息的传播。通过信息共享和在线服务的提供，数字技术使政府和公众保持联系，使各国政府能根据实时数据进行分析并迅速做出决策，提高地方政府协调能力，并向最需要的人提供服务。

（四）电子参与持续推广

电子参与是治理的一个关键层面，也是可持续发展的支柱之一。电子参与平台继续在更多国家推广，出现了一种多功能参与平台的趋势。政府通过利用信息通信技术加强业务联系，在决策和提供服务方面推动系统思维方法。

（五）数据治理框架不断完善

随着政府数据应用的不断深化，政府数据治理面临的风险和挑战也不断增加，政府数据治理的范式也在发生转变，政府开展了利用数据治理框架和以数据为中心的电子政务战略，以创新的方式产生公共价值。优化利用政务数据，将有助于提高公共机构的成效、问责和包容性，建立在数据基础上的政府将有助于提高信誉和公正性。

二、我国电子政务发展趋势

（一）网上政务服务能力和水平持续提升

一体化政务服务平台作为创新行政管理和服务的新方式、新渠道、新载体，充分发挥了其跨地区、跨部门、跨层级业务办理方面的支撑和保障作用，推动了更多政务服务事项从"线下跑"转向"网上办"，全方位提升网上政务服务能力和水平。各地区优化办事流程、创新服务方式、简化办理程序，以网上服务打造便企利民贴心服务的新名片，一体化平台已经成为企业和群众办事的主要渠道。各地区各部门办事大厅的线上线下融合逐步深化，政务服务方式不断创新。

（二）政务信息资源开发利用深入推进

目前，部分地区和部门正积极探索开展信息资源社会化开发，在政务信息资源开发利用方面，取得了初步成效。政务信息整合共享工作基本实现"网络通、数据通"的阶段性目标，全国一体化数据共享交换平台建成，公共信息资源开放有效展开。全国多个地方建立了公共信息资源开放平台，开放数据的规模大幅度拓展，近年来呈现出爆发式增长趋势。开放数据应用成效初步显现，数据满足可机读格式标准的比率不断提升。多地举办了各类公共信息资源创新应用大赛，鼓励企业和公众广泛参与，极大促进了大数据产业发展。

（三）数字政府建设将引领政府治理现代化

我国明确提出推进数字政府建设，各地区各部门把推进数字政府建设作为引领数字化时代政府改革与治理能力建设的着力点和突破口，推动政府治理能力不断提升，建设成效将逐步显现。

（四）电子政务平台化趋势明显

全国一体化在线政务服务平台建设，推动政务服务从政府供给导向向用户需求导向转变，为企业和公众提供了"一站式"全流程在线服务。"应上尽上、一网服务"的"网上办"成为政府提供政务服务的主渠道，服务应用将从中央进一步向地方延伸，并逐步实现网上政务服务省、市、县、乡镇（街道）、村（社区）全覆盖。

（五）开放和参与将成为电子政务发展的核心

我国北京、上海、杭州多地通过政务数据资源开放利用，实现"一网通办"等便民服务，在提升政府治理能力的同时也有效改善了民生。随着数字化的不断应用，政府治理机构将逐渐变得开放，治理主体呈现多元化发展趋势。此外，公众参与、共享共治的社会治理模式将进一步发展。政府通过开放平台，与公众互动和沟通，有助于保障社会公众的知情权、参与权、表达权与监督权，利用微信、手机App等各类电子参与工具鼓励与公民进行更多的合作，社会公众、第三方更广泛地参与到公共物品和公共服务的设计和评估中，能够有效改善服务体验，更好地满足公众需求。

（六）探索多元参与的电子政务建设模式，提升电子政务建设效能

探索创新数字政府的服务运营模式。充分发挥市场主体作用，采用委托代建、以租代建、服务外包、社会众筹等新模式，形成配备合理、稳定可持续的运营服务力量。加强政府政策扶持和引导，充分利用社会资本优势，促进人工智能、5G、物联网、大数据、云计算、人工智能、区块链等新兴技术统筹集约建设和安全应用，从而不断提高数字产品和数字服务的智能化水平。

第二节　新技术在电子政务中的应用

电子政务的发展不仅需要理论指导和实践证明，同时还需要现代信息技术的支持。现代信息技术的不断创新和研究成果的广泛应用不断推动着信息共享平台的建立，成了电子政务发展的必要条件。

一、云计算

（一）定义与特征

Google、Amazon等公司于2006年提出了"云计算"的概念，根据美国国家标准与

技术研究院的定义，云计算是一种利用互联网实现随时随地、按需、便捷地访问共享资源池的计算模式。

云计算可看作一种 IT 资源应用模式，能将网络连接的资源（诸如网络、服务器、存储、应用程序和服务等）构建成一个 IT 资源共享池，只需要较少管理工作或与服务供应商的交互，就能实现便捷地向用户按需提供服务。云计算是分布式处理（Distributed Computing）、并行处理（Parallel Computing）和网格计算（Grid Computing）的发展，或者说是这些计算机科学概念的商业实现。云计算基于网络连接调度资源的计算模式，以资源池的形式提供按需即用即付服务，实现设备间信息与软硬件资源的共享。

云计算的特征为：易管理，无须基础设施维护，只需要通过任何网络设备可访问和获取云计算中的资源。灵活性，可按需伸缩，地域无关性，用户可按自身需求，通过网络任意获取计算能力、存储等网络服务的申请，服务商根据用户需求进行资源的分配。高资源利用率，负载平衡，资源共享，通过多租户模式将在一起的计算资源根据用户需求动态分配给多个消费者，随时满足用户需求。高可靠性，服务质量保证，异地容灾，多副本容错、计算节点为同构。低成本，无前期投入，按需购买。安全性，集中式数据管理，统一安全策略。

云计算的支撑技术包括虚拟化技术，指服务器虚拟化、网络虚拟化等；分布式计算、存储；海量数据管理技术；并行运算技术。依照部署方式可以将云服务划分为四种：公有云、私有云、混合云、行业云。

（二）服务模式

按照服务类型可将云计算划分为三种模式，关键宗旨是一切皆服务。

1. IaaS（Infrastructure as a Service，基础设施即服务）

IaaS 又称 HaaS 或者"硬件即服务"，处于服务最底端。IaaS 是一种服务交付模式，在此模式中，以按需服务的方式提供服务器、软件和网络设备的基本计算基础设施，从而建立用于开发和执行应用程序的平台。IaaS 旨在通过服务接口获取基本的软硬件基础设施组件，从而避免购买、存储、管理上述资源。在 IaaS 模式下，云用户一般具备很大的自主权来选择需要托管的操作系统和开发环境。基础设施外的安全保障措施主要由云用户负责，服务部分包括 CPU、网络、存储、负载平衡设备、虚拟机。这些服务于终端用户的软硬件资源都可以按照它们的需求来进行扩展或收缩。云服务商向客户提供虚拟计算机、存储、网络等计算资源，提供访问云基础设施的服务接口。客户可在这些资源上部署或运行操作系统、中间件、数据库和应用软件等。客户通常不能管理或控制云基础设施，但能控制自己部署的操作系统。

2. PaaS（Platform as a Service，平台即服务）

PaaS 位于中间层，称为"云计算 OS"，提供终端用户基于互联网的应用开发环境，包括应用编程接口和运行平台等，并且支持应用从创建到运行整个生命周期所需的各种软硬件资源和工具。

PaaS 指计算平台作为一种按需服务而应用在计算平台上进行开发和部署的服务交付模式，旨在降低购买、存储、管理平台底层硬件和软件组件的成本及复杂度，包括所有必要的程序和数据库开发工具。在 PaaS 模式下，开发环境基本上都具有特殊用途，由云服务提供商根据平台的设计和架构进行定制，云用户可控制平台的应用和应用环境的设置。此外，安全保障措施由云服务商和云用户共同承担。云服务商向客户提供的是运行在云基础设施之上的软件开发和运行平台，如标准语言与工具、数据访问、通用接口等。客户可利用该平台开发和部署自己的软件。客户通常不能管理或控制支撑平台运行所需的低层资源，如网络、服务器、操作系统、存储等，但可对应用的运行环境进行配置，控制自己部署的应用。

3. SaaS（Software as a Service，软件即服务）

SaaS 位于云计算三层服务的最顶端，是指一个或多个应用以及运行应用的计算资源通过按需的方式以交钥匙的形式进行服务交付的模式，旨在减少硬件和软件开发、维护及运行的总成本。在 SaaS 模式下，安全保障措施主要由云服务商提供，除了可以进行为数不多的喜好选择以及有限的应用设置，云用户并不管理或控制底层的云基础设施或单独的应用程序。

顾名思义，这种模式包括类似虚拟桌面、各种实用应用程序、内容资源管理、电子邮件、软件及其他等软件部分。在此种模式中，云服务供应商负责安装、管理和运营各种软件，而客户则通过云来登录和使用。

在 SaaS 模式下，云服务商向客户提供的是运行在云基础设施之上的应用软件。客户不需要购买、开发软件，可利用不同设备上的客户端（如 Web 浏览器）或程序接口通过网络访问和使用云服务商提供的应用软件，如电子邮件系统、协同办公系统等。客户通常不能管理或控制支撑应用软件运行的低层资源，如网络、服务器、操作系统、存储等，但可对应用软件进行有限的配置管理。

以此 3 种类型为基础，衍生出了更多其他形式的云服务提供方式，通常统称为 XaaS（X as a Service）。例如，在当前提倡政府数据开放共享、政府组织协同的新环境下，数据即服务 DaaS（Data as a Service）、人工智能即服务 AIaas（AI as a Service）等服务形式已在探索中。

（三）在电子政务中的应用

云计算带来的信息服务创新、成本优势，引起了世界各国政府的关注，并成为各国电子政务发展的主要趋势。云计算为电子政务发展提供了工具，云计算深入改变着电子政务建设基础技术环境。政府云服务是一种灵活的按需购买的服务方式，可以提供统一技术标准的托管和交付模型，推动政府的各成员间的协调配合，充分利用资源共享，从而增加政府在业务发展过程中应用系统的灵活性。可见，云计算为政府提升行政效率和改善服务提供了重要支撑，日益成为国家治理现代化进程中的有效工具之一。

云的本质是网络信息资源的全面共享。云服务在电子政务中所扮演的角色就是将云端视为一个入口,将以往分散在各部门的数据,通过网络分享送到云端处理,并通过网络传送给需要的人。发挥云计算的特性,整合运用政府开放数据,发展各项跨部门便民服务。以政府业务流程为基础串连数据,建构需求导向的一站式智能云端政府服务,构建公私协作、自由存取、组合服务的环境,落实政府即平台 GaaP(Government as a Platform)的目标。

国外许多国家政府已认识到云计算在政府信息化建设中的优势与必然,纷纷将云计算战略应用到电子政务的建设当中,提高政府运营效率,推进政务信息资源共享,提升电子政务水平,节约建设运维成本,提高公共服务质量,加快电子政务向集约型、高效型和服务型政府转变。

2010 年,美国政府发布《改革联邦政府 IT 管理的 25 条实施计划》,提出了"云优先"的策略;2011 年,美国政府又颁布了《联邦云计算战略》,提出要将政府信息技术应用向云迁移,以解决其电子政务基础设施使用率低、资源分散、重复建设严重、工程建设周期长等问题。欧洲的政务云应用规模仅次于美国,其中英国、法国和西班牙是欧洲各国政府中较早采用云计算的国家,它们均发布了国家层面的云计算战略,开展了政务云部署的整体规划。日本、韩国政府也都在 2009 年发布了各自的政府云计算战略《I-Japan 战略 2015》和《云计算全面振兴计划》。

中国在 2012 年的《国家电子政务"十二五"规划》中明确提出建设完善电子政务公共平台,探索云计算在电子政务发展中的作用,实现电子政务公共云平台顶层设计,并推广"云计算服务优先"战略,鼓励向云计算模式迁移。国家信息中心携手华为公司创建了"国家电子政务工程创新中心",依靠国家电子政务外网平台来开展云技术在政府机构的创新应用。在地方层面,各级地方政府都已制定云计算战略计划,已经先后有深圳、上海、北京和青岛等城市设计出了政务云平台,如北京的"祥云工程"、上海的"云海计划"、福建的"云计算工程实施方案"等。

随着政府信息化战略的进一步发展与政务信息资源开发利用的深入,我国电子政务已迈进推动资源整合与业务协同的崭新阶段,电子政务平台的应用系统和基础设施(计算机、存储与网络硬件设备)在持续增加,使得政府面临着更多的技术性、组织性和经济性挑战,诸如信息资源利用率低、IT 成本不断上升和采购部署周期长、信息系统重复建设和投资浪费、数据割据和信息孤岛,特别资源共享难、互联互通难、业务协同难等问题。这些困难瓶颈严重阻碍了政府信息化与电子政务的进步,严重限制了电子政务价值的体现,导致政府系统难以有效履行公共服务、社会管理以及市场监管职责,依赖传统的"申工程、建项目、持续追加基础设备投资"的途径建设电子政务,已很难跟上当前电子政务的集约化发展趋势,这迫使政府进行电子政务建设和管理模式的变革。云计算成为解决电子政务发展瓶颈(分散建设、重复投入、数据安全问题)的方法以及推动电子政务基础设施共建共享和共用、提升资源利用率、实现政务协同和部门间信息的互联互通的有效途径。

电子政务

【案例】云技术赋能浙江省政务改革

浙江省的行政管理和服务水平近年来一直在全国范围内名列前茅。浙江省政府也是全国率先进行数字化转型、优化和提高政务整体水平的省级机构，其数字化转型的工作可以追溯至2014年初。当时，浙江省首先提出电子政务建设的云基础设施战略，建设电子政务"一朵云"，为后来的全省电子政务和公共数据的整合和共享奠定了坚实的基础。其对云技术应用的长时间探索和经验积累也使得浙江省政府的数字化转型具备了明显的云赋能特征。

经过3个阶段的政府数字化转型建设，浙江省政府逐步形成了"IaaS-PaaS-DaaS"的云服务体系框架（图10-1）。三层次的云网络提供的可拓展、弹性的服务，支撑和保障了浙江政府组织的高效运转，实现了从省到村的六级行政单位的高速互联。

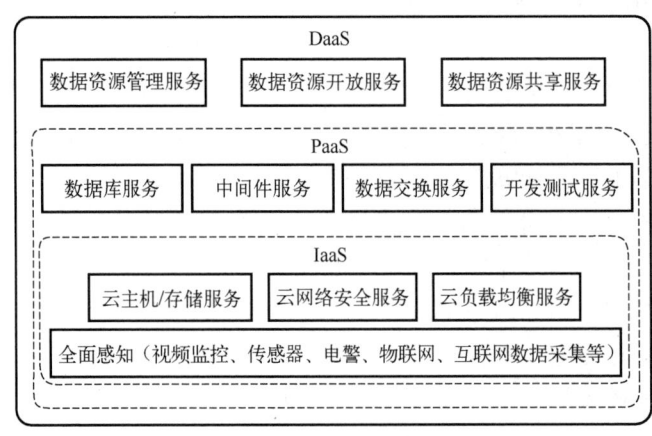

图 10-1 浙江省政府云服务体系框架

在浙江省政府数字化转型的第一阶段，政府云为数字化建设提供硬件和软件基础设施服务，具体包括云主机、云储存、云网络、安全云负载均衡、全面感知服务。这一阶段的工作效果主要体现在对IT资产的管理和维护上，采用IaaS之后，初步构建起覆盖省市县3个级别的政府网络框架，避免了重复建设，大量减少了各级政府和部门的系统运营和维护的费用。

处于第二阶段的服务改革阶段，在云服务建设上，构筑在IaaS建设基础上的PaaS服务为政府数字化转型的展开提供了可进行定制化研发的中间件平台，具体包括统一的数据库服务、中间件服务、数据交换服务和开发测试服务等。政府可基于此应用平台快速开发自己所需要的应用和产品。

处于第三阶段的深化改革阶段主要打造的DaaS云服务模式，在前两个阶段的基础上，围绕数据进行更深入全面的探索，提供包括数据资源管理、数据资源开放和数据资源共享等服务。

云赋能的政府数字化转型阶段模型（图10-2）概念性地总结了该案例中在各个阶段所实现的云技术以及对应的转型产物，转型重点和效果。

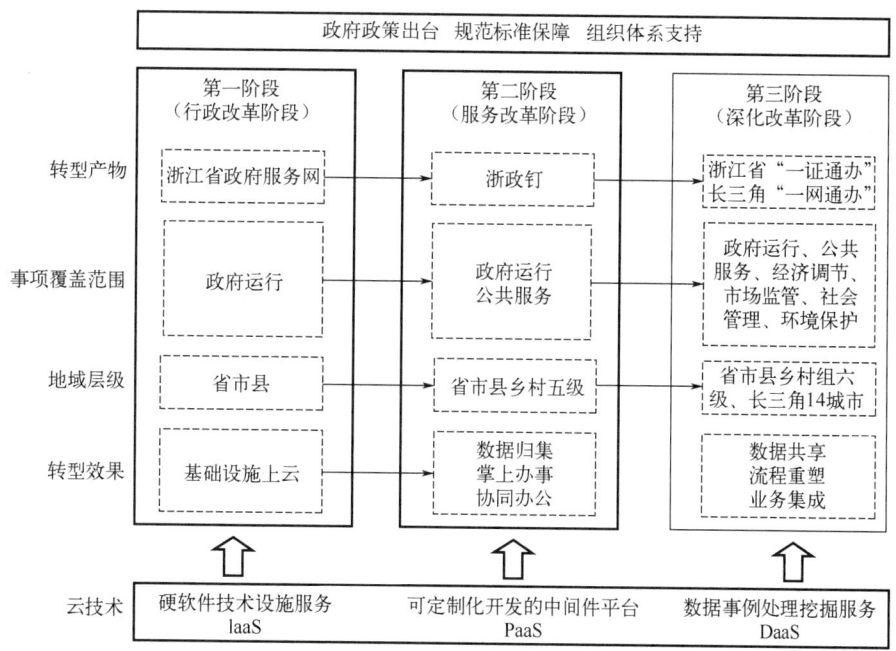

图 10-2 云赋能的政府数字化转型阶段模型

二、大数据

麦肯锡最早提出"大数据"时代到来,他于 2011 年 5 月在《大数据:下一个创新、竞争和生产率的前沿》里提出,数据已经渗透到各行各业,变成重要的生产要素,数据的挖掘和运用将助推社会生产率和生活便利化的提高。2012 年,《纽约时报》刊文宣告"大数据时代已经来临",2013 年被称为"大数据元年"。

(一)含义与特征

自大数据诞生以来,关于大数据的定义与说法众说纷纭,目前对大数据尚未有一个公认的定义。麦肯锡将大数据定义为一个汇集搜索、存储、分析和管理等超越传统数据库功能外的大容量数据集。可以认为,大数据是指在有限的时间内借助一定的工具对大量的信息进行挖掘、管理、分析和处理的数据集合。

大数据的特征难以明确描述,但大数据所具有的大量化(Volume)、多样化(Variety)和高速化(Velocity)特征被广泛地认同,即 3V 特征:

(1)Volume 大量化:大量化指数据量的规模庞大,增长速度较快,其体现在数据采集、存储和计算等各个阶段。随着数据加工处理技术的提高以及社交网络技术的迅速发展,使得数据产生量和存储量成倍增长,数据规模从 TB(太字节)级别跃升到 PB(拍字节)级别。

(2)Variety 多样化:即大数据的多样化,指数据来源方式及其类型具有多样性。具体表现为数据来源多,多个应用系统的数据,如微博、社交网站、传感器等多种来源。

数据类型多，包括结构化、半结构化和非结构化等多种类型，如图片、音频、视频、模型、连接信息等非结构化和半结构化数据。随着物联网、社交网络、智能终端等的普及和应用，网络日志、视频、图片等非结构化数据所占比例越来越大。

（3）Velocity 高速化：高速化是指数据产生和更新的速度，及对数据处理和分析的速度都非常快，大数据的高速化强调对时间敏感性和决策性的数据实时分析，要求能在第一时间抓住重要事件发生的信息。这是大数据和传统的数据挖掘技术的本质区别所在。

在 3V 特征的基础上，对大数据的第四特性有不同的看法，IDC 认为大数据具有高价值性（Value），价值化指对大数据挖掘和应用所产生的深度价值。价值密度低，这种价值更多地表现在低价值度的碎片化数据中，如何挖掘这种价值正是大数据的关键所在。IBM 则认为大数据应该具有真实性（Veracity），真实性将促使人们利用数据融合和先进的数学方法进一步提升数据的质量，从而创造更高价值。

（二）政府大数据特征

政府治理领域的"大数据"具有大量化、多样化和高速化等方面的显著特征。从数据的静态描述角度来看，"大数据"具有较大体量面对纷繁复杂的治理环境，政府数据堆砌，很容易积攒 TB 级别和 PB 级别的信息，甚至在将来可轻而易举积攒 ZB（泽字节）级别的信息；从数据的多格式化角度来看，政府治理的大数据包括结构化数据、准结构化数据和非结构化数据，如电子邮件、音频、视频、微博、微信、政务 App、点击流、日志文档和生物计量学数据等；从数据的动态描述角度来看，"大数据"具有时间的敏感性，流数据的分析必须以毫秒计，以支持政府决策；从数据的经济有效性角度来看，政府往往致力于以经济有效的方式从大数据中获得有价值的分析与判断。

（三）在电子政务中的应用

大数据将促进科学决策、组织变革，强化政府、市场和社会之间的合作共治，推动政府治理持续创新。大数据有利于政府增强决策的前瞻性、科学性、系统性。奥地利数据科学家舍恩伯格说："大数据的核心就是预测。"公众每时每刻都在使用微博、社交网络、搜索引擎等现代媒体，从而积累了海量历史数据，并不断产生新的数据。政府通过对这些新媒体数据的挖掘分析，可以实现对人口流动、交通拥堵、传染病蔓延等情况的预测。大数据促使领导者从经验转向理性，从因果转向预判。推动大数据在公共决策中的应用，应建立"用数据说话、用数据决策、用数据管理、用数据创新"的管理机制，使决策方法和决策机制奠定在充分和客观的数据分析上，制定公共政策和制度体系时充分利用大数据预测功能，逐步提高决策的科学性。将大数据运用到决策系统中来，要求改变决策的主体、决策的参与面、决策的运作流程和决策的评估反馈方式，从而提高决策的统筹性和系统性。

越来越多的国家开始重视大数据在政府治理和社会发展中的重要作用，大数据变成了国家治理的新手段、新方法。

美国于 2012 年 3 月率先发布了《大数据研究与发展计划》，旨在提高美国收集与管理大数据的能力；澳大利亚于 2013 年 8 月发布了《公共服务大数据战略》，确立了大数据使用指导原则；2013 年 10 月，英国发布了《把握数据带来的机遇：英国数据能力战略》，旨在促进英国在大数据挖掘和使用方面占据领先地位。

2015 年 8 月，国务院正式发布《促进大数据发展行动纲要》，明确提出全面推进国家大数据发展和应用，加快建设数据强国。2015 年 10 月，党的十八届五中全会公报提出实施国家大数据战略，大数据发展上升为国家战略。在全国各地推进大数据发展战略过程中，众多创新性、创造性的实践不断涌现。

三、人工智能

（一）含义

人工智能 AI（Artificial Intelligence）诞生于 1956 年，美国达特茅斯学院举行了历史上第一次人工智能研讨会，图灵奖得主、省理工学院的 LISP 语言发明人、"人工智能之父"约翰·麦卡锡（John McCarthy）首次提出了 AI 的概念。20 世纪 60 年代，国际人工智能联合大会成立，人工智能研究热化。自 20 世纪 70 年代以来，AI 被称为世界三大尖端技术（空间技术、能源技术、AI 技术）之一。21 世纪，人工智能进入全面发展的新阶段。直到第四次技术革命带来技术的爆发式增长与多源融合，作为核心驱动力的人工智能技术开始渗透到社会的各个领域。

对于"人工智能"，至今未统一定义。作为计算机科学的一个分支，它是研究、开发用于模拟、延伸和扩展人的智能的理论、方法、技术及应用系统的一门新的技术科学。人工智能的发展得益于机器学习（Machine Translation）及其更复杂的深度学习（Deep Learning）、自然语言处理（Natural Language Processing）和计算机视觉（Computer Vision）等分支技术的融合发展。其中，机器学习和深度学习是人工智能的基础。人工智能是建立在现代算法基础上，以数据为支撑而形成的具有感知、推理、学习、决策等思维活动并能够按照一定目标完成相应行为的计算系统。人工智能的本质是依据深度学习对海量数据进行统计分析与行为模仿的人造智能，数据、算法与算力构成了人工智能的技术核心。

（二）分类

人工智能进一步可区分为专用人工智能、通用人工智能和超级智能。专用人工智能又称为弱人工智能，是在特定领域具备专业知识的智能体，主要体现在智能产品的专门性语音和视觉识别系统，智能翻译机、无人驾驶等均属于本类产品。

通用人工智能又称为强人工智能，是能够使用知识并较为灵活地处理一系列更为抽象和开放问题的智能体，主要体现在智能机器对人类认知及情感的简单模仿。目前，实践中运用的人工智能主要还是专用人工智能；通用人工智能则是未来智能技术的主要发展方向。

通用人工智能的进一步发展就是超级智能，主要表现为超越技术，超越人类智慧，是目前人类科技所无法触及的高阶状态。

（三）在电子政务中的应用

人工智能是通过不断学习和训练，模仿人类的行为，对事务进行全面和精准的判断。将人工智能运用到政务服务中，可以处理部分政务业务，从而降低政府部门人力资源成本，更加高效和快速地满足公众的办事需求。当前人工智能在政务服务中的运用主要包括身份认证、智能客服、智能搜索和智能机器人，并且人工智能在未来能够实现基于大数据的政务服务辅助决策等功能。人工智能已在电子政务公共服务的各个领域得到应用，这些领域包括身份认证、在线客服、信息检索、行政审批、主动服务、辅助决策、应急处置、态势感知、智能自助终端、服务机器人等。

人工智能与政务服务之间有着高度的耦合性。一方面，人工智能为政务服务提供了技术治理工具。人工智能增强政务服务是利用语音识别、图像识别、深度学习和自然语言处理等认知技术，对政务服务的标准清单知识库、业务流程、应用系统和数据库等进行训练、学习与模拟，建设智能决策平台、政民互动系统、语音视频处理系统、机器人服务终端、虚拟智能服务空间等，以达到解放、分解、取代和增强的功效，形成智能化政务服务新形态。另一方面，政务服务为人工智能提供了实践场域和发展基础。人工智能对政务服务运作中人力的解放、分解、取代和增强的功能是以政务服务的内容与结构的复杂程度为情境的。这种复杂性不仅是因为政务服务事项在内容层面涵盖许可、备案和公共服务等不同类型与管理规范的事项，在管理环节层面纵贯申请、受理、审批和监督等多业务流程；还体现在以公众完整性公共服务需求导向下，将不同内容、不同类别的政务服务事项按价值增值链条进行跨部门的业务整合和流程重塑。因此，要分析政务服务事项和管理环节的复杂性，针对不同的政务服务实践场域使用不同的智能认知技术。

人工智能技术正在进入公共领域，不断推动着政府治理从数字化、网络化向智能化、精准化、个性化加速跃升。人工智能成为电子政务终端、传输网络、数据处理服务器，充分利用其问题求解、逻辑推理证明、专家系统、数据挖掘、模式识别、自动推理、机器学习、智能控制等技术，渗透到作为政府治理虚拟平台（即电子政务）的各项应用程序和业务场景中。

西方发达国家不断推进人工智能发展，相继发布了国家层面的战略计划。例如，美国 2016 年的《国家人工智能研究和发展战略计划》与 2019 年的《人工智能倡议》，日本 2016 年的《下一代人工智能促进战略》，英国 2017 年的《现代工业化战略》，德国 2018 年的《联邦政府人工智能战略要点》，法国 2018 年的《法国人工智能战略》等。

我国于 2017 年印发了《新一代人工智能发展规划》，明确了中国新一代人工智能发展的战略目标，并提出发展人工智能的重点任务，包括构建开放协同的人工智能科技创新体系、建设安全便捷的智能社会等。该计划明确提出，要推进智能政务建设，开发适于政府服务与决策的人工智能平台，研制面向开放环境的决策引擎，在复杂社会问题研判、政策评估、风险预警、应急处置等重大战略决策方面推广应用，加强政务信息资源整合和公共需求精准预测，畅通政府与公众的交互渠道。

北京市政府门户网站智能机器人"京京"、上海市政府网站的"白玉兰助手"，浙江政务服务网的"政小二"以及贵州省网上办事大厅的"贵博士"等，这些在线智能问答机器人综合运用了人工智能和大数据等技术，整合政府各部门信息和服务资源，全年无休地提供实时、智能、快捷的咨询服务，有利于"数据多跑路、群众少跑腿"。

【案例】杭州城市大脑

杭州城市大脑是杭州市开展城市全面、智能治理的重要引擎，其建设离不开国家和地方政府的战略支持、企业的核心技术支撑以及地方政府与企业的协同合作。通过对关键事件的归纳，其发展可分为以下四个阶段。

1. 项目建构阶段（2016年4月—2016年12月）

2016年4月，阿里技术委员会提出在杭州建设城市大脑的构想，得到政府支持后，7月，在云栖小镇落成杭州城市大脑的运营中心。杭州城市大脑项目由杭州市政府主导，参与者包括阿里云在内13家企业的顶尖人工智能科学家，其首要治理对象为交通拥堵。项目获准和运营中心落成之后，9月，在杭州市萧山区开展道路交通初步试验，测试显示车辆通行速度平均提升3%~5%。10月，在2016杭州云栖大会上，城市大脑项目宣布正式启动。12月，杭州市委市政府成立了以市委书记任组长，市委常委任副组长的"城市大脑"建设领导小组，汇聚企业、政府、公安等各方力量，集合建委、财政等10个部门，形成合力建设城市大脑项目，也标示着城市大脑项目在技术和组织支持建构上基本实现。

2. 项目运行阶段（2017年1月—2018年4月）

企业技术团队和政府建设领导小组建立起来后，为做好服务城市大脑建设的数据需求，2017年1月，杭州市数据资源管理局宣布成立，成为建设城市大脑的重要支持机构。6月，数据资源管理局正式运行。11月底时，归集59个部门共230.35亿条数据。7月，城市大脑交通V1.0平台上线，测试结果显示良好，其中在高峰时段各道路的行车速度提升明显，市心路、通惠路平均速度提升18%以上，育才路平均速度提升20%以上，晨晖路平均速度提升10%以上。同月，杭州市政府开始组织专家编写城市大脑发展规划。11月，科技部召开《新一代人工智能发展规划》暨重大科技项目启动会，宣布杭州城市大脑为首批四家国家新一代人工智能开放创新平台之一，标志着杭州城市大脑进入更高层次的发展和应用。

3. 项目拓展阶段（2018年5月—2018年12月）

城市大脑经过交通治理第一关的检验后，不断寻求在城市治理中更多领域的拓展。2018年5月，由杭州市数据资源管理局牵头制作的全国首个城市数据大脑规划——《杭州城市数据大脑规划》发布，明确了杭州市未来5年城市大脑的建设方向，2022年要实现城市大脑交通治理领域全覆盖以及其他行业系统建设与实际运行。2018年12月，杭州城市大脑（综合版）在杭州云栖小镇正式发布，实现了从交通领域向环保、城管等领域的全面延伸，大大拓展了城市大脑的应用范围，是真正意义上的杭州智慧城市的中枢系统。同月，杭州城市大脑项目获评中国十大创新治理案例之一。

4. 项目完善阶段（2019年1月之后）

杭州城市大脑（综合版）上线之后，城市大脑便进入了自我完善与全球传播阶段。2019年9月，杭州城市大脑"数字驾驶舱"正式上线运行，表明杭州城市大脑打破了层级孤立，实现了市级、区（县、市）级、镇街级和市级部门间的互联互通。截至2019年9月，在杭州城市大脑的影响下，全球其他22个城市也布局了城市大脑。杭州城市大脑实现了自我建设向全球扩展的积极传播态势。12月，杭州城市"大脑中枢"系统接入覆盖市财政局等49个市级单位、余杭等15个区、县（市）（含钱塘新区、西湖景区），共计148个"数字驾驶舱"。2020年1月，在应对全球新冠病毒感染过程中，杭州市卫健委与公安系统利用城市大脑平台第一时间建立了卫健警务防控系统，实现了早期的数据掌握与防控手段介入。

四、区块链

（一）含义

2008年，中本聪（Satoshi Nakamoto）提出用基于"分布式账本"的区块链来解决互联网上的信任问题。麦肯锡公司认为，区块链是"继蒸汽机、电力、信息和互联网科技之后，目前最具有触发第五轮颠覆性科技革命潜能的核心技术"。区块链是分布式数据存储、点对点传输、共识机制、加密算法等计算机技术的新型应用模式，一种通过去中心化、去信任的方式集体维护一个可靠数据库的技术方案。从技术角度来看，区块链并不是一种单一的技术，包含如P2P网络技术、分布式账本技术、共识机制、智能合约、非对称加密算法和哈希算法等技术，是多种技术整合的结果。这些技术以新的结构组合在一起，形成了一种新的数据记录、存储和表达的方式。从数据角度来看，区块链是一种几乎不可能被更改的分布式数据库，"分布式"不仅体现为数据的分布式存储，也体现为数据的分布式记录，即有系统参与者共同维护。

简单来说，可以将区块链理解成一个分布式账本，当网络交易发生时，"账本"会用加密方式，记录一件数据资产的整个交易过程。所谓"分布式"，是指"账本"不是掌握在单一个体或机构手中，而是通过实时数据共享，实现多方相互监督。即将交易过程数据，存储在网络中无数计算机的数据库中，通过实时透明化的多方相互交叉监督，代替传统的第三方担保，建立信任关系。

（二）特点

区块链具有开放性、匿名性、可追溯、去中心化等特点，在数据共享、安全和保护方面都实现了跨越性的进步。

1. 开放性

除了交易各方的私有信息被加密，行业区块链的数据由预选节点写入，其他节点可以通过公开的接口限定查询区块链数据。

2. 匿名性

存储在区块链上的交易信息是公开的,但是账户身份信息是高度加密的,只有在数据拥有者授权的情况下才能访问到,从而保证了数据的安全和个人的隐私。

3. 可追溯

交易记账由分布在不同地方的多个节点共同完成,而且每一个节点都记录的是完整的账目,因此它们都可以参与监督交易合法性,同时也可以共同为其作证。不同于传统的中心化记账方案,没有任何一个节点可以单独记录账目,从而避免了单一记账人被控制或者被贿赂而记假账的风险。所有记账节点之间怎么达成共识,去认定一个记录的有效性,这既是认定的手段,也是防止篡改的手段。区块链提出了四种不同的共识机制,适用于不同的应用场景,在效率和安全性之间取得平衡。只有在控制了全网超过51%的记账节点的情况下,才有可能伪造出一条不存在的记录。当加入区块链的节点足够多的时候,这基本上不可能,从而杜绝了造假的可能。

4. 去中心化

区块链的核心思想是去中心化,在去中心化系统中,任何人都是一个节点,任何人都可以成为一个中心。任何中心都不是永久的,而是阶段性的,任何中心对节点都不具有强制性。在一个分布有众多节点的系统中,每个节点都具有高度自治的特征。节点之间彼此可以自由连接,形成新的连接单元。任何一个节点都可能成为阶段性的中心,但不具备强制性的中心控制功能。区块链可以在没有中心服务器的前提下进行数据存储、交易和流通,系统中没有中心节点,各个节点地位平等,权力平等,功能相同,无主从之分。

（三）在电子政务中的应用

在区块链的延伸应用中,将其与政府治理及公共服务相结合是目前公共管理领域的一个新议题。探索"区块链+政务"创新正是在电子政务发展的大背景下发展起来的,目前全球40多个国家正在进行100多个改造政府系统的区块链项目。

世界各国政府都开始对区块链技术及其应用给予高度的重视,纷纷出台相关的数字化战略和技术政策,以推动区块链技术的应用和发展。2016年1月,英国政府发布研究报告《分布式账本技术:超越区块链》,评估了区块链技术在改变公共和私人服务方面的巨大潜力,指出基于区块链技术的政府数字改造规划方案对于重塑政府与公民之间的数据共享、透明度和信任等的重要意义,表明英国已将区块链政府建设提升到了国家战略高度。美国、澳大利亚、爱沙尼亚、瑞士、新加坡等国也纷纷在身份认证、政府管理、税收、数字货币、支付、土地交易、金融监管等诸多领域,推进政府管理创新。

2016年,我国先后出台多项关于区块链发展的政策,国务院印发的《"十三五"国家信息化规划》,就将区块链技术列为一项重点前沿技术。2016年10月,工信部出台《中国区块链技术和应用发展白皮书》,将区块链定位为提升社会治理水平的有效技术手段。2017年,国务院印发《新一代人工智能发展规划》,指出人工智能将显著提高社会治理的能力和水平，对推动社会治理现代化具有重要作用。

2018年，杭州市就将区块链写入政府工作报告，提出了"打造区块链之城"的口号，成为首个将区块链写入政府工作报告的城市。

作为全球技术发展的前沿阵地，区块链已经在金融、贸易、物流、征信、公益、物联网等诸多领域崭露头角。区块链作为新科技革命中一项"颠覆性"技术，它正在对政府治理产生深远影响。在政府管理方面，目前区块链技术在身份认证、政府管理、税收、数字货币、土地交易和金融监管等领域也得到比较多的应用。

区块链促使公共服务模式从"政府供给为中心"向"公众需求为中心"转变。一方面，区块链能消除"数据孤岛"，重塑科层组织流程，实现"直面公众的一站式服务"。例如，爱沙尼亚政府通过区块链技术，将出生证、护照、结婚证、死亡证明、驾照、医疗卡、地契、身份证、商业登记、纳税情况、就业情况、学校成绩等分散于多个政府部分的数据统一整合，提供"多证合一"的"一站式服务"。佛山禅城区正是利用区块链技术打破了"层级间、部门间、条块间、区域间、平台间"的"数据孤岛"，实现"一门式"服务。浙江、陕西、贵州、上海等地也通过区块链技术，推进组织底层数据融通共享，简化政府办事流程，实现"一站式服务"。另一方面，区块链能实现公众个性化公共服务需求。例如，区块链在爱沙尼亚等国的应用，不再要求公众去适应统一化政府标准，而是政府根据公众个性化特征（如收入、资产、年龄、住房、身份、消费等），提供个性化公共服务。从全球范围看，区块链在教育、医疗、慈善、基础设施管理、社会保障、住房管理、应急服务等多领域，推动了公共服务模式从"政府供给为中心"向"公众需求为中心"转变。

【案例】广东省佛山市禅城区基于区块链的电子政务服务平台

2016年7月25日，广东省佛山市禅城区人民政府联合北京世纪互联宽带数据中心有限公司和广东佛盈智慧大数据科技有限公司签署了战略合作协议，立足于已经开展两年多的禅城区人民政府"一门式"政务改革成果，联手打造全国首家基于区块链的电子政务服务平台。禅城区主要将区块链技术运用到食品安全、"一门式"政务平台以及经济领域等方面。具体来说，禅城区对区块链技术在电子政务中的应用方向是构建唯一的数字身份ID，无论是数字身份平台的构建，还是目前已经开始投入使用的"食安菜妈"项目，都是利用区块链技术不可篡改、全网通报的特性，让电子政务建设更上一个台阶。目前，我国应用区块链的案例还不多，在电子政务领域，禅城区属于先行者，下文将结合禅城区已有的应用规划及实践情况，对于区块链技术的应用优势进行分析。

（一）有利于提升政府服务及治理质量

2014年3月，禅城区率先在全国探索一门式政务服务改革，以"把简单带给群众和政府、把复杂留给信息技术"的理念，落实"一号申请、一窗受理、一网通办"的目标。禅城区"一门式"政务服务已开展了两年，通过信息整合与流程优化再造，留存了大量自然人和法人的数据，打通了线上与线下的互动桥梁。在此基础上，禅城区引入区块链技术对数据的真实性、可靠性进行固化和开发，力争打通网络空间和"一门式"政务服务的"最后一公里"。"一门式"治理意味着政府服务从"建中心"转变为"去中心"，将行政过程中常见的专项业务审批转变成综合服务平台，即在这个平台上可以同时办理不同部门的多个事项，通过"无差别审批"，实现"一窗通办"。

应用区块链技术，则可以从底层建设支持"一门式"政务服务平台的建设要求。一方面，区块链技术中的P2P技术和共识机制，能够在不同主体之间构建一个点对点的分布式对等网络，在这个去中心化的"自组织"网络中，政府各部门在公共治理体系中处于相对平等的地位，治理体系呈现分布式结构。同时，在这个相对平等的区块链平台，政府各部门之间可以实现快速的信息传递与沟通，直接进行点对点的信息传递，而不需要经过层层审批，这可以使政府组织结构更加扁平化、信息传递更加及时有效、工作效率更高。另一方面，可以对行政审批过程中的数据进行动态收集。目前，禅城区"一门式"服务平台已经沉淀了大量数据，并建立了自然人数据库。利用区块链的共识机制，平台可以将这些数据转变成个体身份记录，从而赋予每个机构、每个公民相应的身份认证，政府审批从条件审批转化成表现审批，大大压缩了政府的自由裁量权，使得政府的服务更加公平、公正。

（二）有利于构建全新的社会信用体系

区块链构建了一种全新的信用体系，这个体系不再依赖于政府、银行等第三方机构进行信用担保，而是通过应用非对称加密技术、智能合约等技术形成新的信用认证范式，以区块链技术体系为信用背书。具体来说，区块链技术加密储存了信用交易双方完整的交易记录，成为各自信用资料的一部分，同时也明确了双方对数据的所属权，这就可以构建出每个人、每个机构产权清晰的信用资源，而无须通过第三方机构对这些信用资料进行认证。以区块链为底层技术支撑的信用系统将囊括企业或个人行为的永久记录，成为社会网络成员交往互动过程中可靠的信任依据。首先，这个信用体系可以完整记录个体（包括自然人、法人）的基本信息、征信情况等，使个体可以在区块链系统中实现"自证清白"，无须奔走于不同机构之间收集证明资料，政府则依靠这些信用记录来进行行政审批；其次，信用体系的构建促使社会不同个体之间良好的合作与互动秩序，形成基于诚信的价值激励机制，区块链平台有助于促进良币驱逐劣币的社会信用氛围。这将可以形成全新的社会信用体系，促进政府治理等各项活动的有序进行。

（三）有利于推进政府信息公开

政府信息公开包含两个方面的内容，第一，政府掌握着社会80%的信息资源，这些资源的合理公开和利用可以给社会带来巨大的信息财富；第二，政府作为社会治理和公共服务的主体，其管理过程的公开透明可以提升社会公众对政府部门的信任程度以及政府的公信力。应用区块链技术，有利于推动政府信息公开的进程。

首先，区块链所具有的数据的不可篡改性为政府信息公开提供信息安全性、可靠性保障，可以将更多涉及公共利益的信息进行公布。区块链特有的以时间戳为顺序的链式数据结构可以用于每一笔记录的检验,作为数据的存在性证明,从而形成无法篡改或伪造的证据,实现轻松举证与追责功能,使得更多的政府信息可以被公开出来。在禅城区,运用区块链技术推进食品安全建设是建设重点之一。目前,禅城区利用区块链技术给每一个物品配上唯一的身份 ID,从生产、运输到销售的各个环节的检测信息都记录并公开,打造菜篮子"安全卫士"。数据不可篡改与交易可追溯这两大特性的结合,可以大大减少甚至根除供应链产品流转过程中的假冒伪劣问题。而这些关乎民生数据的公布,不仅拓宽了政府信息公开的范围,也进一步保障了公民的知情权,更好地维护公共利益。

其次,区块链的非对称加密技术可以为政府信息公开及利用提供权限保障,在保障公民知情权的同时也能确保信息的合理利用。政府部门通过相应的公钥和私钥来验证对方的身份,消除了交换密码环节,提高了政府数据库遭受攻击和信息泄露的技术难度。区块链的条件准入特性赋予不同个体不同的信息利用权限,政府可以将更多的信息资源公布出来,使其更好地服务于社会。

(四)有利于充分发挥政务信息资源的作用

点对点的分布式账本系统,使得区块链系统中的每个参与主体都能读取与存储数据,任何数据的更新都会同步至整个网络,同时也需要得到网络中每个成员的确认;另外,这样也同时实现了数据的多重备份,极大提高了政府数据库的容错性和安全性。这就为政府部门之间的资源联通与共享提供了很好的实现平台。在这个平台上,政府各部门之间可以共享、共建信息资源,既可以避免重复建设,又可以深度整合政务资源,并利用大数据技术等进行深度挖掘,更好地开发、利用政务信息资源。

五、综合应用

人类社会已从以语言、印刷术、广播等为代表的技术革命,迈入到以互联网、大数据、人工智能等新兴技术为代表的信息技术革命,这对人类的生产、生活等各个领域都带来了全方位、彻底性、颠覆性的影响,推动人类社会向更高阶的智慧社会迈进。新一代信息技术的发展为实现国家治理现代化提供了有效支撑,并日益对政府的治理理念和治理方式产生深刻影响。基于大数据的服务能够识别公众的差异化需求,从而提供更加个性化、精准化的定制服务;运用云计算搭建的政务云平台有利于实现政务资源的互通和共享;人工智能在机器人、语言识别、图像识别、自然语言处理等方面的优势也为政务创新提供新的可能与方向。在此背景下,如何将以大数据、云计算、人工智能为代表的新兴信息技术融入政府治理过程中,更好地提升政府治理能力,推动共建共治共享的社会治理新格局,成为非常重要的问题。

在智能化治理体系中,大数据、云计算和人工智能可视为铁三角关系,大数据是传播介质,云计算是协作平台,人工智能是知识发现的助力,三者互为彼此,使政府治理从神经末梢到大脑中枢形成贯通。大数据为人工智能的训练提供了数据基础;云计算技术发展增强了数据计算能力、降低了数据计算成本;云计算的算力为人工智能的推理提供了必备条件。

【案例1】广州市政府智能服务机器人云平台项目

（一）项目背景

2014年1月2日，广州"12345"政府服务热线正式上线运行，这是一个集"政务咨询、民生诉求、政民互动、投诉举报、效能监察"为一体的公共服务平台。2015年7月，荔湾区推出"广佛同城，服务先行"的"市民之窗"自助服务终端系统，该系统向广州、佛山两地市民提供异地事务办理服务，公众通过该系统可以自助办理机动车年票缴纳和查询、社保参保证明打印和查询、医保划拨清单打印、车船税缴纳等多项业务。2015年10月4日，广州市天河区政务服务中心正式挂牌开始办公，进驻单位25个。天河区作为整个广州市的试点，率先建立起基于云计算技术的统一审批平台，平台接入了区内11个部门的数据和业务。2017年，广州市网上办事大厅已进驻46个市级部门和4个中央直属驻穗单位，公众可以通过网办大厅办理大部分的行政审批事项和社会服务事项。

（二）项目建设思路

项目总体建设思路是利用广州市政府信息化云平台搭建全市统一的政府智能机器人云平台，为各接入政府机构的政府服务提供智能化升级，为全市企业及公众提供全天候、多渠道、全方位的"互联网+"智能政务服务，提升公众对政府服务的满意度，逐步缓解政府服务工作压力，有效提升政府服务工作效率。

（三）项目总体建设要求

广州市政府智能服务机器人云平台以广州市信息化体系中的政府信息化云平台为基础，构架全市统一的云平台，项目总体建设要求和功能如图10-3所示。

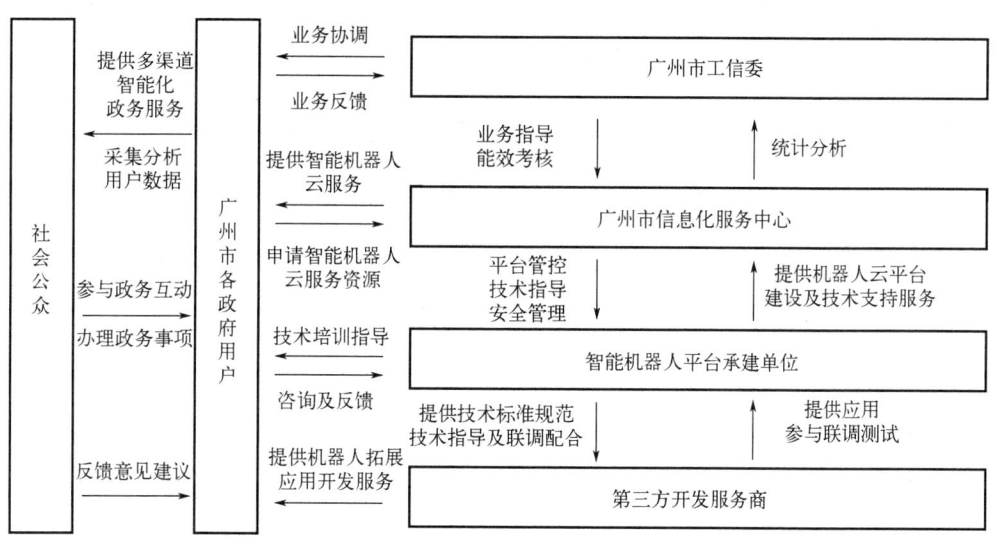

图10-3 广州市政府智能服务机器人云平台业务需求分析

（四）项目运行情况

该项目自 2017 年 12 月 27 日运行以来，先后到广州市海珠区政务服务中心、广州市电子政务服务中心、广州市质量技术监督局、广州市 12345 热线服务中心、信息化服务中心及其他试点单位进行调研，期间还经历了系统设计、部署与迭代开发测试并行等阶段。2018 年 8 月 10 日，开始进入试运行阶段，并根据客户反馈的意见修复和优化功能。

截至 2018 年 11 月 10 日试运行期结束，项目完成了生产环境的部署、测试及 10 个试点租户开通部署工作，知识条目总数超过 4 万条，项目试点单位包括信息资源部、综合部、广州市质量技术监督局、广州市城市管理委员会、广州市 12345 自助查询、广州市 12345 人社局、广州市 12345 住房公积金管理中心、海珠区电子政务技术信息中心、信息化服务中心和广州市 12345。与此同时，项目组在试运行期间进行了全市推广培训，并且在试运行结束后完成了第三方测评整改工作。

【案例 2】爱沙尼亚政府 X-ROAD 平台

越来越多的前沿信息技术与电子政务相结合，并成为电子政务发展提供动力。大数据、云计算、人工智能、机器学习等正在推动社会向数据和驱动型的社会转变，为电子政务发展提供了新的机会。

爱沙尼亚政府创建了 X-ROAD，这个平台内部包含了政府的所有常规事务，像立法、投票、教育、司法等，爱沙尼亚政府把这些都通过数字方式连接到一个平台上，并且除了提供跨多个数据库的查询机制，这个平台还无缝集成不同政府门户网站和应用程序，私营企业也可以进入平台进行查询，除了 X-ROAD，爱沙尼亚政府还应用区块链技术建立了数字安全保障体系，在区块链系统当中任何违反网络行为的网络安全的行为都会留下痕迹，试图掩盖痕迹也会留下痕迹。爱沙尼亚还和芬兰政府建立了跨境数字交换，使 X-ROAD 平台成为第 1 个跨境数据交换平台。

【思考】

1. 说说你对我国电子政务发展的认识。
2. 查询资料，谈谈云计算、大数据、人工智能、区块链在电子政务中的应用实践。
3. 人工智能预计将取代许多低技能工人，机器人已经可以完成许多装配流水线上的工作，这一趋势预计还会继续发展。根据 2016 年世界经济论坛的一项研究，仅在未来五年，15 个国家的大约 510 万个工作岗位将被人工智能取代。联合国经济和社会事务部的一项研究发现，从长期来看，现在 80% 的工作可能面临被自动化取代的风险。据此分析当前人工智能技术在政府中应用的优势和风险。

参 考 文 献

[1] 维克托·舍恩伯格：大数据时代[M]，周涛译，杭州：浙江人民出版社，2012.

[2] 阙天舒，吕俊延. 智能时代下技术革新与政府治理的范式变革——计算式治理的效度与限度[J]. 中国行政管理，2021（2）：21-30.

[3] 薛明轩，杜晓翠，杨思思. 大数据下我国电子政务的变革研究[J]. 现代情报，2015，35（10）：107-110.

[4] 吴楠. "互联网+"对电子政务的推动[J]. 江西师范大学学报（哲学社会科学版），2019，52（5）：31-36.

[5] 张锐昕，阎宇，谢微，李汝鹏. "互联网+"对政府治理的挑战[J]. 电子政务，2016（3）：44-50.

[6] 陈振明. 政府治理变革的技术基础——大数据与智能化时代的政府改革述评[J]. 行政论坛，2015，22（06）：1-9.

[7] National Telecommunications and Information Administration. Falling Through the Net: A Survey of the "Have Nots" in Rural and Urban America[R]. Washington D.C., U.S.A.: NTIA, 1995.

[8] Castells M. The internet galaxy: Reflections on the internet, business, and society[M]. Oxford: Oxford University, 2001: 247-274.

[9] 胡鞍钢，周绍杰. 新的全球贫富差距：日益扩大的"数字鸿沟[J]. 中国社会科学. 2002（3）：36.

[10] 薛伟贤，刘骏. 数字鸿沟的本质解析[J]. 情报理论与实践，2010（12）：45-50.

[11] 徐芳，马丽. 国外数字鸿沟研究综述[J]. 情报学报，2020，39（11）：1232-1244.

[12] 联合国经济与社会事务事务部. 联合国 2016 年电子政务调查报告（中文版）[R]. 北京：国家行政学院电子政务研究中心，2016.

[13] 联合国经济与社会事务事务部. 联合国 2018 年电子政务调查报告（中文版）[R]. 北京：国家行政学院电子政务研究中心，2018.

[14] 联合国经济与社会事务事务部. 联合国 2020 年电子政务调查报告（中文版）[R]. 北京：国家行政学院电子政务研究中心，2020.

[15] 闫慧，张鑫灿，殷宪斌. 数字包容研究进展：内涵、影响因素与公共政策[J]. 图书与情报，2018（3）：80-89.

[16] 郑彩华. 联合国教科文组织《数字素养全球框架》：背景、内容及启示[J]. 外国中小学教育，2019（9）：1-9.

[17] 竺乾威. 从新公共管理到整体性治理[J]. 中国行政管理，2008（10）：52-58.

[18] 董礼胜，雷婷. 国外电子政务最新发展及前景分析[J]. 中国社会科学院研究生院学报，2009（6）：5-14.

[19] 孙国民. 转型期中国电子政务发展模式研究[J]. 中国科技论坛，2013（9）：113-118.

[20] 张宇航. 电子政务项目建设与运行管理研究[D]. 北京：北京交通大学，2012.

[21] 杨国栋，吴江. 电子治理的概念特征、价值定位与发展趋向[J]. 上海行政学院学报，2017,18（3）：64-70.

[22] 周斌. 面向公众服务的电子政务研究[D]. 上海：同济大学，2007.

[23] 何军. 美国联邦政府电子政务的发展模式、趋势及启示[J]. 电子政务, 2013（10）：102-107.

[24] 姚水琼, 齐胤植. 美国数字政府建设的实践研究与经验借鉴[J]. 中共浙江省委党校学报, 2019, 35（6）：60-65.

[25] 庞宇. 英国电子政务的发展转型及经验启示[J]. 电子政务, 2018（2）：62-70.

[26] 林梦瑶, 李重照, 黄璜. 英国数字政府：战略、工具与治理结构[J]. 电子政务, 2019（8）：91-102.

[27] 胡税根, 杨竞楠. 新加坡数字政府建设的实践与经验借鉴[J]. 治理研究, 2019, 35（6）：53-59.

[28] 汪玉凯. 中国电子政务的发展展望[J]. 中国信息界, 2010（4）：4-8.

[29] 党秀云, 张晓. 电子政务的发展阶段研究[J]. 中国行政管理, 2003（1）：21-23.

[30] Layne K&Lee J. Developing Fully Functional E-government：A four Stage Model. Government Information Quarterly, 2001, 18（2）

[31] 徐晓林, 杨兰蓉. 电子政务第二版[D]. 北京：科学出版社, 2016.

[32] 张陶, 王锋. 公共管理学范式证成的内在逻辑论析[J]. 行政论坛, 2019, 26（5）：92-95.

[33] 戴维. 奥斯本、特德盖. 希勒：重塑政府——企业精神如何改革公营部门[M], 周敦仁译, 上海：上海译文出版社, 1996.

[34] 陈振明. 评西方的"新公共管理"范式[J]. 中国社会科学, 2000（6）：73-82+207.

[35] 陈振明. 公共管理学——一种不同于传统行政学的研究途径[M], 北京：中国人民大学出版社, 2003.

[36] 陈剩勇, 于兰兰. 网络化治理：一种新的公共治理模式[J]. 政治学研究, 2012（2）：108-119.

[37] 韩兆柱, 李亚鹏. 网络化治理理论研究综述[J]. 上海行政学院学报, 2016, 17（4）：103-111.

[38] 竺乾威. 政府管理创新若干问题的思考[J]. 中国行政管理, 2012（2）：27-32.

[39] 竺乾威. 公共行政理论[M]. 上海：复旦大学出版社, 2008

[40] 马文娟. 数字治理理论及其应用研究[D]. 秦皇岛：燕山大学, 2016.

[41] Patrick D. Digital Era Governance：IT Corporations, the State, and E-Government[M]. Oxford：Oxford University Press, 2006.

[42] 黄建伟, 陈玲玲. 国内数字治理研究进展与未来展望[J]. 理论与改革, 2019（1）：86-95.

[43] 燕继荣. 中国改革的普遍意义——40年中国政治发展的再认识[J]. 浙江社会科学, 2018（09）：4-10+19+155.

[44] 吴建南, 马亮, 苏婷, 杨宇谦. 政府创新的类型与特征——基于"中国地方政府创新奖"获奖项目的多案例研究[J]. 公共管理学报, 2011, 8（1）：94-103+127.

[45] LEE J, KIM H J, AHN M J. The Willingness of E－Government Service Adoption by Business Users：The Role of Offline Service Quality and Trust in Technology[J]. Government Information Quarterly, 2011, 28（2）：222-230.

[46] 傅建平. 新技术在电子政务中的创新应用及对中国的启示——《2018联合国电子政务调查报告》解读之五[J]. 行政管理改革, 2019（5）：59-64.

[47] 张军, 倪星. 控权问责、服务提升与电子政务的清廉效应——基于中国282个地级市调查数据的实证分析[J]. 中国行政管理, 2020（3）：59-66.

[48] 李季. "十四五"期间电子政务发展趋势展望[J]. 行政管理改革, 2020（11）：4-9.

[49] 马亮. 政府信息技术创新的扩散机理研究[J]. 公共行政评论，2012，5（5）：161-177.

[50] 牛丽云. 政府管理创新问题研究——以青海省电子政务为例[J]. 青海社会科学，2011（4）：59-63.

[51] 中国行政管理学会课题组. 以电子政务创新推进行政改革和政府管理创新[J]. 中国行政管理，2011（11）：7-9.

[52] 董亚丽. 基于政府创新的电子政务理论与应用研究[D]. 焦作：河南理工大学，2011.

[53] 拉塞尔. M. 无缝隙政府——公共部门再造指南[M]. 林登. 汪大海，等译. 北京：中国人民大学出版社，2002.

[54] 孟庆国，樊博. 电子政务理论与实践[M]. 北京：清华大学出版社，2006.

[55] 姜晓萍. 政府流程再造的基础理论与现实意义[J]. 中国行政管理，2006（5）：37-41.

[56] 蔡立辉：电子政务：信息时代的政府再造[M]，北京：中国社会科学出版社，2006.

[57] 高静学. 政务流程再造研究[D]. 长春：吉林大学，2009.

[58] 姚水琼，齐胤植. 美国数字政府建设的实践研究与经验借鉴[J]. 中共浙江省委党校学报，2019，35（6）：60-65.

[59] 戴长征，鲍静. 数字政府治理——基于社会形态演变进程的考察[J]. 中国行政管理，2017（9）：21-27.

[60] 黄璜. 数字政府的概念结构：信息能力、数据流动与知识应用[J]. 学海，2018（4）：158-167.

[61] 何圣东，杨大鹏. 数字政府建设的内涵及路径——基于浙江"最多跑一次"改革的经验分析[J]. 浙江学刊，2018（5）：45-53.

[62] Gil-Garcia J R, Dawes S S, Pardo T A. Digital government and public management research: finding the crossroads[J]. Public Management Review，2018，20（05）：1-14.

[63] 王伟玲. 加快实施数字政府战略：现实困境与破解路径[J]. 电子政务，2019（12）：86-94.

[64] 鲍静，范梓腾，贾开. 数字政府治理形态研究：概念辨析与层次框架[J]. 电子政务，2020（11）：2-13.

[65] 张成福，谢侃侃. 数字化时代的政府转型与数字政府[J]. 行政论坛，2020，27（6）：34-41.

[66] 蒋敏娟，黄璜. 数字政府：概念界说、价值蕴含与治理框架——基于西方国家的文献与经验[J]. 当代世界与社会主义，2020（3）：175-182.

[67] 吴克昌，闫心瑶. 数字治理驱动与公共服务供给模式变革——基于广东省的实践[J]. 电子政务，2020（1）：76-83.

[68] 逯峰. 广东"数字政府"的实践与探索[J]. 行政管理改革，2018（11）：55-58.

[69] 吴磊. 政府治理数字化转型的探索与创新——以广东数字政府建设为例[J]. 学术研究，2020（11）：56-60.

[70] 林梦瑶，李重照，黄璜. 英国数字政府：战略、工具与治理结构[J]. 电子政务，2019（8）：91-102.

[71] 张晓，鲍静. 数字政府即平台：英国政府数字化转型战略研究及其启示[J]. 中国行政管理，2018（3）：27-32.

[72] Bill I. Building The Data Warehouse, [M]4ed. Wiley Publishing，2005.

[73] 于跃. 智慧政府的生成与演进逻辑[J]. 电子政务，2019（7）：93-100.

[74] 李荣艳. 我国政府信息资源元数据标准研究[J]. 图书馆学研究，2012（11）：42-46.

[75] 崔哲. 大数据时代政府信息资源管理研究[D]. 长春：长春工业大学，2016.

[76] 韩娜娜，罗贤春. 政务信息资源的价值层次及其实现[J]. 图书与情报，2016（5）：25-33.

[77] 徐少同, 钟文睿. 论信息资源管理的内涵及其多元性特征[J]. 图书情报工作, 2012, 56（13）: 34-38.

[78] 宋懿, 安小米. 国外政府信息资源管理研究的进展及思考[J]. 情报科学, 2018, 36（3）: 13-19+80.

[79] 朱锐勋. 论政府信息资源管理研究体系的完善[J]. 图书馆学研究, 2013（24）: 52-58.

[80] 杨兴凯. 电子政务（第四版）[M]. 大连: 东北财经大学出版社, 2017.

[81] 罗胜凯. 电子政务"信息孤岛"问题及其化解对策研究[D]. 深圳: 深圳大学, 2018.

[82] 李颖, 罗欣儿. 政府知识管理测度研究[J]. 图书馆工作与研究, 2013（3）: 55-58.

[83] 王幸福. 基于政府知识管理的湛江市电子政务优化研究[D]. 湛江: 广东海洋大学, 2019.

[84] 王昱人. 电子政务环境下的政府信息资源管理[D]. 济南: 山东师范大学, 2011.

[85] 李卫东. 政府信息资源共享的原理和方法[J]. 中国行政管理, 2008（1）: 65-67.

[86] 李妍. 基于"权力阳光"的政务信息资源共享机制构建探讨[D]. 南京: 南京大学, 2015.

[87] 王芳, 储君, 张琪敏, 张亦琛, 赵安. 跨部门政府数据共享: 问题、原因与对策[J]. 图书与情报, 2017（5）: 54-62.

[88] 余益民, 陈韬伟, 段正泰, 赵昆. 基于区块链的政务信息资源共享模型研究[J]. 电子政务, 2019（4）: 58-67.

[89] 张晓娟, 任文华. 我国政务信息资源目录体系研究述评[J]. 图书与情报, 2017（2）: 48-54.

[90] 杨红艳, 王涛. 目录体系和交换体系在我国电子政务建设中的地位与作用[J]. 电子政务, 2008（9）: 78-85.

[91] 汪建苇. 国家治理视域下的政府信息公开研究[J]. 档案学研究, 2015（6）: 59-61.

[92] Dawes S S. Stewardship and Usefulness: Policy Principles for Informati-on-based Transparency[J]. Government Information Quarterly, 2010, 27（3）: 377-383.

[93] Open Knowledge Foundation. What is Open Government Data [EB/OL]. [2018-05-27]. https: //opengovernmentdata.org/.

[94] 邝伟文. 全媒体时代的政府信息公开: 特点、挑战及展望[J]. 北京社会科学, 2019（10）: 100-106.

[95] 段尧清, 周密, 尚婷. 我国政府信息公开态势及其调控策略研究——基于2008-2018年国务院部门政府信息公开年报分析[J]. 现代情报, 2020, 40（8）: 121-128+177.

[96] 韩啸, 郭雨晖, 汤志伟. 中国政府信息公开研究文献的系统性分析: 2007-2017年[J]. 现代情报, 2018, 38（5）: 164-171.

[97] 郑磊, 关文雯. 开放政府数据评估框架、指标与方法研究[J]. 图书情报工作, 2016（18）: 43-55.

[98] 谭海波, 张楠. 政府数据开放: 历史、价值与路径[J]. 学术论坛, 2016, 39（6）: 31-34+53.

[99] 温祖卿, 郑磊. 地方政府开放数据的利用与产出研究[J]. 电子政务, 2019（9）: 23-31.

[100] 司林波, 刘畅, 孟卫东. 政府数据开放的价值及面临的问题与路径选择[J]. 图书馆学研究, 2017（14）: 79-84.

[101] 赵需要. 政府信息公开到政府数据开放的嬗变[J]. 情报理论与实践, 2017, 40（4）: 1-9.

[102] 王卫, 王晶, 张梦君. 基于数据生命周期的政府数据开放平台框架构建研究[J]. 图书馆理论与实践, 2019（3）: 107-112.

[103] 肖敏, 郭秋萍, 莫祖英. 政府数据开放发展历程及平台建设的差异分析——基于四个国家的调查[J]. 图书馆理论与实践, 2019（3）: 38-43.

[104]姜鑫,马海群. 开放政府数据评估方法与实践研究——基于《全球开放数据晴雨表报告》的解读[J]. 现代情报,2016,36(9):22-26.

[105]黄如花,温芳芳. 我国政府数据开放共享政策问题的构建[J]. 图书情报工作,2017,61(20):26-36.

[106]陈美. 面向增值利用的开放政府数据商业应用研究[J]. 图书馆 2017(12):25-30.

[107]夏义堃,丁念. 开放政府数据的发展及其对政府信息活动的影响[J]. 情报理论与实践,2015,38(12):1-6.

[108]复旦大学数字与移动治理实验室. 中国地方政府数据开放报告(202下半年)[R/OL].(2021-5-31). http://ifopendata.fudan.edu.cn/static/report/中国地方政府数据开放报告(2020下半年).pdf.

[109]中国政府网. 两部门关于印发《政务信息资源目录编制指南(试行)》的通知[EB/OL]. [2021-05-31]. http://www.gov.cn/xinwen/2017-07-13/content_5210203.htm.

[110]中国政府网. 国务院关于印发政务信息资源共享管理暂行办法的通知[EB/OL]. [2021-05-31]. http://www.gov.cn/zhengce/content/2016-09/19/content_5109486.htm.

[111]中国政府网. 国务院办公厅关于印发政务信息系统整合共享实施方案的通知_政府信息公开专栏[EB/OL]. [2018-04-12]. http://www.gov.cn/zhengce/content/2017-5/18/content_5194971.htm.

[112]中国政府网. 中华人民共和国政府信息公开条例(国务院令第492号)[EB/OL]. [2021-05-31]. http://www.gov.cn/zhengce/2007-04/24/content_2602477.htm.

[113]中国政府网. 中华人民共和国政府信息公开条例[EB/OL]. [2021-05-31]. http://www.gov.cn/zhengce/2020-12/27/content_5573650.htm.

[114]宋魏巍,孙文瑾. PPP模式在电子政务建设中的应用研究[J]. 电子政务,2017(8):112-121.

[115]R. Synnoth & H. Gruber. Information Resource management: Opportunities and strategies for the 1980's. Ioho Wiley &Son's. Inc. 1981.

[116]马玉红. 美国政府首席信息官制度的特色与启示[J]. 情报资料工作,2012(2):109-112.

[117]孟川瑾,许习羽. "大部制"背景下的政府CIO制度研究[J]. 电子政务,2014(1):96-102.

[118]崔景华. 我国政府CIO运行机制研究[J]. 情报科学,2012,30(10):1492-1496.

[119]夏义堃. 政府首席数据官制度的核心要义与运行分析[J]. 图书情报知识,2020(1):74-83.

[120]高静学. 政务流程再造研究[D]. 长春:吉林大学,2009.

[121]王璟璇,于施洋,杨道玲,张勇进. 电子政务顶层设计:国外实践评述[J]. 电子政务,2011(8):8-18.

[122]李晶. 美国联邦政府信息资源管理体制研究[D]. 合肥:安徽大学,2010.

[123]马海群,宗诚. 电子政务的立法状况、法律框架及核心问题[J]. 中国图书馆学报,2006(2):42-45.

[124]石怀成,黄鹏,杨志维. 国外推行电子政务公共服务的主要理念[J]. 信息化建设,2007(7):35-38.

[125]沈睿芳,高向伟,李显佳,何熠钢,孔小燕,杨吉江. 基于"云模式"的主动政务服务架构研究[J]. 电子政务,2015(7):84-92.

[126]黄霞,朱晓峰,张琳. 个性化电子政务信息服务研究[J]. 电子政务,2012(Z1):79-84.

[127]王立清. 关于政府网站场景式服务的探讨[J]. 电子政务,2011(6):71-75.

[128]李健,张锐昕. 政府电子公共服务供给共性问题分析——基于33个省级政府门户网站的调研结果[J]. 电子政务,2017(12):31-45.

[129]陶振. 政务服务"一网通办"何以可能?——以上海为例[J]. 兰州学刊，2019（11）：121-133.

[130]白建磊，张梦霞. 国内外政务微博研究的回顾与展望[J]. 图书情报知识，2017（3）：95-107.

[131]侯锷. 问政银川："互联网+社会治理"方法论[M]. 北京：国家行政学院出版社，2015.

[132]陈晶晶，余明阳，薛可. 政务微博十年的变与不变——基于发展态势和传播特征的观察[J]. 新闻与写作，2019（6）：103-107.

[133]孟川瑾，卢靖. 基于新公共服务的政务微博运行机制——"@问政银川"案例研究[J]. 电子政务，2016（4）：45-53.

[134]周晔，孟俊. 面向政务微博的社会治理建模与实证研究[J]. 现代情报，2018，38（7）：47-53.

[135]李泉. 城市政务微信公众号的内容生产逻辑研究——以"上海发布"为例[J]. 新闻与写作，2019（10）：96-100.

[136]数字中国指数报告（2020）[R]. 深圳：腾讯研究院，2020.

[137]李汉卿. 技术吸纳政治：自媒体时代政务微信的功能与限度——以"上海发布"为例[J]. 江西财经大学学报，2019（2）：110-119.

[138]马语欧，杨梅. 在发展中完善：政务新媒体十年考察[J]. 传媒，2020（22）：47-49.

[139]姜红德. 从"浙里办"看省级政务App建设[J]. 中国信息化，2020（8）：26-28.

[140]邓咏涛. "体验为王"：融媒时代政务新媒体的创新路径——以"粤省事"为例[J]. 传媒，2019（20）：48-49.

[141]刘静，凌以民. 我国政务新媒体矩阵的建设分析[J]. 出版广角，2020（19）：23-25.

[142]姜景，王文韬. 面向突发公共事件舆情的政务抖音研究——兼与政务微博的比较[J]. 情报杂志，2020，39（1）：100-106+114.

[143]王程伟，马亮. 政务短视频如何爆发影响力：基于政务抖音号的内容分析[J]. 电子政务，2019（7）：31-40.

[144]刘祺，彭恋. "互联网+政务服务"的缘起，内涵及应用[J]. 东南学术，2017（5）：102-109.

[145]翟云. "互联网+政务服务"推动政府治理现代化的内在逻辑和演化路径[J]. 电子政务，2017（12）：10-19.

[146]李军鹏. 基于"互联网+"的放管服改革研究——以江苏省"不见面审批（服务）"与江苏政务服务网建设为例[J]. 电子政务，2018（6）：74-80.

[147]张鹏，赵映. 互联网时代政务服务改革的兴起、审视及优化[J]. 上海行政学院学报，2021，22（1）：56-68.

[148]李晓方，孟庆国. 政务服务O2O：模式比较与最佳实践[J]. 电子政务，2018（11）：59-68.

[149]郭渐强，徐屹垚. 政务服务中心公共服务流程优化研究[J]. 湘潭大学学报（哲学社会科学版），2020，44（3）：31-36.

[150]中国互联网络信息中心. 第47次中国互联网络发展状况统计报告[EB/OL].（2021）[2021.5.31]. http：//www.cnnic.net.cn/hlwfzyj/hlwxzbg/hlwtjbg/202102/t20210203_71361.htm.

[151]中央党校（国家行政学院）电子政务研究中心. 2019移动政务服务发展报告[EB/OL].（2019-08-02）[2021-5-31]. http：//www.egovernment.gov.cn/art/2019/8/2/art_476_6196.html.

[152]省级政府和重点城市网上政务服务能力（政务服务"好差评"）调查评估报告（2020）[R]. 北京：中央党校（国家行政学院）电子政务研究中心，2020.

[153] 中国政府网. 国务院关于加快推进"互联网+政务服务"工作的指导意见[EB/OL]. [2021-05-31]. http://www.gov.cn/zhengce/content/2016-09/29/content_5113369.htm.

[154] 焦微玲, 裴雷. 社会化媒体时代电子参与的ICT优化组合策略：理论框架[J]. 情报杂志, 2014, 33（11）：193-198.

[155] 刘密霞, 王益民, 丁艺. 政府信息公开推动电子政务环境下的公众参与[J]. 电子政务, 2015, (6)：76-82.

[156] 潘瑜. "互联网+政务服务"背景下电子参与对政府决策影响研究[D]. 西北大学, 2018.

[157] 高文杰. 中国地方政府网站"网络问政"的问题及对策研究[D]. 济南：山东大学, 2019.

[158] 张瀚文. 我国基于政务微博平台的网络政治参与研究[D]. 北京：外交学院, 2019.

[159] 张丽丽. 政务微博公众参与的影响因素分析[D]. 武汉：华中科技大学, 2019.

[160] 张学霞, 鲍海波. 社会治理式政务微博的优势、局限及发展面向[J]. 北方民族大学学报（哲学社会科学版）, 2019（03）：131-138.

[161] 周晔, 孟俊. 面向政务微博的社会治理建模与实证研究[J]. 现代情报, 2018, 38（7）：47-53.

[162] 矫力莹. 网络问政背景下政务微信问题研究[D]. 长春：吉林大学, 2018.

[163] 陈强, 高幸兴, 陈爽, 胡君岩. 政务短视频公众参与的影响因素研究——以"共青团中央"政务抖音号为例[J]. 电子政务, 2019（10）：13-22.

[164] 杨凤娇, 孙雨婷. 主流媒体抖音号短视频用户参与度研究——基于《人民日报》抖音号的实证分析[J]. 现代传播（中国传媒大学学报）, 2019, 41（5）：42-46.

[165] 陈纯柱, 樊锐. 网络问政平台建设研究[J]. 探索, 2015（3）：90-95.

[166] 张昆. 中国网络问政路径的实证研究[D]. 武汉：华中师范大学, 2015.

[167] 刘泾. 新媒体时代政府网络舆情治理模式创新研究[J]. 情报科学, 2018, 36（12）：66-70+89.

[168] 曾润喜, 王晨曦, 陈强. 网络舆情传播阶段与模型比较研究[J]. 情报杂志, 2014, 33（5）：119-124.

[169] 邢鹏飞, 李鑫鑫. 重大疫情防控中网络舆情形成机制及引导策略研究——基于新冠肺炎疫情期间网络舆情文本的质性分析[J]. 情报杂志, 2020, 39（7）：67-74+158.

[170] 叶明睿. 竞合与共谋：2018-2019年突发热点舆情中网络用户参与形态与特征研究[J]. 新闻与写作, 2020（3）：40-47.

[171] 左蒙, 李昌祖. 网络舆情研究综述：从理论研究到实践应用[J]. 情报杂志, 2017, 36（10）：71-78+140.

[172] 亓秋景. 电子政务绩效评估指标体系研究[D]. 苏州：苏州大学, 2012.

[173] 寿志勤, 黄学华, 郭亚光, 陈正光, 许君, 汪晓胜. 电子政务服务整体绩效评估转型研究——安徽模式的问题检视与重构[J]. 电子政务, 2019（10）：108-116.

[174] 省级政府和重点城市网上政务服务能力（政务服务"好差评"）调查评估报告（2021）[R]. 北京：中央党校（国家行政学院）电子政务研究中心, 2021.

[175] 郑家昊, 李庚. 省级政府门户网站政务服务能力建设现状及其改进——基于中国31个省级政府门户网站工作年度报表的分析[J]. 中国行政管理, 2019（3）：104-110.

[176] 冯苑, 聂长飞. 政府门户网站政务服务能力的组合评价研究[J]. 情报科学, 2020, 38（8）：153-158.

[177] 刘密霞, 朱锐勋. 数字政府演化进路及其驱动模式分析[J]. 行政与法, 2019（10）：22-28.

[178] 刘密霞. 深入推进电子政务 加快政府数字化转型——《2018年联合国电子政务调查报告》解读

之三[J]. 行政管理改革，2019（3）：82-87.

[179]2020数字政府发展指数报告[R]. 北京：清华大学数据治理研究中心2020.

[180]赵建勇. 我国电子政务绩效评估研究[D]. 济南：山东师范大学，2011.

[181]马静，徐晓林，陈涛. 电子政务绩效评估研究——基于服务型政府的视角[J]. 河南社会科学，2012（2）：70-74.

[182]张锐昕，刘红波. 联合国电子政务调研评估体系的特点和启示[J]. 情报科学，2010，(3)：344-348.

[183]韩娜娜，何精华. 监管工具对地方政府网站绩效的影响机制研究——基于各省政府网站监管报表的实证分析[J]. 甘肃行政学院学报，2020（6）：43-56+126.

[184]王益民. 全球电子政务发展前沿与启示——《2020联合国电子政务调查报告》解读[J]. 行政管理改革，2020（12）：43-49.

[185]李季."十四五"期间电子政务发展趋势展望[J]. 行政管理改革，2020（11）：4-9.

[186]梁乙凯. 电子政务云服务采纳、吸收及其价值影响机制研究[D]. 济南：山东大学，2017.

[187]金太军. 电子政务：实践错位及其化解[J]. 吉林大学社会科学学报，2010（5）：50-52.

[188]陈美，程慧平. 电子治理环境下政府云计算应用研究[J]. 电子政务，2018（3）：44-53.

[189]毕建新，郑建明. 基于政务云的政府业务流程一体化研究——以南京市政务服务中心为例[J]. 电子政务，2015（7）：107-113.

[190]龚艺巍，谢诗文，施肖洁. 云技术赋能的政府数字化转型阶段模型研究——基于浙江省政务改革的分析[J]. 现代情报，2020，40（6）：114-121+128.

[191]何精华. AI赋权政府治理的技术逻辑与价值重塑[J]. 上海师范大学学报（哲学社会科学版），2019，48（5）：112-121.

[192]杨昌勇，奚洁人. 大数据时代背景下的政府治理创新探析[J]. 上海行政学院学报，2020，21（1）：33-43.

[193]贾开，蒋余浩. 人工智能治理的三个基本问题：技术逻辑、风险挑战与公共政策选择［J］. 中国行政管理，2017（10）：40-45.

[194]高奇琦. 智能革命与国家治理现代化初探[J]. 中国社会科学，2020（7）：81-102+205-206.

[195]刘晓洋. 人工智能重塑政务服务流程的认知逻辑与技术路径[J]. 电子政务，2019（11）：104-111.

[196]本清松，彭小兵. 人工智能应用嵌入政府治理：实践、机制与风险架构——以杭州城市大脑为例[J]. 甘肃行政学院学报，2020（3）：29-42+125.

[197]赵金旭，孟天广. 技术赋能：区块链如何重塑治理结构与模式[J]. 当代世界与社会主义,2019(3):187-194.

[198]侯衡. 区块链技术在电子政务中的应用：优势、制约与发展[J]. 电子政务，2018（6）：22-30.

[199]王山. 新中国70年信息技术变革与政府管理创新的回顾与展望[J]. 西南民族大学学报（人文社科版），2019，40（8）：8-15.

[200]邓雯，杨奕，吴锐刚，陈涛. 从云端化到智能化：技术驱动下城市治理的路径选择与价值实现[J]. 情报杂志，2019，38（11）：199-207.

[201]吴鹏，邢诒海. 政务人工智能的云服务模式研究——以广州市为例[J]. 电子政务，2019（6）：2-12.

[202]翟云. 数字政府替代电子政务了吗?——基于政务信息化与治理现代化的分野[J]. 中国行政管理，2022（2）：114-122.